I0019963

PROGRAMMARE

Sommario

HTML

Premessa

Una delle ultime tendenze per i professionisti di Internet è l'avvento della codifica HTML5. Sta diventando il linguaggio preferito dai siti web ovunque. Nell'ottobre 2014 il World Wide Web Consortium lo ha standardizzato e ora stiamo assistendo a molti siti Web che usano HTML5. YouTube, ad esempio, è passato da Flash player a HTML5 anche perché dal 31 dicembre 2020 Flash è stato deprecato su alcuni browser.

Innanzitutto, cos'è HTML5? Prima inquadriamo l'HTML che, nella sua essenza, è essenzialmente un mucchio di tag. Un tag aggiunge del valore al tuo testo, quindi, consente di renderlo digitale e fruibile a tutti.

Ma, con HTML5, il linguaggio di markup è diventato un tessuto connettivo che tiene insieme una serie di altre tecnologie. Audio, video, immagini, parole, titoli, citazioni, canvas, grafica 3D, indirizzi e-mail: ti permette di dire che queste cose esistono e fornisce i mezzi per usarli in una pagina.

Ecco quattro motivi per cui imparare ad usare HTML5, insieme ad alcuni avvertimenti da tenere a mente.

1. È il futuro della programmazione

Oggi, moltissimi siti web al mondo utilizzano HTML5. Internet sta diventando sempre più basato sulla multimedialità, quindi, richiede un linguaggio di programmazione in grado di accogliere questa prospettiva. HTML5 rende la consegna del contenuto multimediale molto più facile per lo sviluppatore e più veloce per l'utente che lo riceve.

2. Appare nello stesso modo su tutte le piattaforme e i browser

Quante volte hai visitato un sito web su Chrome e ti è sembrato perfetto, ma in seguito l'hai controllato sul tuo smartphone e non si adattava correttamente allo schermo? La compatibilità su tutte le piattaforme è uno dei principali vantaggi di HTML5 e questo è fondamentale per le aziende oggi. Con così tanti browser e formati disponibili, è necessario che il tuo sito web appaia allo stesso modo su tutti e creare una versione diversa per ogni piattaforma è poco pratico. Con HTML5 e il responsive design, puoi avere solo una versione della tua pagina web che avrà sempre un bell'aspetto, a prescindere da quale browser o dispositivo i tuoi utenti stiano utilizzando. Tuttavia, la compatibilità non è perfetta.

3. **La codifica è semplificata**

Gli obiettivi principali di HTML5 sono offrire un maggiore supporto multimediale e anche rendere la codifica molto più facile da leggere e comprendere sia per le persone che per le macchine. La codifica HTML5 è chiara, semplice e descrittiva e, invece di dover scrivere enormi blocchi di codice complicato, puoi creare la stessa cosa usando blocchi più piccoli di codice semplice. HTML5 rende anche il posizionamento di contenuti audio e video un gioco da ragazzi. Tratta quel contenuto come tratterebbe i tag immagine e questo rende le cose molto più facili per i programmatori perché consente loro di includere quegli elementi multimediali senza dover utilizzare un plug-in o un'API.

L'unico avvertimento con i nuovi tag `<audio>` e `<video>` è che supportano diversi formati di file, quindi dovrai includere diverse versioni del file multimediale che carichi.

4. **È più veloce e più adattabile all'utente**

Nel complesso, HTML5 potrebbe fornire un'esperienza utente molto migliore ai tuoi utenti. Con CSS3 i programmatori possono aggiungere elementi di stile più impressionanti a una pagina e fornisce anche il supporto per la geolocalizzazione: una pagina web può adattarsi a seconda della provenienza di un particolare utente e modificare il flusso di informazioni secondo le necessità. Inoltre, HTML5 usa i dati dall'utente invece di utilizzare i cookie e ciò consente tempi di caricamento della pagina più rapidi ma ciò rappresenta anche un rischio per la sicurezza. HTML5 viene fornito con una serie di nuove API come Drag and Drop, Schermo intero, Media Capture che ne aumentano le capacità e migliorano l'esperienza dell'utente. Tuttavia, non tutte le API sono completamente compatibili con tutti i browser. IE, ad esempio, su cui molte aziende fanno ancora affidamento, non è compatibile con molte delle nuove API HTML5. Chrome, Firefox e Safari invece hanno pochissimi problemi di compatibilità.

Tutto sommato, HTML5 è davvero il passo successivo nell'evoluzione del Web. Se la tendenza attuale continua, si prevede che raggiungerà un utilizzo ottimale entro il 2022.

Capitolo 1: Caratteristiche

HTML5 non è un unico e grande contenitore; è una raccolta di caratteristiche individuali. Quindi, non puoi rilevare il "supporto HTML5", perché non ha alcun senso ma puoi rilevare il supporto per singole funzionalità, come canvas, video o geolocalizzazione. Quando il browser esegue il rendering di una pagina Web, costruisce un DOM (Document Object Model) cioè una raccolta di oggetti che rappresentano gli elementi HTML nella pagina. Ogni elemento, ogni <p>, ogni <div>, ogni <span> - è rappresentato nel DOM da un oggetto diverso.

Tutti gli oggetti DOM condividono un insieme di proprietà comuni ma alcuni oggetti ne hanno più di altri. Nei browser che supportano le funzionalità HTML5, alcuni oggetti avranno proprietà uniche. Una rapida occhiata al DOM ti dirà quali funzionalità sono supportate.

Video

HTML5 definisce un nuovo elemento chiamato `<video>` per incorporare dei video multimediali nelle tue pagine web. Incorporare video era impossibile senza plug-in di terze parti come Apple QuickTime o Adobe Flash. L'elemento `<video>` è progettato per essere utilizzabile senza script di rilevamento.

Puoi specificare più file video e i browser che supportano il video HTML5 ne sceglieranno uno in base ai formati video che supportano. I browser che non supportano il video HTML5 ignoreranno completamente l'elemento `<video>` ma puoi usarlo a tuo vantaggio e chiedere loro di riprodurre il video tramite un plug-in di terze parti.

Kroc Camen ha progettato una soluzione chiamata "Video for Everybody!" che utilizza video HTML5 ove disponibile, ma ricorre a QuickTime o Flash nei browser meno recenti. Questa soluzione non utilizza alcun JavaScript e funziona praticamente in tutti i browser, inclusi i browser mobile.

Se vuoi usare in modo avanzato il tuo video piuttosto che caricarlo sulla tua pagina e riprodurlo, dovrai utilizzare JavaScript. Se il tuo browser supporta video HTML5, l'oggetto DOM che crea per rappresentare un elemento `<video>` avrà un metodo `canPlayType()`. Se il tuo browser non supporta il video HTML5, l'oggetto DOM che crea per un elemento `<video>` avrà solo il set di proprietà comuni a tutti gli elementi.

Puoi controllare il supporto video usando questa funzione JavaScript:

```
function supporta_video() {
 return
!!document.createElement('video').canPlayType;
}
```

I formati video sono come lingue scritte. Un giornale inglese può trasmettere le stesse informazioni di un giornale spagnolo ma se puoi leggere solo l'inglese, solo uno di essi ti sarà utile! Per riprodurre un video, il tuo browser deve comprendere la "lingua" in cui è stato scritto il video.

La "lingua" di un video è chiamata "codec": è l'algoritmo utilizzato per codificare il video in un flusso di bit. Ci sono dozzine di codec in uso in tutto il mondo quindi quale dovresti usare? La sfortunata realtà del video HTML5 è che i browser non possono concordare su un singolo codec. Tuttavia, sembrano aver ridotto la scelta a due codec.

Un codec è a pagamento (a causa della licenza di brevetto) ma funziona in Safari e su iPhone, l'altro codec è gratuito e funziona in browser open source come Chromium e Mozilla Firefox.

Local Storage

L'archiviazione HTML5 offre ai siti Web un modo per archiviare le informazioni sul computer e recuperarle in un secondo momento. Il concetto è simile ai cookie ma è progettato per maggiori quantità di informazioni.

I cookie sono di dimensioni limitate e il tuo browser li rinvia al server web ogni volta che richiede una nuova pagina (il che richiede tempo extra e consumo di banda preziosa).

La local storage HTML5 rimane sul tuo computer e i siti web possono accedervi con JavaScript anche dopo il caricamento della pagina. Se il browser supporta l'archiviazione HTML5, sarà presente una proprietà `localStorage` sull'oggetto `window` globale. Se il tuo browser non supporta l'archiviazione HTML5, la proprietà `localStorage` non sarà definita.

È possibile verificare il supporto dell'archiviazione locale utilizzando questa funzione:

```
function supporta_local_storage() {
  return ('localStorage' in window) &&
window['localStorage'] !== null;
}
```

La local storage fa davvero parte di HTML5? Perché è in una specifica separata?

La risposta breve è sì, fa parte di HTML5. La risposta leggermente più lunga è che local storage faceva parte della specifica HTML5 principale ma è stata suddivisa in una specifica separata perché alcune persone nel gruppo di lavoro HTML5 si sono lamentate del fatto che HTML5 fosse troppo grande. È stato un po' come tagliare una torta in più pezzi per ridurre il numero totale di calorie... benvenuto nel bizzarro mondo degli standard.

Quanto è sicuro il mio storage database HTML5? Qualcuno può leggerlo? Chiunque abbia accesso fisico al tuo computer può probabilmente guardare (o persino modificare) il tuo storage database HTML5. All'interno del tuo browser, qualsiasi sito web può leggere e modificare i propri valori ma i siti non possono accedere ai valori memorizzati da altri siti. Questa è chiamata restrizione della stessa origine (same origin).

Web worker

I web worker forniscono ai browser un modo standard per eseguire JavaScript in background. Con i web worker, puoi generare più "thread" che vengono eseguiti tutti contemporaneamente, più o meno. Pensa a come il tuo computer può eseguire più applicazioni contemporaneamente, il concetto è molto simile.

Questi "thread in background" possono eseguire calcoli matematici complessi, richieste di rete o accedere alla memoria locale mentre la pagina web principale risponde all'utente che scorre, fa clic o digita.

Se il browser supporta l'API Web Worker, sarà presente una proprietà `worker` sull'oggetto `window` globale. Se il tuo browser non supporta l'API Web Worker, la proprietà non sarà definita.

Questa funzione controlla il supporto del web worker:

```
function supporta_web_workers() {
 return !!window.Worker;
}
```

Applicazioni offline

Leggere pagine Web statiche offline è facile: ti connetti a Internet, carichi una pagina Web, ti disconnetti da Internet, raggiungi una zona isolata e puoi leggere la pagina Web a proprio piacimento. Ma che dire dell'utilizzo di applicazioni web come Gmail o Google Documenti quando sei offline?

Grazie a HTML5, chiunque (non solo Google!) può creare un'applicazione web che funzioni offline. Le applicazioni Web offline iniziano come applicazioni Web online e la prima volta che visiti un sito web abilitato offline, il server web dice al tuo browser di quali file ha bisogno per funzionare offline.

Questi file possono essere qualsiasi cosa: HTML, JavaScript, immagini e persino video. Una volta che il browser ha scaricato tutti i file necessari, puoi visitare nuovamente il sito web anche se non sei connesso a Internet. Il tuo browser noterà che sei offline e utilizza i file che ha già scaricato.

Quando torni online, tutte le modifiche che hai apportato possono essere caricate sul server web remoto. Se il browser supporta le applicazioni Web offline, sarà presente una proprietà `applicationCache` sull'oggetto `window` globale. Se il tuo browser non supporta le applicazioni web offline, la proprietà `applicationCache` **non** sarà definita.

Puoi verificare il supporto offline con la seguente funzione:

```
function supporta_offline() {
  return !!window.applicationCache;
}
```

Geolocalizzazione

La geolocalizzazione è l'arte di capire dove ti trovi nel mondo e (facoltativamente) condividere tali informazioni con persone di cui ti fidi. Ci sono molti modi per capire dove ti trovi: il tuo indirizzo IP, la tua connessione di rete wireless, a quale torre è agganciato il tuo telefono o hardware GPS dedicato che riceve informazioni di latitudine e longitudine dai satelliti nel cielo.

La geolocalizzazione fa parte di HTML5? Il supporto per la geolocalizzazione viene aggiunto ai browser in questo momento, insieme al supporto per le nuove funzionalità HTML5. A rigor di termini, la geolocalizzazione viene standardizzata dal gruppo di lavoro sulla geolocalizzazione, che è separato dal gruppo di lavoro HTML5 ma in questo libro parlerò comunque della geolocalizzazione, perché fa parte dell'evoluzione del Web che sta avvenendo ora.

Se il tuo browser supporta l'API di geolocalizzazione, ci sarà una proprietà di geolocalizzazione sull'oggetto navigatore globale. Se il tuo browser non supporta l'API di geolocalizzazione, la proprietà di geolocation non sarà definita. Ecco come verificare il supporto per la geolocalizzazione:

```
function supporta_geolocation() {
 return !!navigator.geolocation;
}
```

Tipo di input

Hai già usato i form web, giusto? Crea un `<form>`, aggiungi alcuni elementi `<input type = "text">` e forse un `<input type = "password">` e terminalo con un pulsante `<input type = "submit">`.

Non ne conosci la metà di quelli disponibili. HTML5 definisce oltre una dozzina di nuovi tipi di input che puoi utilizzare nei tuoi form. Vediamo a cosa servono:

`<input type="search">`	per le caselle di ricerca
`<input type="number">`	per inserire solo numeri
`<input type="range">`	per gli slider
`<input type="color">`	per selezionare un colore
`<input type="tel">`	per i numeri di telefono
`<input type="url">`	per gli indirizzi Web
`<input type="email">`	per le e-mail
`<input type="date">`	per scegliere una data

`<input type="month">`	per scegliere un mese
`<input type="week">`	per scegliere una settimana
`<input type="time">`	per un timestamp
`<input type="datetime">`	per date / timestamp precisi e assoluti
`<input type="datetime-local">`	per data e ora locali

Microdata

I microdati sono un modo standardizzato per fornire semantica aggiuntiva nelle tue pagine web. Ad esempio, puoi utilizzare i microdati per dichiarare che una fotografia è disponibile con una specifica licenza Creative Commons. Come vedrai in seguito, puoi anche utilizzare i microdati per contrassegnare una pagina "Informazioni su di me".

I browser, le estensioni del browser e i motori di ricerca possono convertire il markup dei microdati HTML5 in un file vCard, un formato standard per la condivisione delle informazioni di contatto, inoltre, puoi anche definire i tuoi vocabolari dei microdati.

Lo standard dei microdati HTML5 include sia il markup HTML (principalmente per i motori di ricerca) che una serie di funzioni DOM (principalmente per i browser). Non c'è nulla di male nell'includere il markup dei microdati nelle tue pagine web; non sono altro che pochi attributi ben posizionati, i motori di ricerca che non comprendono gli attributi dei microdati semplicemente li ignoreranno.

Tuttavia, se devi accedere o manipolare i microdati tramite il DOM, dovrai verificare se il browser supporta l'API DOM dei microdati. Se il tuo browser supporta l'API dei microdati HTML5, ci sarà una funzione `getItems()` sull'oggetto `document` globale. Se il tuo browser non supporta i microdati, la funzione `getItems()` non sarà definita. Puoi verificare il supporto come segue:

```
function supporta_microdata_api() {
 return !!document.getItems;
}
```

Capitolo 2: Video e HTML

Chiunque abbia visitato YouTube negli ultimi anni sa che puoi incorporare video in una tua pagina web. Prima di HTML5, non esisteva un modo basato su uno standard per far ciò. Praticamente tutti i video che hai visto "sul Web" sono stati incanalati attraverso un plug-in di terze parti, forse QuickTime, forse RealPlayer, forse Flash. Questi plug-in si integrano con il tuo browser molto bene tanto da non renderti nemmeno conto che li stai utilizzando, finché non provi a guardare un video su una piattaforma che non supporta tale plug-in.

HTML5 definisce un modo standard per incorporare video in una pagina web, utilizzando un elemento `<video>`. Il supporto per l'elemento `<video>` è ancora in evoluzione. Ma non disperare! Ci sono alternative, fallback e opzioni in abbondanza.

Il supporto per l'elemento `<video>` stesso è in realtà solo una piccola parte della storia. Prima di poter parlare del video HTML5, devi prima capire un po' dei video stessi.

Potresti pensare ai file video come "file AVI" o "file MP4". In realtà, "AVI" e "MP4" sono solo formati contenitore. Proprio come un file ZIP può contenere qualsiasi tipo di file al suo interno, i formati dei contenitori video definiscono solo come memorizzare le cose al loro interno, non il tipo di dati archiviati.

Un file video di solito contiene più tracce: una traccia video (senza audio), oltre a una o più tracce audio (senza video). Le tracce sono generalmente correlate.

Una traccia audio contiene dei marcatori al suo interno per aiutare a sincronizzare l'audio con il video. Le singole tracce possono avere metadati, come le proporzioni di una traccia video o la lingua di una traccia audio. I contenitori possono anche contenere metadati, come il titolo del video stesso, la copertina del video, i numeri degli episodi (per i programmi televisivi) e così via.

Esistono molti formati di contenitori video. Alcuni dei più popolari includono:

- MPEG-4: Solitamente con estensione .mp4 o .m4v. Il contenitore MPEG-4 è basato sul vecchio contenitore QuickTime di Apple (.mov).

- Flash Video: Di solito con estensione .flv. Flash Video è, ovviamente, utilizzato da Adobe Flash. Prima di Flash 9.0.60.184 questo era l'unico formato contenitore supportato da Flash. Le versioni più recenti di Flash supportano anche il contenitore MPEG-4.

- Ogg: Solitamente con estensione .ogv. Ogg è uno standard che è compatibile con l'open source e non è ostacolato da alcun brevetto noto. Firefox, Chrome e Opera offrono un supporto nativo, senza plug-in specifici della piattaforma per il formato contenitore Ogg, video Ogg (chiamato "Theora") e audio Ogg (chiamato "Vorbis"). Sui sistemi desktop, Ogg è supportato da tutte le principali distribuzioni Linux e puoi usarlo su Mac e Windows installando rispettivamente i componenti QuickTime oi filtri DirectShow. È anche usabile con l'eccellente VLC su tutte le piattaforme.

- WebM: Con estensione .webm. WebM è un nuovo formato contenitore tecnicamente molto simile a un altro formato chiamato Matroska. WebM è stato annunciato al Google I/O 2010. È progettato per essere utilizzato esclusivamente con il codec video VP8 e il codec audio Vorbis. È supportato in modo nativo, senza plug-in specifici della piattaforma in Google Chrome, Mozilla Firefox e Opera.

- Audio Video Interleave: Solitamente con estensione .avi. Il formato contenitore AVI è stato inventato da Microsoft molto tempo fa, quando il fatto che i computer potessero riprodurre video era considerato piuttosto sorprendente. Non supporta ufficialmente molte delle funzionalità dei formati contenitore più recenti e non supporta ufficialmente alcun tipo di metadata video. Non supporta nemmeno la maggior parte dei moderni codec video e audio in uso oggi. Nel tempo, varie aziende hanno cercato di estenderlo in modi generalmente incompatibili per bypassare alcuni difetti ma si tratta di un formato in disuso.

Codec video

Quando parli di "guardare un video", probabilmente stai parlando di una combinazione di uno stream video e uno stream audio. Ma non hai due file diversi; hai solo "il video". Forse è un file AVI o un file MP4 che, come descritto nella sezione precedente, sono solo formati contenitore, come un file ZIP che contiene più tipi di file al suo interno.

Il formato contenitore definisce come memorizzare i flussi video e audio in un singolo file. Quando "guardi un video", il tuo lettore video esegue diverse operazioni contemporaneamente:

- Interpretazione del formato contenitore per scoprire quali tracce video e audio sono disponibili e come sono memorizzate nel file in modo che possa trovare i dati che devono essere decodificati in seguito
- Decodificare il flusso video e visualizzare una serie di immagini sullo schermo
- Decodificare il flusso audio e inviare il suono agli altoparlanti

Un codec video è un algoritmo mediante il quale viene codificato un flusso video. Il lettore video decodifica il flusso video in base al codec video quindi visualizza una serie di immagini, o "frame", sullo schermo. La maggior parte dei codec video moderni utilizza tutti i tipi di trucchi per ridurre al minimo la quantità di informazioni necessarie per visualizzare un fotogramma dopo il successivo.

Ad esempio, invece di memorizzare ogni singolo fotogramma (come screenshot), memorizzano solo le differenze tra i fotogrammi. La maggior parte dei video in realtà non cambia molto da un fotogramma all'altro, quindi questo consente tassi di compressione elevati, che si traducono in file di dimensioni inferiori.

Esistono codec video lossy e lossless. Il video senza perdita di dati (lossless) è troppo grande per essere utile sul Web, quindi vediamo i codec con perdita di dati (lossy). Con un codec video con perdita di dati, le informazioni vengono irrimediabilmente perse durante la codifica.

Come quando si copiava una cassetta audio, ogni volta che si codifica si perdono le informazioni sul video sorgente e la qualità viene degradata. Invece del "sibilo" di una cassetta audio, un video ricodificato può apparire a blocchi, specialmente durante le scene con molto movimento.

Il lato positivo è che i codec video lossy possono offrire incredibili tassi di compressione e molti offrono trucchi per smussare quel blocco durante la riproduzione e rendere la perdita meno evidente all'occhio umano. Ci sono tantissimi codec video ma i tre codec più rilevanti sono H.264, Theora e VP8.

Codec audio

A meno che tu non ti limiti a film realizzati prima del 1927 o giù di lì, vorrai una traccia audio nel tuo video. Come i codec video, i codec audio sono algoritmi di codifica, in questo caso utilizzati per i flussi audio. Come con i codec video, esistono codec audio lossy e lossless. E come i video lossless, l'audio lossless è davvero troppo grande per essere messo sul Web, quindi esaminiamo i codec audio lossy.

In realtà, possiamo restringere ulteriormente il focus, perché ci sono diverse categorie di codec audio con perdita. L'audio viene utilizzato in diversi campi (telefonia, ad esempio) ed esiste un'intera categoria di codec audio ottimizzati per la codifica del parlato. Non copieresti un CD musicale con questi codec, perché il risultato sarebbe simile ad come un bambino di quattro anni che canta in vivavoce, li useresti in un PBX Asterisk, perché la larghezza di banda è preziosa e questi codec possono comprimere il linguaggio umano in una frazione delle dimensioni dei codec generici.

Tuttavia, a causa della mancanza di supporto sia nei browser nativi che nei plug-in di terze parti, i codec audio ottimizzati per il parlato non sono mai realmente decollati sul Web. Quindi mi concentrerò sui codec audio lossy generici.

Come accennato in precedenza, quando "guardi un video", il tuo computer esegue diverse operazioni contemporaneamente:

1. Interpretazione del formato contenitore
2. Decodifica del flusso video
3. Decodifica del flusso audio e invio del suono agli altoparlanti

Il codec audio specifica come eseguire il terzo step: decodificare il flusso audio e trasformarlo in forme d'onda digitali che gli altoparlanti poi trasformano in suono.

Come con i codec video, ci sono alcuni trucchi per ridurre al minimo la quantità di informazioni memorizzate nel flusso audio. E poiché stiamo parlando di codec audio con perdita di dati, le informazioni vengono perse durante la registrazione → codifica → decodifica → ciclo di vita dell'ascolto.

I codec audio diversi buttano via cose diverse, ma hanno tutti lo stesso scopo: indurre le tue orecchie a non notare le parti mancanti. Un concetto presente per l'audio ma che il video non ha, sono i canali. Stiamo inviando il suono ai tuoi altoparlanti, giusto? Bene, quanti altoparlanti hai? Se sei seduto al computer, potresti averne solo due: uno a sinistra e uno a destra.

Il mio desktop ne ha tre: sinistra, destra e un altro sul pavimento. I cosiddetti sistemi "surround" possono avere sei o più altoparlanti, posizionati strategicamente nella stanza, in tal caso, ogni altoparlante riceve un particolare canale della registrazione originale.

La teoria è che puoi sederti al centro dei sei altoparlanti, letteralmente circondato da sei canali di suono separati e il tuo cervello li sintetizza e ti fa sentire come se fossi nel mezzo dell'azione. Funziona? Un'industria multimiliardaria sembra pensarla così. La maggior parte dei codec audio generici può gestire due canali audio.

Durante la registrazione, il suono viene suddiviso in canali sinistro e destro; durante la codifica, entrambi i canali vengono memorizzati nello stesso flusso audio e durante la decodifica, entrambi i canali vengono decodificati e ciascuno viene inviato all'altoparlante appropriato. Alcuni codec audio possono gestire più di due canali e tengono traccia dei canali in modo che il lettore possa ricevere il suono giusto all'altoparlante corretto.

Ci sono molti codec audio, ma sul Web ce ne sono solo tre che devi conoscere: MP3, AAC e Vorbis.

Tag e HTML

Allora dov'è il markup? HTML5 ti offre due modi per includere video nella tua pagina web ed entrambi coinvolgono l'elemento `<video>`. Se hai solo un file video, puoi semplicemente collegarlo ad esso in un attributo `src`.

Ciò è notevolmente simile all'inclusione di un'immagine con un tag `<img src = "...">`.

```
<video src = "file.webm"></video>
```

Tecnicamente, è tutto ciò di cui hai bisogno. Ma proprio come in un tag `<img>`, dovresti sempre includere gli attributi `width` e `height` nei tag `<video>`. Tali attributi possono essere specificati durante il processo di codifica:

```
<video src = "file.webm" width = "320" height = "240"></video>
```

Non preoccuparti se una dimensione del video è un po' più piccola di quella specificata. Il tuo browser centrerà il video all'interno della casella definita dal tag `<video>`. Non sarà mai stirato o sproporzionato.

Per impostazione predefinita, l'elemento `<video>` non esporrà alcun tipo di controllo del lettore. Puoi creare i tuoi controlli con semplici HTML, CSS e JavaScript. L'elemento `<video>` ha metodi integrati come `play()` e `pause()` e una proprietà di lettura / scrittura chiamata `current Time`. Sono inoltre disponibili le proprietà `volume` e `muted` quindi hai davvero tutto ciò di cui hai bisogno per costruire la tua interfaccia.

Se non desideri creare la tua interfaccia, puoi dire al browser di visualizzare un insieme di controlli integrati. Per fare ciò, includi l'attributo `controls` nel tag `<video>`:

```
<video src = "file.webm" width = "320" height = "240"
controls> </video>
```

Ci sono altri due attributi facoltativi che desidero menzionare: `preload` e `autoplay`. L'attributo `preload` dice al browser che desideri che inizi a scaricare il file video non appena la pagina viene caricata. Questo ha senso se l'unico scopo della pagina è visualizzare il video. D'altra parte, se si tratta solo di materiale supplementare che solo pochi visitatori guarderanno, puoi impostare il `preload` su `none` per dire al browser di ridurre al minimo il traffico di rete.

Ecco un esempio di un video che inizierà il download (ma non la riproduzione) non appena la pagina verrà caricata:

```
<video src = "file.webm" width = "320" height = "240"
preload> </video>
```

Ed ecco un esempio di un video che non inizierà il download non appena la pagina viene caricata:

```
<video src = "file.webm" width = "320" height = "240"
preload = "none"> </video>
```

L'attributo `autoplay` è auto-esplicativo: dice al browser che desideri iniziare a scaricare il file video non appena viene caricata la pagina e che desideri iniziare la riproduzione del video automaticamente il prima possibile. Alcune persone lo adorano; alcune persone lo odiano ma lasciami spiegare perché è importante avere un attributo come questo in HTML5.

Ecco un esempio di un video che inizierà a essere scaricato e riprodotto il prima possibile dopo il caricamento della pagina:

```
<video src = "file.webm" width = "320" height = "240"
autoplay> </video>
```

Capitolo 3: Geolocalizzazione

La geolocalizzazione è l'arte di capire dove ti trovi nel mondo e in modo facoltativo condividere tali informazioni con persone di cui ti fidi.

La geolocalizzazione sembra spaventosa, è possibile disattivarla? La privacy è un tema molto importante quando si tratta di condividere la tua posizione fisica con un server web remoto. L'API di geolocalizzazione afferma esplicitamente: "Gli user-agent non devono inviare informazioni sulla posizione ai siti Web senza l'espresso consenso dell'utente". In altre parole, se non desideri condividere la tua posizione, non è necessario.

L'API di geolocalizzazione ti consente di condividere la tua posizione con siti Web affidabili. La latitudine e la longitudine sono disponibili sulla pagina per JavaScript, che a sua volta può inviare tali informazioni al server web remoto e fare cose interessanti, riconoscono la posizione e possono trovare attività commerciali locali o mostrare la tua posizione su una mappa. L'API di geolocalizzazione è supportata in molti dei principali browser su desktop e dispositivi mobile. Inoltre, alcuni browser e dispositivi meno recenti possono essere supportati dalle librerie wrapper. Oltre al supporto per l'API di geolocalizzazione standard, ci sono una miriade di API specifiche per dispositivo su altre piattaforme mobile.

L'API di geolocalizzazione è incentrata su una nuova proprietà dell'oggetto globale `navigator`: `navigator.geolocation`. L'utilizzo più semplice dell'API di geolocalizzazione è simile a questo:

```
function geolocalizza() {
navigator.geolocation.getCurrentPosition(mostra_mappa
);
}
```

Come ho accennato all'inizio di questo capitolo, il supporto per la geolocalizzazione è opt-in, ciò significa che il tuo browser non ti costringerà mai a rivelare la tua posizione fisica attuale a un server remoto.

L'esperienza utente varia da browser a browser. In Mozilla Firefox, chiamando la funzione `getCurrentPosition()` dell'API `geolocation`, il browser visualizzerà una "barra delle informazioni" nella parte superiore della finestra del browser.

In qualità di utente finale, tu:

- sarai informato che un sito web vuole conoscere la tua posizione
- sarai informato su quale sito web vuole conoscere la tua posizione
- puoi fare clic sulla pagina di aiuto di Mozilla, che spiega cosa sta succedendo
- puoi scegliere di condividere la tua posizione
- puoi scegliere di non condividere la tua posizione
- puoi dire al tuo browser di ricordare la tua scelta (di condividere o non condividere) in modo da non vedere mai più questa barra delle informazioni su questo sito Web

Inoltre, questa barra delle informazioni è:

- non modale, quindi non ti impedirà di passare a un'altra finestra o scheda del browser
- specifica per scheda, quindi scomparirà se passi a un'altra finestra o scheda del browser e riapparirà quando torni alla scheda originale
- incondizionata, quindi non c'è un modo per aggirarla

- bloccante, quindi non c'è la possibilità che il sito web possa determinare la tua posizione mentre è in attesa della tua risposta

Callback

Hai appena visto il codice JavaScript che fa apparire questa barra delle informazioni. È una singola chiamata di funzione che accetta una funzione di callback (che ho chiamato `mostra_mappa()`). La chiamata a `getCurrentPosition()` restituirà il controllo al chiamante immediatamente, ma ciò non significa che tu abbia accesso alla posizione dell'utente. La prima volta che hai la certezza di avere le informazioni sulla posizione è nella funzione di callback, che nel mio caso ha questo aspetto:

```
function mostra_mappa(position) {
 var latitudine = position.coords.latitude;
 var longitudine = position.coords.longitude;
 // usa questi dati in modo interessante
}
```

La funzione di callback verrà chiamata con un unico parametro, un oggetto con due proprietà: `coords` e `timestamp`. Il timestamp è proprio questo, la data e l'ora in cui è stata calcolata la posizione. Poiché tutto questo avviene in modo asincrono, non puoi sapere in anticipo quando accadrà. Potrebbe essere necessario del tempo prima che l'utente legga la barra delle informazioni e accetti di condividere la sua posizione, i dispositivi potrebbero richiedere del tempo per connettersi a un satellite GPS ecc.

L'oggetto `coords` ha proprietà come `latitude` e `longitude` che rappresentano la posizione fisica dell'utente nel mondo.

Errori

La geolocalizzazione è complicata, tante cose possono andare storte. Se la tua applicazione web ha bisogno della posizione dell'utente ma l'utente non vuole fornirla, cosa fare? L'utente vince sempre. Ma come appare nel codice?

Il secondo argomento della funzione `getCurrentPosition()` accetta una funzione di callback per la gestione degli errori:

```
navigator.geolocation.getCurrentPosition(mostra_mappa
, gestisci_errore)
```

Se qualcosa va storto, la tua funzione di callback di errore verrà chiamata con un oggetto `PositionError`, composto da `code` e `message`. La proprietà `code` sarà una delle seguenti:

- `PERMISSION_DENIED` (1) se l'utente fa clic sul pulsante "Non condividere" o ti nega in altro modo l'accesso alla sua posizione.
- `POSITION_UNAVAILABLE` (2) se la rete è inattiva o non è possibile contattare i satelliti di posizionamento.
- `TIMEOUT` (3) se la rete è attiva ma impiega troppo tempo per calcolare la posizione dell'utente.
- `UNKNOWN_ERROR` (0) se qualcos'altro va storto.

Alta precisione

Alcuni dispositivi mobile, come iPhone e telefoni Android, supportano due metodi per capire dove ti trovi. Il primo metodo triangola la tua posizione in base alla tua vicinanza a diverse torri cellulari gestite dal tuo operatore telefonico. Questo metodo è veloce e non richiede alcun hardware GPS dedicato ma ti dà solo un'idea approssimativa di dove ti trovi. A seconda di quante torri cellulari ci sono nella tua zona, questa "idea approssimativa" potrebbe essere precisa fino a un solo isolato o fino a un chilometro in ogni direzione.

Il secondo metodo utilizza effettivamente hardware GPS dedicato sul dispositivo per parlare con satelliti di posizionamento GPS dedicati e in orbita attorno alla Terra. Solitamente il GPS può localizzare la tua posizione con un errore di pochi metri. Lo svantaggio è che il chip GPS dedicato sul tuo dispositivo assorbe molta energia, quindi i telefoni e altri dispositivi mobili generici di solito disattivano questa funzione finché non è necessaria.

Ciò significa che ci sarà un ritardo nell'avvio fino a quando il chip inizializza la sua connessione con i satelliti GPS nel cielo. Se hai mai utilizzato Google Maps su un iPhone o un altro smartphone, hai visto entrambi i metodi all'opera. Prima vedi un cerchio che approssima la tua posizione (trovando la torre cellulare più vicina), poi un cerchio più piccolo (triangolando con altre torri cellulari), quindi un singolo punto con una posizione esatta (data dai satelliti GPS).

Il motivo per cui lo menziono è che, a seconda dell'applicazione Web, potrebbe non essere necessaria un'elevata precisione.

La funzione `getCurrentPosition()` accetta un terzo argomento opzionale, un oggetto `PositionOptions`. Sono disponibili diverse proprietà che è possibile impostare in questo oggetto e sono tutte opzionali; puoi impostarne una, tutte o nessuna. La proprietà `enableHighAccuracy`, se impostata su `true`, il dispositivo può supportarlo e l'utente acconsente a condividere la sua posizione esatta, consentirà al dispositivo di fornire alta precisione.

La proprietà `timeout`, invece, specifica il numero di millisecondi che la tua applicazione web è disposta ad attendere per ottenere la posizione. Questo timer non inizia il conto alla rovescia fino a quando l'utente non dà il permesso di provare a calcolare la sua posizione. Non stai cronometrando l'utente; stai cronometrando la rete.

Capitolo 4: Local storage

L'archiviazione locale persistente (local storage) è una delle aree in cui le applicazioni client native hanno tradizionalmente mantenuto un vantaggio rispetto alle applicazioni web. Per le applicazioni native, il sistema operativo fornisce in genere un livello di astrazione per archiviare e recuperare dati specifici dell'applicazione come le preferenze o lo stato di runtime.

Questi valori possono essere memorizzati nel registro, nei file INI, nei file XML o in qualche altro posto, in base alla convenzione della piattaforma. Se l'applicazione client nativa necessita di archiviazione locale oltre le coppie chiave / valore, è possibile incorporare il proprio database, inventare un proprio formato di file o implementare un numero qualsiasi di altre soluzioni.

Storicamente, le applicazioni web non hanno mai avuto nessuno di questi privilegi. I cookie sono stati inventati all'inizio del Web e in effetti possono essere utilizzati per l'archiviazione locale persistente di piccole quantità di dati. Ma hanno molti aspetti negativi potenzialmente dannosi:

- sono inclusi in ogni richiesta HTTP, rallentando così la tua applicazione web trasmettendo inutilmente gli stessi dati più e più volte.
- sono inclusi in ogni richiesta HTTP, inviando così dati non crittografati su Internet (a meno che l'intera applicazione web non sia servita su SSL).
- sono limitati a circa 4 KB di dati, sufficienti per rallentare l'applicazione, ma non sufficienti per essere utili.

Quello che vogliamo veramente è:

- tanto spazio di archiviazione sul client

- che persista nonostante un aggiornamento della pagina

- non venga trasmesso al server.

Ci sono stati diversi tentativi per raggiungere questo obiettivo, tutti alla fine insoddisfacenti in modi diversi. Quello che io chiamo "HTML5 Storage" è in realtà una specifica chiamata Web Storage. Un tempo faceva parte della specifica HTML5 vera e propria, ma è stata suddivisa in una specifica propria per motivi politici poco interessanti. Alcuni fornitori di browser lo chiamano anche "Archiviazione locale" o "Archiviazione DOM".

Allora, cos'è lo storage HTML5? In poche parole, è un modo per le pagine web di memorizzare le coppie chiave / valore denominate localmente, all'interno del browser web del client.

Come i dati memorizzati nei cookie, questi dati restano disponibili anche dopo aver chiuso la scheda del browser, essere uscito dal browser o altro. Ma a differenza dei cookie, questi dati non vengono mai trasmessi al server web remoto (a meno che tu non faccia di tutto per inviarli manualmente).

A differenza di tutti i precedenti tentativi di fornire archiviazione locale persistente, è implementato in modo nativo nei browser Web. HTML5 è supportato dalle ultime versioni di quasi tutti i browser... anche Internet Explorer! Dal tuo codice JavaScript, accederai allo storage HTML5 tramite l'oggetto `localStorage` nell'oggetto globale `window`.

Come usarlo

Prima di poterlo utilizzare, è necessario rilevare se il browser lo supporta:

```
function supporta_html5_storage() {
  return ('localStorage' in window) &&
window['localStorage'] !== null;
}
```

L'archiviazione HTML5 si basa su coppie chiave / valore denominate. Memorizza i dati in base a una chiave denominata, quindi puoi recuperarli con la stessa chiave:

```
interface Storage {
  getter any getItem(in DOMString key);
  setter creator void setItem(in DOMString key, in any
data);
};
```

I dati possono essere di qualsiasi tipo supportato da JavaScript, incluse stringhe, booleani, interi o float, tuttavia, i dati vengono effettivamente memorizzati come stringa. Se stai archiviando e recuperando qualcosa di diverso da stringhe, dovrai usare funzioni come parseInt() o parseFloat() per forzare i dati recuperati nel tipo di dati JavaScript previsto.

La chiamata a setItem() con una chiave già esistente sovrascriverà il valore precedente senza alcun avviso. La chiamata a getItem() con una chiave inesistente restituirà null anziché generare un'eccezione.

Come altri oggetti JavaScript, puoi trattare l'oggetto localStorage come un array associativo. Invece di usare i metodi getItem() e setItem(), puoi semplicemente usare le parentesi quadre. Ad esempio, questo snippet di codice:

```
var test = localStorage.getItem("prova");
// ...
localStorage.setItem("prova", test);


// equivale a...

var test = localStorage["prova"];
// ...
localStorage["prova"] = test;
```

Esistono anche metodi per rimuovere il valore per una determinata chiave e cancellare l'intera area di archiviazione (ovvero, eliminare tutte le chiavi e i valori contemporaneamente):

```
interface Storage {
  deleter void removeItem(in DOMString key);
  void clear();
};
```

Chiamare removeItem() con una chiave inesistente non farà nulla. Infine, c'è una proprietà per ottenere il numero totale di valori nell'area di archiviazione e per iterare tutte le chiavi per indice (per ottenere il nome di ciascuna chiave):

```
interface Storage {
  readonly attribute unsigned long length;
  getter DOMString key(in unsigned long index);
};
```

Limiti

Tuttavia, anche questo meccanismo non è esente da problemi. Per impostazione predefinita, ogni sito di origine riceve 5 MB come spazio di archiviazione. Questo aspetto è sorprendentemente coerente tra i browser, sebbene sia solo un suggerimento nelle specifiche di archiviazione HTML5.

Una cosa da tenere a mente è che stai archiviando stringhe e non dati nel loro formato originale. Se stai memorizzando molti numeri interi o float, la differenza nella rappresentazione può davvero essere importante: ogni cifra in un float viene memorizzata come un carattere e non nella normale rappresentazione di un numero in virgola mobile.

Se superi la quota di archiviazione, verrà generata un'eccezione di tipo `QUOTA_EXCEEDED_ERR`. Ti starai chiedendo: "Posso chiedere all'utente più spazio di archiviazione?" Al momento, nessun browser supporta alcun meccanismo per consentire agli sviluppatori web di richiedere più spazio di archiviazione. Alcuni browser, come Opera, consentono all'utente di controllare la quota di archiviazione di ogni sito ma è un'azione avviata dall'utente, non qualcosa che tu come sviluppatore web puoi incorporare nella tua applicazione.

Capitolo 5: Applicazioni offline

Cos'è un'applicazione web offline? A prima vista, sembra una contraddizione di termini. Le pagine Web sono pagine che scarichi e visualizzi e il download implica una connessione di rete. Come puoi scaricare una pagina se sei offline?

Certo che non puoi ma puoi scaricarla quando sei online ed è così che funzionano le applicazioni offline HTML5. Nella sua forma più semplice, un'applicazione web offline è solo un elenco di URL che puntano a file HTML, CSS o JavaScript, immagini o qualsiasi altro tipo di risorsa che potrebbe essere presente. La home page dell'applicazione web offline punta a questo elenco, chiamato file manifest, che è solo un file di testo situato altrove sul server web.

Un browser Web che implementa le applicazioni offline HTML5 leggerà l'elenco degli URL dal file manifest, scaricherà le risorse, le memorizzerà nella cache locale e manterrà automaticamente aggiornate le copie locali man mano che cambiano. Quando si tenta di accedere all'applicazione Web senza una connessione di rete, il browser Web passerà automaticamente all'uso delle copie locali. Da quel momento in poi, la maggior parte del lavoro dipende da te, come sviluppatore web.

C'è un flag nel DOM che ti dirà se sei online o offline e ci sono eventi che si attivano quando il tuo stato cambia (perché un minuto potresti essere offline e il minuto successivo online, o viceversa).

Se la tua applicazione crea dati o salva lo stato, spetta a te memorizzare i dati in locale quando sei offline e sincronizzarli con il server remoto una volta ritornato online. In altre parole, HTML5 può portare offline la tua applicazione web ma ciò che fai una volta che sei lì dipende da te.

Cache

Un'applicazione Web offline ruota attorno a un file manifest della cache. Come ho già detto, questo file è un elenco di tutte le risorse a cui la tua applicazione web potrebbe aver bisogno di accedere quando è disconnessa dalla rete. Per avviare il processo di download e memorizzazione nella cache di queste risorse, devi puntare al file manifest, utilizzando l'attributo manifest sul tuo elemento `<html>`:

```
<!DOCTYPE HTML>
<html manifest="/cache.manifest">
<body>
...
</body>
</html>
```

Il file manifest della cache può essere posizionato ovunque sul server Web, ma deve essere servito con il tipo di contenuto `text/cache-manifest`. Se stai utilizzando un server web basato su Apache, probabilmente puoi semplicemente inserire una direttiva `AddType` nel file `.htaccess` nella tua directory web principale:

```
AddType text/cache-manifest .manifest
```

Quindi assicurati che il nome del file manifest della cache termini con `.manifest`. Se utilizzi un server web diverso o una configurazione diversa di Apache, consulta la documentazione del tuo server sul controllo dell'intestazione `Content-Type`.

OK, quindi ognuna delle tue pagine HTML punta al file manifest della cache e il file manifest della cache viene servito con l'intestazione `Content-Type` appropriata.

Ma cosa c'è nel file manifest? È qui che le cose si fanno interessanti. La prima riga di ogni file manifest della cache è questa:

CACHE MANIFEST

Dopodiché, tutti i file manifest sono divisi in tre parti: la sezione "esplicita", la sezione "fallback" e la "whitelist online". Ogni sezione ha un'intestazione, su una propria riga. Se il file manifest non ha intestazioni relative alla sezione, tutte le risorse elencate sono implicitamente nella sezione "esplicita".

Cerca di non soffermarti sulla terminologia, ecco un file manifest valido che elenca tre risorse: un file CSS, un file JavaScript e un'immagine JPEG:

CACHE MANIFEST

/orologio.css

/orologio.js

/orologio-img.jpg

Questo file manifest della cache non ha intestazioni di sezione, quindi tutte le risorse elencate sono nella sezione "esplicita" per impostazione predefinita. Le risorse nella sezione "esplicita" verranno scaricate e memorizzate nella cache locale e verranno utilizzate al posto delle loro controparti online ogni volta che ci si disconnette dalla rete.

Pertanto, al caricamento di questo file manifest della cache, il browser scaricherà `orologio.css`, `orologio.js` e `orologio-img.jpg` dalla directory principale del server web. È quindi possibile scollegare il cavo di rete, aggiornare la pagina e tutte queste risorse saranno disponibili offline.

Devo elencare le mie pagine HTML nel file manifest della cache? Sì e no. Se l'intera applicazione Web è contenuta in una singola pagina, assicurati che la pagina punti al manifest della cache utilizzando l'attributo appropriato. Quando si accede a una pagina HTML con un attributo manifest, si presume che la pagina stessa faccia parte dell'applicazione web, quindi non è necessario elencarla nel file manifest stesso.

Tuttavia, se la tua applicazione web occupa più pagine, dovresti elencare tutte le pagine HTML nel file manifest; altrimenti il browser non saprà che ci sono altre pagine HTML che devono essere scaricate e memorizzate nella cache.

Fallback

C'è un altro tipo di sezione in un file manifest della cache: una sezione di fallback. In questa sezione, puoi definire le sostituzioni per le risorse online che, per qualsiasi motivo, non possono essere memorizzate nella cache o non sono state memorizzate correttamente nella cache. La specifica HTML5 offre questo esempio di utilizzo di una sezione di fallback:

```
CACHE MANIFEST

FALLBACK:

/ /offline.html
```

Cosa fa questo codice? Innanzitutto, considera un sito che contiene milioni di pagine, come Wikipedia. Non potresti scaricare l'intero sito, né vorresti farlo ma supponiamo di poter rendere disponibile una parte di esso offline. Come decideresti quali pagine memorizzare nella cache?

Che ne dici di questo: ogni pagina che hai visitato su Wikipedia abilitata offline verrebbe scaricata e memorizzata nella cache. Ciò includerebbe ogni voce dell'enciclopedia che tu abbia mai visitato, ogni pagina di discussione e ogni pagina di modifica (dove puoi effettivamente apportare modifiche a quella particolare voce). Questo è ciò che fa questo file manifest della cache.

Supponiamo che ogni pagina HTML su Wikipedia (voce, pagina di discussione, pagina di modifica, pagina di cronologia) puntasse a questo file manifest della cache. Quando visiti una pagina che punta a un manifest della cache, il tuo browser dice: "Questa pagina fa parte di un'applicazione web offline, ne sono a conoscenza?".

Se il tuo browser non ha mai scaricato questo particolare file manifest della cache, configurerà una nuova cache, scaricherà tutte le risorse elencate nel manifest della cache, quindi aggiungerà la pagina corrente a alla cache appena creata. Se il tuo browser conosce questo manifest della cache, aggiungerà semplicemente la pagina corrente alla cache esistente.

In ogni caso, la pagina che hai appena visitato finisce nella cache ed è questo l'importante. Significa che puoi avere un'applicazione web offline che aggiunge "pigramente" le pagine mentre le visiti. Non è necessario elencare tutte le tue pagine HTML nel file manifest della cache. La sezione fallback in questo manifest della cache contiene solo una riga.

La prima parte della riga (prima dello spazio) non è un URL, è un pattern URL. Il singolo carattere (/) corrisponderà a qualsiasi pagina del tuo sito, non solo alla home page. Quando provi a visitare una pagina mentre sei offline, il tuo browser la cercherà nella cache.

Se il tuo browser trova la pagina nella cache (perché l'hai visitata mentre sei online e la pagina è stata implicitamente aggiunta in quel momento), visualizzerà la copia cache della pagina. Se il tuo browser non trova la pagina nella cache, invece di visualizzare un messaggio di errore, visualizzerà la pagina /offline.html, come specificato nella seconda metà della riga nella sezione di fallback.

Questo esempio è completo? No. Wikipedia non è composto solo da semplici file HTML; utilizza CSS, JavaScript e immagini comuni su ogni pagina. Ognuna di queste risorse dovrebbe essere elencata esplicitamente nella sezione CACHE: del file manifest affinché le pagine vengano visualizzate e si comportino correttamente offline. Ma l'obiettivo della sezione fallback è che puoi avere un'applicazione web offline che si estende oltre le risorse che hai elencato esplicitamente nel file manifest.

Capitolo 6: Tipi di input

HTML5 definisce oltre una dozzina di nuovi tipi di input che puoi utilizzare nei tuoi form. Tutte queste nuove ed entusiasmanti funzionalità potrebbero non essere supportate in tutti i browser ma nei browser moderni, non dovresti avere problemi. Nei browser legacy, i tuoi form continueranno a funzionare, ma potrebbero avere qualche problema.

Ora esamineremo in dettaglio le funzionalità dei nuovi controlli del form, che sono stati aggiunti in HTML5 per consentire la raccolta di specifici tipi di dati. Poiché l'aspetto del controllo del form HTML può essere molto diverso dalle specifiche di un designer, gli sviluppatori Web a volte creano i propri controlli del form in modo personalizzato.

e-mail

Questo tipo di campo viene impostato utilizzando il valore `email` per l'attributo `type`:

```
<input type = "email" id = "email" name = "email">
```

Quando viene utilizzato questo tipo, l'utente deve digitare un indirizzo e-mail valido nel campo. Qualsiasi altro contenuto fa sì che il browser visualizzi un errore quando il form viene inviato.

Su alcuni dispositivi, in particolare i dispositivi touch con tastiere dinamiche come gli smartphone, potrebbe essere presentata una tastiera virtuale diversa e più adatta per l'inserimento di indirizzi e-mail, che include il tasto @. Questo è un altro buon motivo per utilizzare questi nuovi tipi di input, migliorando l'esperienza utente per gli utenti di questi dispositivi.

L'e-mail, insieme ad altri tipi di input più recenti, fornisce la convalida degli errori lato client integrata, eseguita dal browser prima che i dati vengano inviati al server. È un aiuto utile per guidare gli utenti a compilare accuratamente un form e può far risparmiare tempo: è utile sapere che i tuoi dati non sono corretti immediatamente, piuttosto che dover aspettare una verifica lato server.

Ma non dovrebbe essere considerata una misura di sicurezza esaustiva! Le tue app dovrebbero sempre eseguire controlli di sicurezza su tutti i dati inviati tramite form sia lato server che lato client, poiché la convalida lato client è troppo facile da disattivare, quindi gli utenti malintenzionati possono comunque inviare facilmente dati non validi al tuo server.

Tieni presente che a@b è un indirizzo e-mail valido in base ai vincoli forniti di default. Ciò è dovuto al fatto che il tipo di input di posta elettronica consente gli indirizzi di posta elettronica intranet per impostazione predefinita. Per implementare un diverso comportamento di convalida, puoi utilizzare l'attributo `pattern` e puoi anche personalizzare i messaggi di errore.

search

I campi di ricerca devono essere utilizzati per creare caselle di ricerca su pagine e app. Questo tipo di campo viene impostato utilizzando il valore `search` per l'attributo `type`:

```
<input type = "search" id = "search" name = "search">
```
La differenza principale tra un campo di testo e un campo di ricerca è il modo in cui il browser ne definisce l'aspetto. Spesso, i campi di ricerca vengono visualizzati con bordi arrotondati; a volte visualizzano anche un Ⓧ, che cancella qualsiasi valore dal campo quando viene cliccato.

Inoltre, sui dispositivi con tastiere dinamiche, il tasto Invio della tastiera potrebbe diventare "Cerca" o visualizzare un'icona a forma di lente di ingrandimento. Un'altra caratteristica degna di nota è che i valori di un campo di ricerca possono essere salvati automaticamente e riutilizzati per offrire il completamento automatico su più pagine dello stesso sito web; questo accade automaticamente nella maggior parte dei browser moderni.

tel

È possibile creare un campo speciale per inserire i numeri di telefono utilizzando tel come valore dell'attributo type:

```
<input type = "tel" id = "tel" name = "tel">
```

Quando si accede tramite un dispositivo touch con una tastiera dinamica, la maggior parte dei dispositivi visualizzerà un tastierino numerico quando viene rilevato type = "tel", il che significa che questo tipo è utile ogni volta che serve un tastierino numerico.

A causa dell'ampia varietà di formati di numeri di telefono in tutto il mondo, questo tipo di campo non impone alcun vincolo sul valore inserito da un utente (questo significa che può includere lettere, ecc.). Come accennato in precedenza, l'attributo pattern può essere utilizzato per applicare vincoli.

number

I controlli per l'immissione di numeri possono essere creati con un tipo di numero `<input>`. Questo tipo di input ha l'aspetto di un campo di testo ma consente l'inserimento solo di numeri a virgola mobile e in genere fornisce pulsanti sotto forma di una casella di selezione per aumentare e diminuire il valore del controllo. Sui dispositivi con tastiere dinamiche, generalmente viene visualizzata la tastiera numerica.

Con il tipo di input numerico, è possibile vincolare i valori minimo e massimo consentiti impostando gli attributi `min` e `max`.

È inoltre possibile utilizzare l'attributo `step` per impostare di quanto aumentare e diminuire il valore selezionato. Per impostazione predefinita, il tipo di input `number` convalida solo se il numero è un numero intero.

Per consentire i numeri in virgola mobile, specificare `step = "any"`. Se omesso, il valore predefinito è 1, il che significa che sono validi solo i numeri interi.

Diamo un'occhiata ad alcuni esempi, vediamo come creare un controllo numerico il cui valore è limitato a qualsiasi valore compreso tra 1 e 10 e i cui pulsanti cambiano il suo valore di 2:

```
<input type = "number" name = "eta" id = "eta" min =
"1" max = "10" step = "2">
```

Capitolo 7: Microdata

Ci sono più di 100 elementi in HTML5, alcuni sono puramente semantici e altri sono solo contenitori per API con script. In tutta la storia dell'HTML, gli esperti di standard hanno discusso su quali elementi dovrebbero essere inclusi nel linguaggio. L'HTML dovrebbe includere un elemento `<figure>`? Un elemento `<person>`?

Vengono prese le decisioni, scritte le specifiche e gli sviluppatori le implementano e il Web diventa un posto migliore. Ovviamente, l'HTML non può piacere a tutti.

Ad esempio, non è presente alcun elemento `<person>` in HTML5. Non c'è nulla che ti impedisca di includere un elemento `<person>` in una pagina web, ma non sarà convalidato, non funzionerà in modo coerente su tutti i browser e potrebbe entrare in conflitto con le specifiche HTML future se venisse aggiunto in seguito. Quindi, se inventare i propri elementi non è la risposta, cosa deve fare un autore web incline alla semantica?

Ci sono stati tentativi di estendere le versioni precedenti di HTML. Il metodo più popolare è tramite l'uso dei microformati, che utilizzano gli attributi `class` e `rel` in HTML 4. Un'altra opzione è RDFa, che era stato originariamente progettato per essere utilizzato in XHTML. Sia i microformati che RDFa hanno i loro punti di forza e di debolezza, adottano approcci radicalmente diversi verso lo stesso obiettivo: estendere le pagine web con semantica aggiuntiva che non fa parte del linguaggio HTML di base.

Voglio concentrarmi su una terza opzione che fa parte e strettamente integrata nello stesso HTML5: i microdati.

Come funziona?

I microdati annotano il DOM con coppie nome/valore che fungono da vocabolari personalizzati. Ora cosa significa? I microdati sono incentrati sui vocabolari personalizzati. Pensa al "set di tutti gli elementi HTML5" come a un vocabolario, esso include elementi per rappresentare una sezione o un articolo, ma non include elementi per rappresentare una persona o un evento.

Se vuoi rappresentare una persona su una pagina web, dovrai definire il tuo vocabolario. I microdati ti consente di farlo infatti chiunque può definire un vocabolario di microdati e iniziare a incorporare proprietà personalizzate nelle proprie pagine web. La prossima cosa da sapere sui microdati è che funziona con le coppie nome / valore. Ogni vocabolario dei microdati definisce un insieme di proprietà denominate.

Ad esempio, un vocabolario Person potrebbe definire proprietà come nome e foto. Per includere una proprietà di microdati specifica nella tua pagina web, devi fornire il nome della proprietà in un luogo specifico. A seconda di dove si dichiara il nome della proprietà, i microdati hanno regole su come estrarre il valore della proprietà.

Insieme alle proprietà denominate, i microdati si basano in gran parte sul concetto di "scoping". Il modo più semplice per pensare all'ambito dei microdati è pensare alla naturale relazione genitore-figlio degli elementi nel DOM. L'elemento `<html>` di solito contiene due figli, `<head>` e `<body>`. L'elemento `<body>` di solito contiene più elementi secondari, ognuno dei quali può avere elementi figlio propri. Ad esempio, la tua pagina potrebbe includere un elemento `<h1>` all'interno di un elemento `<hgroup>` all'interno di un elemento `<header>` all'interno dell'elemento `<body>`. Allo stesso modo, una tabella dati potrebbe contenere elementi `<td>` all'interno di `<tr>` elementi all'interno di un elemento `<table>` (all'interno del `<body>`).

I microdati riutilizzano la struttura gerarchica del DOM stesso per fornire un modo per dire "tutte le proprietà all'interno di questo elemento sono prese da questo vocabolario". Ciò consente di utilizzare diversi vocabolari di microdati sulla stessa pagina. Puoi persino annidare i vocabolari dei microdati all'interno di altri vocabolari, il tutto riutilizzando la struttura naturale del DOM.

I microdati riguardano l'applicazione di semantica aggiuntiva ai dati già visibili sulla tua pagina web, infatti, non sono progettati per essere un formato dati autonomo.

Si tratta di un complemento all'HTML, infatti, i microdati funzionano meglio quando stai già utilizzando HTML correttamente ma il vocabolario HTML non è abbastanza espressivo.

I microdati sono ottimi per mettere a punto la semantica dei dati già presenti nel DOM. Se i dati che stai "semantificando" non fossero nel DOM, dovresti fare un passo indietro e rivalutare se i microdati sono la soluzione giusta.

Modello dei microdati

Definire il proprio vocabolario dei microdati è molto facile. Per prima cosa hai bisogno di uno spazio dei nomi, che è solo un URL. L'URL dello spazio dei nomi può puntare a una pagina web funzionante, anche se non è strettamente necessario.

Supponiamo che io voglia creare un vocabolario di microdati che descriva una persona. Se possiedo il dominio `pippo.org`, userò l'URL `https://pippo.org/Person` come spazio dei nomi per il mio vocabolario dei microdati. Questo è un modo semplice per creare un identificatore univoco globale: scegli un URL su un dominio che controlli.

In questo vocabolario, ho bisogno di definire alcune proprietà, ognuna associata ad un nome. Cominciamo con tre proprietà di base:

- nome (il nome completo dell'utente)
- foto (un link a un'immagine dell'utente)
- url (un collegamento a un sito associato all'utente, come un blog o un profilo Google)

Due di queste proprietà sono URL mentre l'altra è del semplice testo. Ognuna di esse si presta a una forma naturale di markup, anche prima di iniziare a pensare a microdati o vocabolari.

Immagina di avere una pagina profilo o una pagina "Informazioni". Il tuo nome è probabilmente contrassegnato come un'intestazione, come un elemento `<h1>`. La tua foto è probabilmente un elemento `<img>`, dal momento che vuoi che le persone la vedano e tutti gli URL associati al tuo profilo sono probabilmente già contrassegnati come collegamenti ipertestuali, perché desideri che gli utenti possano fare clic su di essi.

Supponiamo che l'intero profilo sia anche racchiuso in un elemento

`<section>` per separarlo dal resto del contenuto della pagina. Quindi:

```
<section>
 <h1>Mario Rossi</h1>
 <p><img src="https://www.miosito.org/foto.jpg"
alt="mia foto"></p>
 <p><a
href="https://miosito.org/">Informazioni</a></p>
</section>
```

Il modello di dati è costituito da coppie nome / valore. Un nome di proprietà dei microdati (come nome, foto o URL in questo esempio) è sempre dichiarato su un elemento HTML. Il valore della proprietà corrispondente viene quindi preso dal DOM dell'elemento. Per la maggior parte degli elementi HTML, il valore della proprietà è semplicemente il contenuto di testo dell'elemento.

"Aggiungere microdati" alla tua pagina rimanda ad aggiungere alcuni attributi agli elementi HTML che hai già. La prima cosa è dichiarare il vocabolario dei microdati che stai utilizzando, aggiungendo un attributo `itemtype`.

La seconda cosa è dichiarare l'ambito del vocabolario, utilizzando un attributo `itemscope`.

In questo esempio, tutti i dati che vogliamo semantificare sono in un elemento `<section>`, quindi dichiareremo gli attributi `itemtype` e `itemscope` sull'elemento `<section>`:

```
<section itemscope itemtype =
"https://miosito.org/Person">
```

Il tuo nome è il primo set di dati all'interno dell'elemento `<section>`, è racchiuso in un elemento `<h1>`. Vediamo il codice:

```
<h1 itemprop = "name"> Mario Rossi </h1>
```

Questo dice: "Qui si trova la proprietà `name` : `https://miosito.org/Person`. Il valore della proprietà è `Mario Rossi`."

Il prossimo elemento da analizzare è la proprietà `photo` che dovrebbe essere un URL. Il "valore" di un elemento `<img>` è il suo attributo `src`. Ehi, guarda, l'URL della tua foto del profilo è già in un attributo `<img src>` quindi tutto quello che devi fare è dichiarare che l'elemento `<img>` è la proprietà di `photo`:

```
<p> <img itemprop = "photo" src =
"https://www.miosito.org/foto.jpg" alt = "mia foto">
</p>
```

In inglese, questo dice: "Ecco la proprietà `photo` del vocabolario `https://miosito.org/Person`".

Il valore della proprietà è "`https://www.miosito.org/foto.jpg`".

Infine, anche la proprietà `url` è un URL e il "valore" di un elemento `<a>` è il suo attributo `href`. Ancora una volta, questo si adatta perfettamente al tuo markup esistente. Tutto quello che devi fare è dire che il tuo elemento `<a>` esistente equivale alla proprietà `url`:

```
<a itemprop="url"
href="https://miosito.org/">Informazioni</a>
```

In inglese, questo dice: "Ecco la proprietà `url` del solito vocabolario e il valore della proprietà è `https://miosito.org/`. " Naturalmente, se il tuo markup sembra leggermente diverso, non è un problema. Puoi aggiungere proprietà e valori dei microdati a qualsiasi markup HTML.

C++

Premessa

Il linguaggio C++ è in continua evoluzione, tanto che spesso non è possibile fornire spiegazioni dettagliate di tutto il linguaggio in un unico libro. Questo libro insegnerà gli elementi essenziali del linguaggio C++ e le funzionalità della libreria standard, che saranno più che sufficienti per scrivere le tue applicazioni con C++. Con la conoscenza di questo libro, non dovresti avere difficoltà ad estendere la profondità e l'ambito della tua esperienza C++.

Abbiamo assunto che tu non abbia alcuna conoscenza di programmazione precedente. Se sei desideroso di imparare e hai un'attitudine a pensare in modo logico, acquisire familiarità con C++ sarà più facile di quanto potresti immaginare. Sviluppando competenze C++, imparerai un linguaggio che è già utilizzato da milioni di persone e che fornisce la capacità per lo sviluppo di applicazioni praticamente in qualsiasi contesto.

C++ è un linguaggio molto potente, probabilmente, è più potente della maggior parte dei linguaggi di programmazione. Quindi, sì, come con qualsiasi strumento potente puoi creare dei danni considerevoli se lo usi senza una preparazione adeguata. Spesso confrontiamo C++ con un coltellino svizzero: antico, affidabile, incredibilmente versatile ma potenzialmente sbalorditivo e superfici appuntite che potrebbero davvero farti del male. Tuttavia, dopo aver capito a cosa servono tutti i diversi strumenti e dopo aver appreso alcune regole, non dovrai più cercare un altro coltellino.

C++ oggi è molto più accessibile di quanto molti credano. Il linguaggio ha fatto molta strada dalla sua concezione quasi 40 anni fa e abbiamo imparato a maneggiare tutti i suoi strumenti nel modo più sicuro ed efficace possibile. E, cosa più importante forse, il linguaggio C++ e la sua libreria standard si sono evoluti di conseguenza per facilitare tutto ciò. L'ultimo decennio ha visto l'ascesa di quello che ora è noto come "C++

moderno" che enfatizza l'uso di funzionalità del linguaggio più recenti, più espressive e più sicure, combinate con best practice collaudate e linee guida di codifica.

Una volta che conosci e applichi una manciata di semplici regole e tecniche, C++ perde gran parte della sua complessità. La chiave è che qualcuno spieghi correttamente e gradualmente non semplicemente cosa puoi fare con C++ ma piuttosto cosa dovresti fare con C++. Ed è qui che entra in gioco questo libro! In questo libro, abbiamo fatto di tutto per essere in linea con la nuova era della programmazione C++ in cui viviamo. Ovviamente faremo tutto questo in forma graduale ed informale. Ti presenteremo tutti gli strumenti che C++ ha da offrire, sia vecchie che nuove, utilizzando esempi pratici di codifica ed esercizi.

Ma non è tutto: più che mai ci siamo assicurati di spiegare sempre quale strumento è meglio usare per quale scopo, perché è così e come evitare errori. Ci siamo assicurati che inizierai ad usare C++, dal primo giorno, utilizzando uno stile di programmazione sicuro, produttivo e moderno perchè è ciò che i datori di lavoro si aspettano da te domani. Il linguaggio C++ in questo libro corrisponde all'ultimo standard ISO (International Organization for Standardization), comunemente indicato come C++ 20.

Per imparare il C++ con questo libro, avrai bisogno di un compilatore conforme allo standard C++ 20 e di un editor di testo adatto per lavorare con il codice del programma. Attualmente sono disponibili diversi compilatori che supportano, in una certa misura, le funzionalità di C++ 20, molti dei quali sono gratuiti. GCC e Clang sono compilatori open source gratuiti, con supporto per C++ 20. Installare questi compilatori e metterli insieme con un editor adatto può essere un po' complicato se sei nuovo in questo genere di cose.

Un modo semplice per installare un compilatore insieme a un editor adatto è scaricare un ambiente di sviluppo integrato (IDE) gratuito come Code::Blocks o Qt Creator. Tali IDE supportano lo sviluppo di un programma completo per diversi compilatori, inclusi GCC e Clang.

Un'altra possibilità è utilizzare l'IDE commerciale di Microsoft Visual C++ che gira sotto Microsoft Windows. L'edizione Community è gratuita per uso individuale o anche per piccoli team professionisti e il suo supporto per C++ 20 è alla pari con GCC e Clang. Con Visual Studio ottieni un debugger e un editor professionale completo e facile da usare, oltre al supporto per altri linguaggi come C# e Javascript. Ci sono anche altri compilatori che supportano C++ 20, che puoi trovare con una rapida ricerca online.

Abbiamo organizzato il materiale in questo libro per essere letto in sequenza, quindi dovresti iniziare dall'inizio e continuare fino alla fine. Tuttavia, nessuno ha mai imparato a programmare semplicemente leggendo un libro. Imparerai a programmare in C++ solo scrivendo codice, quindi assicurati di provare tutti gli esempi, non copiarli semplicemente ma compila ed esegui il codice che hai digitato, integrandolo con ciò che hai imparato capitolo per capitolo. Questo può sembrare noioso a volte ma è sorprendente quanto la semplice digitazione delle istruzioni C++ ti aiuterà a capire, specialmente quando credi di non aver colto alcune delle idee.

Se un esempio non funziona, resisti alla tentazione di tornare subito al libro per capire perché. Cerca di capire dal tuo codice cosa c'è che non va, questa è una buona pratica per ciò che dovrai fare quando svilupperai applicazioni C++ per davvero. Fare errori è una parte fondamentale del processo di apprendimento e gli esercizi dovrebbero fornirti ampie opportunità per farlo ed è una buona idea inventare alcuni esercizi personali. Se non sei sicuro di come fare qualcosa, provalo prima di cercarlo, più errori commetti, maggiore sarà la comprensione che avrai di ciò che può andare storto. Assicurati di provare tutti gli esercizi e ricorda, non guardare le soluzioni finché non sei sicuro di non poterli elaborare da solo. La maggior parte di questi esercizi implica solo un'applicazione diretta di ciò che è trattato nel capitolo - in altre parole sono solo esercizi - ma alcuni richiedono anche un po' di impegno o forse anche ispirazione. Goditi questo viaggio con C++!

Capitolo 1: Evoluzione

Creato all'inizio degli anni '80 dallo scienziato informatico danese Bjarne Stroustrup, C++ è uno dei linguaggi di programmazione più antichi ancora in uso. Nonostante la sua età, tuttavia, il C++ è ancora potente, mantenendo costantemente la sua posizione tra i primi cinque nella maggior parte delle classifiche di popolarità per i linguaggi di programmazione.

Quasi tutti i tipi di programmi possono essere scritti in C++, dai driver di dispositivo ai sistemi operativi ai programmi per le buste paga e di natura amministrativa fino ai giochi. Principali sistemi operativi, browser, suite per ufficio, client di posta elettronica, lettori multimediali, sistemi di database: citandone uno a caso si ha un'alta probabilità che sia scritto almeno in parte in C++.

Soprattutto, C++ è più adatto per applicazioni in cui le prestazioni contano molto, come applicazioni che devono elaborare grandi quantità di dati, giochi per computer con grafica di fascia alta o app per dispositivi mobile o integrati. I programmi scritti in C++ sono molto più veloci di quelli scritti in altri linguaggi popolari, infatti, il linguaggio C++ è anche molto efficace per lo sviluppo di applicazioni su una vasta gamma di dispositivi e ambienti informatici, inclusi personal computer, workstation, computer mainframe, tablet e telefoni cellulari.

Il linguaggio di programmazione C++ può essere vecchio ma è ancora molto vivo e vegeto. O, meglio ancora: è di nuovo molto vivo e vegeto. Dopo lo sviluppo e la standardizzazione iniziale negli anni '80, C++ si è evoluto molto lentamente ed è rimasto sostanzialmente invariato per decenni.

Fino al 2011, quando l'ISO (International Organization for Standardization) ha rilasciato una nuova versione dello standard formale C++. Questa edizione dello standard, comunemente indicato come C++ 11, ha rianimato C++ e catapultato il linguaggio che era un po' datato nel 21° secolo. Ha modernizzato il linguaggio e il modo in cui lo usiamo così profondamente che potresti quasi chiamarlo C++ 11 cioè un linguaggio completamente nuovo. La programmazione che utilizza le funzionalità di C++ 11 e versioni successive viene definita C++ moderno.

In questo libro, ti mostreremo che il C++ moderno è molto di più che abbracciare semplicemente le nuove funzionalità del linguaggio: espressioni lambda, deduzione automatica del tipo e nuovi cicli for, per citarne alcune. Più di ogni altra cosa, C++ moderno riguarda i nuovi modi di programmazione, il consenso di ciò che costituisce un buon stile di programmazione. Si tratta di applicare una serie implicita di linee guida e best practice, tutte progettate per rendere la programmazione C++ più semplice, meno soggetta a errori e più produttiva.

Uno stile di programmazione C++ moderno e sicuro sostituisce i tradizionali costrutti di linguaggio di basso livello con l'uso di contenitori, puntatori intelligenti o altre tecniche RAII, enfatizza le eccezioni per segnalare errori, passa oggetti per valore in modo diverso e così via. Naturalmente, tutto questo probabilmente significa poco o niente per te ma non preoccuparti: in questo libro introdurremo gradualmente tutto ciò che devi sapere per programmare in C++!

Lo standard C++ 11 sembra anche aver rianimato la comunità C++, che da allora ha lavorato attivamente per estendere e migliorare ulteriormente il linguaggio. Ogni tre anni viene pubblicata una nuova versione dello standard. Dopo C++ 11 sono arrivati C++ 14, C++ 17 e, più recentemente, C++ 20. Dopo gli aggiornamenti incrementali e meno importanti di C++ 14 e C++ 17, C++ 20 è di nuovo una pietra miliare importante. Come C++ 11 ha fatto dieci anni fa, C++ 20 cambierà di nuovo per sempre il modo in cui programmiamo in C++. In particolare, per chi inizia C++ oggi, tutto ciò che è stato introdotto punta a rendere il linguaggio più semplice, più elegante e più accessibile che mai. Questo libro si riferisce a C++ come definito da C++ 20. Tutto il codice dovrebbe funzionare su qualsiasi compilatore conforme all'edizione C++ 20 dello standard.

La buona notizia è che la maggior parte dei principali compilatori lavora sodo per tenere il passo con tutti gli ultimi sviluppi, quindi se il tuo compilatore non supporta ancora una caratteristica particolare, lo farà presto.

Librerie standard

Se dovessi creare tutto da zero ogni volta che scrivi un programma, sarebbe davvero noioso. La stessa funzionalità è richiesta in molti programmi: leggere i dati dalla tastiera, calcolare una radice quadrata, ordinare i record di dati in una sequenza particolare e così via. C++ viene fornito con una grande quantità di codice prescritto che fornisce servizi come questi in modo da non dover scrivere il codice da soli. Tutto questo codice standard è definito nella Standard Library.

Questa libreria standard è un'enorme raccolta di routine e definizioni che forniscono funzionalità richieste da molti programmi come calcoli numerici, elaborazione di stringhe, ordinamento e ricerca, organizzazione e gestione dei dati e input e output. La libreria standard è così vasta che in questo libro scalfiremo solo la superficie di ciò che è disponibile, hai davvero bisogno di diversi libri per elaborare completamente tutte le funzionalità che fornisce.

Data la portata del linguaggio e l'estensione della libreria, non è insolito per un principiante trovare il C++ un po' scoraggiante. È troppo vasto da imparare nella sua interezza da un solo libro. Tuttavia, non è necessario imparare tutto il C++ per essere in grado di scrivere programmi sostanziali. Puoi avvicinarti al linguaggio passo dopo passo, nel qual caso non è davvero difficile. Un'analogia potrebbe essere imparare a guidare una macchina: puoi certamente diventare un guidatore competente e sicuro senza necessariamente avere la competenza, la conoscenza e l'esperienza per guidare nella 500 Miglia di Indianapolis. Con questo libro puoi imparare tutto ciò di cui hai bisogno per programmare efficacemente in C++. Quando raggiungerai la fine, scriverai con sicurezza le tue applicazioni e sarai anche ben attrezzato per esplorare le potenzialità di C++ e della sua libreria standard.

Capitolo 2: Rappresentare i numeri

Una variabile è un pezzo di memoria con nome definito dall'utente e ogni variabile memorizza solo i dati di un tipo particolare. Ogni variabile ha un tipo che definisce il tipo di dati che può memorizzare e ogni tipo fondamentale è identificato da un nome di tipo univoco costituito da una o più parole chiave.

Le parole chiave sono parole riservate in C++ che non puoi usare per nient'altro. Il compilatore esegue controlli approfonditi per assicurarsi di utilizzare il tipo di dati corretto in un determinato contesto. Esso garantirà inoltre che quando si combinano tipi diversi in un'operazione come l'addizione di due valori, ad esempio, essi siano dello stesso tipo o possano essere compatibili convertendo un valore nel tipo dell'altro. Il compilatore rileva e segnala i tentativi di combinare dati di tipi diversi e incompatibili.

I valori numerici rientrano in due ampie categorie: numeri interi, che sono numeri senza la virgola e valori in virgola mobile. Esistono diversi tipi C++ fondamentali in ciascuna categoria, ognuno dei quali può memorizzare un intervallo di valori specifico. Inizieremo con i tipi interi.

Interi

Ecco un'istruzione che definisce una variabile intera:

```
int conta_mele;
```

Questo definisce una variabile di tipo `int` con il nome `conta_mele`. La variabile conterrà un valore arbitrario. Puoi, e dovresti, specificare un valore iniziale quando definisci la variabile, in questo modo:

```
int conta_mele {15}; // Numero di mele
```

Il valore iniziale di `conta_mele` appare tra le parentesi graffe dopo il nome, quindi ha valore pari a 15. Le parentesi graffe che racchiudono il valore iniziale sono chiamate parentesi inizializzatrici. Più avanti nel libro incontrerai situazioni in cui un inizializzatore con parentesi graffe avrà diversi valori tra le parentesi graffe.

Non è necessario inizializzare le variabili quando le definisci, ma è una buona idea farlo. Garantire che le variabili abbiano valori noti rende più facile capire cosa non va quando il codice non funziona come previsto.

La dimensione delle variabili di tipo `int` è tipicamente di quattro byte, quindi possono memorizzare numeri interi compresi tra −2.147.483.648 e +2.147.483.647. Questo copre la maggior parte delle situazioni, motivo per cui `int` è il tipo intero utilizzato più di frequente. Ecco le definizioni per tre variabili di tipo `int`:

```
int conta_mele {15}; // Numero di mele
int conta_arance {5}; // Numero di arance
int totale_frutta{conta_mele + conta_arance}; //
Numero totale di frutti
```

Il valore iniziale di `totale_frutta` è la somma dei valori di due variabili definite in precedenza. Ciò dimostra che il valore iniziale di una variabile può essere un'espressione. Le istruzioni che definiscono le due variabili nell'espressione per il valore iniziale di `totale_frutta` devono apparire in precedenza nel file di origine; in caso contrario, la definizione di `totale_frutta` non verrà compilata.

Esistono altri due modi per inizializzare una variabile: notazione funzionale e notazione di assegnazione. Questi assomigliano a questo (sì, anche il pomodoro è un frutto):

```
int conta_limoni(4); // Notazione funzionale
int conta_pomodori = 12; // Notazione di assegnamento
```

Il più delle volte, queste tre notazioni (parentesi graffe, funzionale e notazione di assegnazione) sono equivalenti. Il modulo di inizializzazione con le parentesi graffe, tuttavia, è leggermente più sicuro quando si tratta di cosiddette "conversioni narrow". Una conversione narrow modifica un valore in un tipo con un intervallo di valori più limitato.

Qualsiasi conversione di questo tipo potrebbe comportare una perdita di informazioni. Ecco un esempio:

```
int conta_banane(7.5); // Compila senza errori
int conta_manderini = 5.3; // Compila senza errori
```

Normalmente, il valore iniziale che fornisci sarà dello stesso tipo della variabile che stai definendo. Se non lo è, tuttavia, il compilatore proverà a convertirlo nel tipo richiesto. Nel nostro esempio precedente, abbiamo specificato valori iniziali non interi per due variabili intere. Per ora ti basta sapere che le variabili `conta_banane` e `conta_manderini` conterranno i valori interi 7 e 5, rispettivamente.

È improbabile che questo sia ciò che l'autore aveva in mente, tuttavia, per quanto riguarda lo standard C++, queste due definizioni sono perfettamente valide.

Sebbene alcuni compilatori emettano un avviso su tale restringimento delle conversioni, sicuramente non tutti lo fanno. Se si utilizza il modulo di inizializzazione con parentesi graffe, tuttavia, è necessario un compilatore conforme per emettere almeno un messaggio di diagnostica. Per esempio:

```
int conta_papaya {0.3}; // Almeno un avviso del
compilatore, spesso un errore
```

Se questa istruzione viene compilata, la variabile verrà inizializzato al valore intero 0 ma almeno il compilatore ti avrà avvertito che qualcosa potrebbe non funzionare correttamente. Alcuni compilatori emettono persino un errore e si rifiutano di compilare del tutto tali definizioni.

Riteniamo che tale conversione non meriti di passare inosservata, poiché spesso è un errore. In questo libro consigliamo la sintassi dell'inizializzatore con parentesi graffe. Questa è la sintassi più recente introdotta in C++ 11 specificamente per standardizzare l'inizializzazione. Oltre a fornire migliori garanzie di sicurezza quando si tratta di conversioni, il suo vantaggio principale è che consente di inizializzare quasi tutto nello stesso modo, motivo per cui viene anche comunemente definito inizializzazione uniforme.

A volte potresti voler definire variabili con valori che sono fissi e non devono essere modificati. Si utilizza la parola chiave const nella definizione di una variabile che non deve essere modificata. Tali variabili vengono spesso definite costanti. Ecco un esempio:

```
const unsigned conta_dieci {10}; // Un intero senza
segno che ha valore 10
```

La parola chiave const dice al compilatore che il valore di conta_dieci non deve essere modificato. Qualsiasi istruzione che tenti di modificare questo valore verrà contrassegnata come errore durante la compilazione! È possibile utilizzare la parola chiave const per correggere il valore di variabili di qualsiasi tipo.

Probabilmente avrai notato la parola chiave `unsigned`. Naturalmente, ci sono circostanze in cui non è necessario memorizzare numeri negativi. Il numero di studenti in una classe o il numero di soci in un'assemblea è sempre un numero intero positivo. È possibile specificare tipi interi che memorizzano solo valori non negativi anteponendo a uno dei nomi dei tipi interi con segno la parola chiave `unsigned`, ad esempio tipi `unsigned char` o `unsigned short` o `unsigned int`, ad esempio. Ogni tipo `unsigned` è un tipo diverso dal tipo `signed` ma occupa la stessa quantità di memoria.

Floating-point

Si utilizzano variabili a virgola mobile ogni volta che si desidera lavorare con valori non interi. Esistono tre tipi di dati in virgola mobile:

- float
- double
- long double

Come spiegato in precedenza, il termine precisione si riferisce al numero di cifre significative nella mantissa. I tipi sono in ordine crescente di precisione, con float che fornisce il numero più basso di cifre nella mantissa e long double il più alto.

La precisione determina solo il numero di cifre nella mantissa. L'intervallo di numeri che può essere rappresentato da un particolare tipo è determinato dall'intervallo di possibili esponenti. La precisione e l'intervallo di valori non sono prescritti dallo standard C++, quindi ciò che ottieni con ogni tipo dipende dal tuo compilatore.

E questo, a sua volta, dipenderà dal tipo di processore utilizzato dal computer e dalla rappresentazione in virgola mobile che utilizza. Lo standard garantisce che il tipo long double fornirà una precisione non inferiore a quella del tipo double e il tipo double fornirà una precisione non inferiore a quella del tipo float. Praticamente tutti i compilatori e le architetture di computer oggi, tuttavia, usano numeri in virgola mobile e aritmetica come specificato dallo standard IEEE.

Normalmente, float fornisce quindi sette cifre decimali di precisione (con una mantissa di 23 bit), double quasi 16 cifre (mantissa a 52 bit). Per il long double, dipende dal tuo compilatore: con la maggior parte dei compilatori principali fornisce da 18 a 19 cifre di precisione (mantissa a 64 bit), ma con altri (in particolare Microsoft Visual C++) è preciso quanto double.

Di seguito sono riportate alcune istruzioni che definiscono le variabili a virgola mobile:

```
float pi {3.1415926f}; // Valore di pi greco
double inch_a_mm {25.4};
long double radice_quadrata {1.41421356237309504881L};
// Radice quadrata di 2
```

Come puoi vedere, definisci le variabili a virgola mobile proprio come le variabili intere. Il tipo `double` è più che adeguato nella maggior parte delle circostanze.

In genere si utilizza il `float` solo quando la velocità o la dimensione dei dati è davvero essenziale. Se usi il `float`, però, devi sempre stare attento che la perdita di precisione sia accettabile per la tua applicazione.

Capitolo 3: Rappresentare stringhe

Le variabili di tipo `char` vengono utilizzate principalmente per memorizzare un codice per un singolo carattere e occupano un byte. Lo standard C++ non specifica la codifica dei caratteri da utilizzare per il set di caratteri di base, quindi in linea di principio questo dipende dal particolare compilatore, ma di solito è ASCII. Definisci le variabili di tipo `char` allo stesso modo delle variabili degli altri tipi che hai visto. Ecco un esempio:

```
char letter; // Non inizializzato, quindi valore
inutile
char yes {'Y'}, no {'N'}; // Inizializzato con
caratteri letterali
char ch {33}; // Inizializzatore intero equivalente a
"!"
```

È possibile inizializzare una variabile di tipo `char` con un carattere letterale tra virgolette singole o un numero intero. Un inizializzatore intero deve essere compreso nell'intervallo del tipo `char` — ricorda, dipende dal compilatore se è un tipo con segno o senza segno. Ovviamente, puoi specificare un carattere come una delle sequenze di escape, esistono anche sequenze di escape che specificano un carattere in base al suo codice espresso come valore ottale o esadecimale.

La sequenza di escape per un codice di caratteri ottali è composta da una a tre cifre ottali precedute da una barra rovesciata mentre per caratteri esadecimali è una o più cifre esadecimali precedute da \x. Ad esempio, la lettera "A" potrebbe essere scritta come "\x41" esadecimale in ASCII. Ovviamente, potresti scrivere codici che non rientrano in un singolo byte, nel qual caso il risultato è definito dall'implementazione.

Le variabili di tipo `char` sono numeriche; dopotutto, memorizzano codici interi che rappresentano i caratteri. Possono quindi partecipare a espressioni aritmetiche, proprio come le variabili di tipo `int` o `long`. Ecco un esempio:

```
char ch {'A'};
char lettera {ch + 2}; // lettera è pari a 'C'
++ch; // ch è stato incrementato di 1 unità quindi è
'B'
ch += 3; // ch è stato aumentato di 3 unità quindi è
'E'
```

Quei simboli ++ e += ti hanno indimidito? Non ti preoccupare si tratta semplicemente di addizioni. Il primo simbolo recupera il valore e lo incrementa di un'unità mentre il secondo equivale a scrivere:

```
ch = ch + 3;
```

Hai visto come inserire un operatore ++ (è lo stesso per --) prima della variabile a cui si applica. Questa è chiamata forma prefissa dell'operatore. Puoi anche metterli dopo una variabile, chiamata forma postfissa ma l'effetto è leggermente diverso. Prova a scoprirlo da solo.

Come stampare a video?

Quando scrivi una variabile `char` usando `cout` o `format()`, per impostazione predefinita viene visualizzata come un carattere, non come un numero intero. Se vuoi vederlo come un valore numerico con `cout`, non hai altra scelta che effettuare una conversione prima su un intero. Con `format()`, puoi invece formattare il carattere usando la formattazione binaria (b), decimale (d) o esadecimale (x). Ecco un esempio:

```
std::cout << std::format("ch è '{0}', il cui codice è
{0:#x}\n", ch);
```

Il risultato sarà:

```
ch è 'E', il cui codice è 0x45
```

Abbiamo utilizzato gli indici degli argomenti (0) per formattare lo stesso valore di carattere due volte: una con la formattazione predefinita e una con la forma alternativa (#) della formattazione esadecimale minuscola (x). Quando si utilizza >> per leggere da un flusso in una variabile di tipo `char`, verrà memorizzato il primo carattere non bianco.

Ciò significa che non puoi leggere i caratteri di spazio in questo modo; vengono semplicemente ignorati. Inoltre, non puoi leggere un valore numerico in una variabile di tipo `char`; se ci provi, verrà memorizzato il codice carattere per la prima cifra.

Verifica le tue competenze

1) Crea un programma che converta pollici in cm e viceversa. Nel caso in cui tu non abbia familiarità con le unità imperiali: 1 pollice equivale a 2,54 cm. Un input di 55 pollici, ad esempio, dovrebbe quindi produrre un output di 139,7 cm. Chiedi all'utente di inserire un valore intero corrispondente al numero di pollici, quindi effettuare la conversione e produrre il risultato.

2) Scrivi un programma che calcoli l'area di un cerchio. Il programma dovrebbe richiedere l'inserimento del raggio del cerchio dalla tastiera. Calcola l'area utilizzando la formula area = pi * raggio * raggio, quindi visualizza il risultato.

- N.B: Input e output vengono eseguiti utilizzando flussi e comportano l'uso degli operatori di inserimento ed estrazione, << e >>. `std::cin` è un flusso di input standard che corrisponde alla tastiera. `std::cout` è un flusso di output standard per la scrittura di testo sullo schermo. Entrambi sono definiti nel modulo `<iostream>` della Standard Library.

Capitolo 4: Operatori

Sai già che esiste una sequenza di priorità per l'esecuzione di operatori aritmetici in un'espressione. In generale, la sequenza in cui vengono eseguiti gli operatori in un'espressione è determinata dalla precedenza degli operatori.

La precedenza degli operatori è solo un termine di fantasia per indicare la priorità di un operatore. Alcuni operatori, come l'addizione e la sottrazione, hanno la stessa precedenza. Ciò solleva la questione di come viene valutata un'espressione come a+b-c+d. Quando più operatori di un gruppo con la stessa precedenza compaiono in un'espressione, in assenza di parentesi, l'ordine di esecuzione è determinato dall'associatività del gruppo.

Un gruppo di operatori può essere associativo a sinistra, il che significa che gli operatori vengono eseguiti da sinistra a destra, oppure possono essere associativi a destra, il che significa che vengono eseguiti da destra a sinistra. Quasi tutti i gruppi di operatori sono associativi a sinistra, quindi la maggior parte delle espressioni che coinvolgono operatori con uguale precedenza vengono valutate da sinistra a destra.

Gli unici operatori associativi a destra sono tutti gli operatori unari, i vari operatori di assegnazione e l'operatore condizionale. La tabella seguente mostra la precedenza e l'associatività di tutti gli operatori in C++:

Precedenza	Operatore	Associatività
1	: :	Sinistra
2	() [] ->	Sinistra
3	! ~	Destra

4	.* ->*	Sinistra
5	* / %	Sinistra
6	+ e – binari	Sinistra
7	<< >>	Sinistra
8	<=>	Sinistra
9	< <= > >=	Sinistra
10	== !=	Sinistra
11	&	Sinistra
12	^	Sinistra
13			Sinistra
14	&&	Sinistra
15	||	Sinistra
16	?: = *= += -=	Destra

Non hai ancora incontrato la maggior parte di questi operatori ma quando ti chiederai conoscere la precedenza e l'associatività di uno di essi, saprai dove trovarlo.

Vediamo un semplice esempio per assicurarci che sia chiaro come funziona tutto questo. Considera questa espressione:

```
x * y / z - b + c - d
```

Gli operatori * e / sono nello stesso gruppo con precedenza maggiore del gruppo contenente + e –, quindi l'espressione x * y / z viene valutata per prima, con un risultato che chiamiamo r. Gli operatori nel gruppo che contiene * e / sono associativi a sinistra, quindi l'espressione viene valutata come se fosse (x * y) / z. Il passo successivo è la valutazione di r – b + c – d.

Anche il gruppo contenente gli operatori + e – è associativo a sinistra, quindi sarà valutato come ((r – b) + c) – d. Pertanto, l'intera espressione viene valutata come se fosse scritta come segue:

((((x * y) / z) – b) + c) – d

Ricorda, le parentesi annidate vengono valutate in sequenza dalla più interna alla più esterna. Probabilmente non sarai in grado di ricordare la precedenza e l'associatività di ogni operatore, almeno non finché non avrai passato molto tempo a scrivere codice C++.

Ogni volta che sei incerto, puoi sempre aggiungere parentesi per assicurarti che le cose vengano eseguite nella sequenza che desideri. E anche quando sei sicuro (perché sei un guru della precedenza), non fa mai male aggiungere alcune parentesi extra per chiarire un'espressione complessa.

Capitolo 5: Confronti

Il processo decisionale è fondamentale per qualsiasi tipo di programmazione informatica ed è una delle cose che differenzia un computer da una calcolatrice. Significa alterare la sequenza di esecuzione a seconda del risultato di un confronto.

In questo capitolo esplorerai come effettuare scelte e decisioni. Ciò consentirà di convalidare l'input del programma e scrivere programmi che possono adattare le proprie azioni a seconda dei dati di input. I tuoi programmi saranno in grado di gestire problemi in cui la logica è fondamentale per la soluzione.

In questo capitolo imparerai:

- Come confrontare i valori dei dati
- Come modificare la sequenza di esecuzione del programma in base al risultato di un confronto
- Cosa sono gli operatori logici e le espressioni e come li applichi
- Come gestire la scelta multipla situazioni

Per prendere decisioni, è necessario un meccanismo per confrontare gli elementi e ci sono diversi tipi di confronti. Ad esempio, una decisione come "Se il semaforo è rosso, ferma l'auto" implica un confronto per l'uguaglianza. Si confronta il colore del segnale con un colore di riferimento, il rosso, e se sono uguali si ferma l'auto.

D'altra parte, una decisione del tipo "Se la velocità dell'auto supera il limite, rallenta" implica una relazione diversa. Qui si controlla se la velocità dell'auto è maggiore del limite di velocità attuale. Entrambi questi confronti sono simili in quanto danno luogo a uno dei due valori: sono veri o falsi. Questo è esattamente il modo in cui funzionano i confronti in C++. È possibile confrontare i valori dei dati utilizzando due nuovi set di operatori, ovvero gli operatori relazionali e di uguaglianza. La tabella elenca i sei operatori per confrontare due valori:

Operatore	Significato
<	Minore di
<=	Minore o uguale a
>	Maggiore di
>=	Maggiore o uguale a
==	Uguale a

! =	Diverso da

Presta attenzione, l'operatore uguale a, ==, ha due segni di uguale consecutivi e non si tratta dell'operatore di assegnazione, =, che consiste in un unico segno di uguale. È un errore comune tra i principianti usare un segno di uguale invece di due per confrontare l'uguaglianza. Ciò non risulterà necessariamente in un messaggio di avviso dal compilatore perché l'espressione potrebbe essere valida ma non è quella che si intendeva, quindi è necessario prestare particolare attenzione per evitare questo errore.

Ciascuno degli operatori nella tabella confronta due valori e restituisce un valore di tipo bool. Ci sono solo due possibili valori bool, vero e falso infatti true e false sono parole chiave e sono letterali di tipo bool. A volte sono chiamati letterali booleani (da George Boole, il padre dell'algebra booleana). Crei variabili di tipo bool proprio come gli altri tipi fondamentali. Ecco un esempio:

```
bool valido {true}; // Definisci e inizializza una
variabile logica su true
```

Questo definisce la variabile valido come tipo bool con un valore iniziale di true. Se inizializzi una variabile bool usando parentesi graffe vuote, {}, il suo valore iniziale è falso:

```
bool corretto {}; // Definisce e inizializza una
variabile logica su false
```

Sebbene l'uso esplicito di {false} potrebbe probabilmente migliorare la leggibilità del codice, è bene ricordare che dove le variabili numeriche sono inizializzate a zero, ad esempio, quando si utilizza {}, le variabili booleane verranno inizializzate su false.

Applicare gli operatori

Puoi vedere come funzionano i confronti guardando alcuni esempi. Supponiamo di avere variabili intere i e j, rispettivamente con valori 10 e –5. Considera le seguenti espressioni:

```
i > j; i != j; j > -8; i <= j + 15;
```

Tutte queste espressioni restituiscono true. Si noti che nell'ultima espressione, l'addizione, j + 15, viene eseguita per prima perché + ha una precedenza maggiore di <=. È possibile memorizzare il risultato di una qualsiasi di queste espressioni in una variabile di tipo bool. Ecco un esempio:

```
valido = i > j;
```

Se i è maggiore di j, viene memorizzato true in valido; in caso contrario, viene memorizzato false.

Puoi anche confrontare i valori memorizzati nelle variabili dei tipi di carattere. Supponiamo di definire le seguenti variabili:

```
char primo {'A'};
char ultimo {'Z'};
```

Puoi scrivere confronti usando queste variabili:

```
primo < ultimo; 'E' <= primo; primo != ultimo;
```

Qui stai confrontando i valori del codice (ricorda che i caratteri sono mappati in codici interi usando schemi di codifica standard come ASCII e Unicode). La prima espressione controlla se il valore di primo, che è "A", è minore del valore di ultimo, che è "Z". Questo è sempre vero. Il risultato della seconda espressione è falso perché il valore del codice per "E" è maggiore del valore del primo. L'ultima espressione è vera, perché "A" non è assolutamente uguale a "Z".

Come vedi, puoi generare valori bool con la stessa facilità di qualsiasi altro tipo. Ecco un esempio che mostra come appaiono per impostazione predefinita:

```
import < iostream > ;
int main() {
  char primo {}; // Memorizza il primo carattere
  char secondo {}; // Memorizza il secondo carattere
  std::cout << "Inserisci un carattere: ";
  std::cin >> primo;
  std::cout << "Inserisci un secondo carattere: ";
  std::cin >> secondo;
  std::cout << "Il valore dell'espressione è " <<
primo << '<' << secondo <<
    " è " << (primo < secondo) << std::endl;
  std::cout << "Il valore dell'espressione è " <<
primo << "==" << secondo <<
    " è " << (primo == secondo) << std::endl;
}
```

La richiesta di input e la lettura dei caratteri dalla tastiera è una pratica standard che hai visto prima. Nota che le parentesi attorno alle espressioni di confronto nell'istruzione di output sono necessarie qui. Se le ometti, il compilatore restituisce un messaggio di errore (per capire perché dovresti rivedere le regole di precedenza degli operatori dall'inizio del capitolo precedente).

Le espressioni confrontano il primo e il secondo carattere immesso dall'utente. Dall'output è possibile vedere che il valore `true` viene visualizzato come 1 e il valore `false` viene visualizzato come 0 infatti queste sono le rappresentazioni predefinite per `true` e `false`. È possibile rendere i valori `bool` in uscita come vero e falso utilizzando il manipolatore `std::boolalpha`. Basta aggiungere questa istruzione da qualche parte prima delle ultime quattro righe della funzione `main()`:

```
std::cout << std::boolalpha;
```

Se compili ed esegui di nuovo l'esempio, ottieni valori `bool` visualizzati come vero o falso. Per riportare l'output dei valori `bool` all'impostazione predefinita, ti basta inserire il manipolatore `std::noboolalpha` nel flusso. In alternativa, puoi semplicemente usare le funzionalità del modulo `<format>` per comporre la stringa di output.

`std::format()` restituisce `true` e `false` per i booleani per impostazione predefinita ed è privo di problemi di precedenza degli operatori. Porta anche ad un codice più leggibile perché il testo stesso non è più intercalato con gli operatori di streaming.

```
std::cout << std::format("Il valore dell'espressione
è {} < {} è {}\n", primo, secondo, primo < secondo);
```

```
std::cout << std::format("Il valore dell'espressione
è {} == {} è {}\n", primo, secondo, primo < secondo);
```

Spaceship

In C++ 20, un nuovo operatore è stato aggiunto al linguaggio per confrontare i valori: l'operatore di confronto a tre vie, indicato con <=>. Questo nuovo operatore è meglio conosciuto usando il suo nome informale: operatore astronave o spaceship. Questo soprannome deriva dal fatto che la sequenza di caratteri <=> assomiglia in qualche modo a un disco volante e, in un certo senso, <=> si comporta come <, == e > tutti compressi in uno solo.

In poche parole, a <=> b determina, in una singola espressione, se a è minore, uguale o maggiore di b. Tuttavia, è più semplice spiegare il funzionamento di base di <=> tramite del codice. L'esempio seguente legge un numero intero e quindi utilizza <=> per confrontare quel numero con zero:

```
import <compare>; // Richiesto quando si utilizza
l'operatore <=> (anche per i tipi fondamentali)
import <format>;
import <iostream>;
int main()
{
 std::cout << "Per favore inserisci un numero: ";
 int valore;
 std::cin >> valore;
 std::strong_ordinamento ordinamento{ valore <=> 0 };
 std::cout << std::format("valore < 0: {}\n",
ordinamento == std::strong_ordinamento::less);
 std::cout << std::format("valore > 0: {}\n",
ordinamento == std::strong_ordinamento::greater);
 std::cout << std::format("valore == 0: {}\n",
ordinamento == std::strong_ordinamento::equal);
}
```

Per gli operandi interi, l'operatore <=> restituisce un valore di tipo std::strong_ordering, un tipo che per la maggior parte funge da tipo di enumerazione con possibili valori minore, maggiore e uguale. In base al valore dell'ordine, è quindi possibile determinare come viene ordinato il valore rispetto al numero zero. A questo punto potresti chiederti: qual è lo scopo di questo operatore? E giustamente così.

Come con tutti gli incontri alieni, l'operatore astronave appare inizialmente un po' strano e sconcertante. Richiede meno digitazione ed è altrettanto efficiente, infatti, quando si confrontano variabili di tipi fondamentali, l'operatore <=> ha poco o nessun senso. Il confronto di variabili di tipi più complessi, tuttavia, può essere costoso. Può quindi essere vantaggioso confrontarli solo una volta invece di due o tre volte.

Capitolo 6: Prendere decisioni

if

L'istruzione `if` di base consente di scegliere di eseguire una singola istruzione, o un blocco di istruzioni, quando una data condizione è vera. Ecco un esempio di un'istruzione `if` che verifica il valore di una variabile di tipo `char`, chiamata `lettera`:

```
if (lettera == 'A')
  std::cout << "La prima lettera maiuscola, in ordine
alfabetico.\n"; // Solo se la lettera è uguale a "A"

std::cout << "Questa istruzione viene sempre
eseguita.\n";
```

Se la lettera ha il valore 'A', la condizione è vera e queste istruzioni stamperanno entrambe le frasi. Se il valore della lettera non è uguale a "A", nell'output viene visualizzata solo la seconda riga.

Metti la condizione da testare tra parentesi immediatamente dopo la parola chiave, `if`. Adottiamo la convenzione di aggiungere uno spazio tra `if` e le parentesi (per differenziare visivamente dalle chiamate di funzione), ma non è richiesto e come al solito, il compilatore ignorerà tutti gli spazi.

L'istruzione che segue `if` è indentata per indicare che viene eseguita solo come risultato della condizione vera. L'indentazione non è necessaria per la compilazione del programma ma aiuta a riconoscere la relazione tra la condizione `if` e l'istruzione che dipende da essa.

Non inserire mai un punto e virgola (`;`) subito dopo la condizione dell'istruzione `if`. Sfortunatamente, così facendo, il codice viene compilato senza errori (nella migliore delle ipotesi, il compilatore emetterà un avviso), ma non significa affatto ciò che volevi. Il punto e virgola sulla prima riga risulta in una cosiddetta istruzione vuota o istruzione nulla.

I punti e virgola superflui, e quindi le istruzioni vuote, possono apparire praticamente ovunque all'interno di una serie di istruzioni. Di solito, tali dichiarazioni vuote non hanno alcun effetto ma quando viene aggiunto immediatamente dopo la condizione `if`, un punto e virgola lega l'istruzione che viene eseguita se la condizione restituisce `true`.

Tutte le istruzioni nel blocco verranno eseguite quando la condizione `if` è vera. Senza le parentesi graffe, solo la prima istruzione dopo `if` sarebbe eseguita. Puoi avere tutte le dichiarazioni che desideri all'interno del blocco; puoi anche avere blocchi annidati. Se e quando la lettera ha il valore "A", verranno eseguite entrambe le istruzioni all'interno del blocco. Nessuna di queste istruzioni viene eseguita se la condizione è falsa. L'istruzione che segue il blocco viene sempre eseguita.

Se esegui il cast di `true` su un tipo intero, il risultato sarà 1; la conversione di `false` in un numero intero restituisce 0. Al contrario, è anche possibile convertire i valori numerici nel tipo `bool`. Zero è convertito in falso e qualsiasi valore diverso da zero viene convertito in vero. Quando si dispone di un valore numerico in cui è previsto un valore `bool`, il compilatore inserirà una conversione implicita per convertire il valore numerico nel tipo `bool`. Questo è utile nel codice decisionale.

if-else

L'istruzione if che hai utilizzato esegue un'istruzione o un blocco di istruzioni se la condizione specificata è vera. L'esecuzione del programma continua quindi con l'istruzione successiva in sequenza. Naturalmente, potresti voler eseguire un blocco di istruzioni quando la condizione è vera e un altro insieme quando la condizione è falsa. Un'estensione dell'istruzione if chiamata istruzione if-else lo consente.

La combinazione if-else offre una scelta tra due opzioni. Puoi sempre utilizzare un blocco di istruzioni ovunque tu possa inserire una singola dichiarazione. Ciò consente l'esecuzione di un numero qualsiasi di istruzioni per ciascuna opzione in un'istruzione if-else. È possibile scrivere un'istruzione if-else che riporti se il carattere memorizzato nella lettera della variabile char era alfanumerico oppure no:

```
if (std::isalnum(lettera))
{
  std::cout << "E' una lettera o un numero." << std::endl;
}
else
{
  std::cout << "Non è nè una lettera nè un numero." << std::endl;
}
```

Questo codice usa la funzione isalnum() dall'intestazione C <cctype> che hai visto. Se lettera contiene una lettera o una cifra, isalnum() restituisce un numero intero positivo. Questo verrà convertito implicitamente in un valore bool, che sarà vero, quindi viene visualizzato il primo messaggio. Se lettera contiene qualcosa di diverso da una lettera o una cifra, isalnum() restituisce 0, che viene convertito in false, quindi viene eseguita l'istruzione di output dopo else.

Anche in questo caso le parentesi graffe non sono obbligatorie perché contengono singole affermazioni, ma il tuo codice sarà più chiaro se le inserisci. L'indentazione nei blocchi è un indicatore visibile della relazione tra le varie istruzioni e così puoi vedere chiaramente quale istruzione viene eseguita per un risultato vero e quale viene eseguita se falso.

Dovresti sempre indentare le istruzioni nei tuoi programmi per mostrare la loro struttura logica.

Operatore condizionale

L'operatore condizionale è talvolta chiamato operatore ternario perché coinvolge tre operandi, l'unico operatore a farlo. È parallelo all'istruzione `if-else`, in quanto invece di selezionare uno dei due blocchi di istruzioni da eseguire a seconda di una condizione, seleziona il valore di una delle due espressioni. Pertanto, l'operatore condizionale consente di scegliere tra due valori. Consideriamo un esempio. Supponiamo di avere due variabili, `a` e `b`, e di voler assegnare il valore della maggiore delle due a una terza variabile, `c`. La seguente dichiarazione farà questo:

```
c = a > b ? a : b; // Imposta c al valore più alto
tra a e b
```

L'operatore condizionale ha un'espressione logica come primo operando, in questo caso `a > b`. Se questa espressione è vera, il secondo operando, in questo caso `a`, viene selezionato come valore risultante dall'operazione. Se il primo operando è falso, il terzo operando, in questo caso `b`, viene selezionato come valore.

Pertanto, il risultato dell'espressione condizionale è `a` nel caso in cui `a` è maggiore di `b`, `b` altrimenti. Questo valore è memorizzato in `c`. L'istruzione di assegnazione è equivalente all'istruzione `if`:

```
if (a > b)
{
  c = a;
}
else
{
  c = b;
}
```

switch

Ti trovi spesso di fronte a una situazione a scelta multipla in cui devi eseguire un particolare insieme di istruzioni da un numero di scelte (cioè più di due), a seconda del valore di una variabile intera o di un'espressione.

L'istruzione switch consente di selezionare tra più scelte. Le scelte sono identificate da un insieme di valori interi o di enumerazione fissi e la selezione di una particolare scelta è determinata dal valore di un dato numero intero o costante. Le scelte in un'istruzione switch sono chiamate "case".

Una lotteria in cui vinci un premio in base al tuo numero di arrivo è un esempio di dove potrebbe essere applicato. Compri un biglietto numerato e, se sei fortunato, vinci un premio. Ad esempio, se il numero del tuo biglietto è 147, vinci il primo premio; se è 387, puoi richiedere il secondo premio e il biglietto 29 ti dà un terzo premio; qualsiasi altro numero di biglietto non vince nulla.

L'istruzione switch per gestire questa situazione avrebbe quattro casi: uno per ciascuno dei numeri vincenti, più un caso "predefinito" per tutti i numeri perdenti.

Ecco un'istruzione switch che seleziona un messaggio per un determinato numero di ticket:

```
switch (numero_ticket)
{
case 147:
 std::cout << "Hai vinto il primo premio!";
 break;
case 387:
 std::cout << "Hai vinto il secondo premio!";
 break;
case 29:
 std::cout << "Hai vinto il terzo premio!";
 break;
```

```
default:
  std::cout << "Ci dispiace, non hai vinto.";
  break;
}
```

L'istruzione switch è più difficile da descrivere che da usare. La selezione di un caso particolare è determinata dal valore dell'espressione intera tra le parentesi che seguono la parola chiave switch. In questo esempio, è semplicemente la variabile intera numero_ticket. Le scelte possibili in un'istruzione switch vengono visualizzate in un blocco e ogni scelta è identificata da un valore case. Un valore case viene visualizzato in un'etichetta, che è della seguente forma:

```
case valore:
```

Questa è chiamata etichetta del case perché etichetta le istruzioni o il blocco di istruzioni che precede. Le istruzioni che seguono una particolare etichetta del case vengono eseguite se il valore dell'espressione di selezione è uguale a quello del valore case.

Ogni valore case deve essere univoco ma non è necessario che i valori siano in un ordine particolare, come dimostra l'esempio. Ogni valore case deve essere un'espressione costante, che è un'espressione che il compilatore può valutare in fase di compilazione. I valori case sono per lo più letterali o variabili const inizializzate con letterali. Naturalmente, qualsiasi etichetta del case deve essere dello stesso tipo dell'espressione di condizione all'interno del precedente switch() o essere convertibile in quel tipo. L'etichetta predefinita nell'esempio identifica il caso predefinito, che è un caso che viene usato se nessuno degli altri casi è stato selezionato. Se presente, l'etichetta default non deve essere necessariamente l'ultima etichetta.

Lo è spesso, ma in linea di principio può apparire ovunque tra le normali etichette dei case. Inoltre, non è necessario specificare un caso predefinito. Se non lo fai e nessuno dei valori del caso è selezionato, l'opzione non fa nulla.

L'istruzione break che appare dopo ogni serie di istruzioni case è essenziale per la logica qui. L'esecuzione di un'istruzione break esce dall'opzione e fa sì che l'esecuzione continui con l'istruzione che segue la parentesi graffa di chiusura. Se ometti l'istruzione break per un caso, verranno eseguite le istruzioni per il caso seguente. Si noti che non abbiamo bisogno di un'interruzione dopo il case finale (di solito il case default) perché l'esecuzione lascia comunque lo switch a questo punto.

È una buona norma di programmazione includerlo, tuttavia, perché protegge dal rischio di cadere accidentalmente in un altro case che potresti aggiungere in seguito. switch, case, default e break sono tutte parole chiave.

Verifica le tue abilità

1. Scrivi un altro programma che richieda l'immissione di due numeri interi. Qualsiasi numero negativo o zero deve essere rifiutato quindi controlla se uno dei numeri (strettamente positivi) è un multiplo esatto dell'altro. Ad esempio, 63 è un multiplo di 1, 3, 7, 9, 21 o 63. Nota che che l'utente dovrebbe essere autorizzato a inserire i numeri in qualsiasi ordine. Cioè, non importa se l'utente inserisce per primo il numero più grande o quello più piccolo; entrambi dovrebbero funzionare correttamente!

2. Scrivi un programma che determini, utilizzando solo l'operatore condizionale, se un numero intero immesso ha un valore uguale o inferiore a 20, è maggiore di 20 ma non maggiore di 30, è maggiore di 30 ma non superiore a 100, o è maggiore di 100.

3. Crea un programma che richieda l'immissione di un numero (sono consentiti numeri non interi) compresi tra 1 e 100. Utilizzare un se nidificato, prima per verificare che il numero sia all'interno di questo intervallo e poi, in caso affermativo, determinare se è maggiore, minore o uguale a 50. Il programma dovrebbe fornire un risultato su ciò che è stato trovato.

Capitolo 7: Array

Le variabili create fino ad ora possono memorizzare solo un singolo elemento di dati del tipo specificato: un numero intero, un valore a virgola mobile, un carattere o un valore `bool`. Un array memorizza diversi elementi di dati dello stesso tipo. È possibile creare un array di numeri interi o un array di caratteri (o in effetti un array di qualsiasi tipo di dati) e possono essere tanti quanti ne consente la memoria disponibile.

Un array è una variabile che rappresenta una sequenza di posizioni di memoria, ciascuna delle quali memorizza un elemento di dati dello stesso tipo di dati. Supponiamo, ad esempio, di aver scritto un programma per calcolare la temperatura media. Ora si desidera estendere il programma per calcolare quanti campioni sono al di sopra di quella media e quanti sono al di sotto. Dovrai conservare i dati di esempio originali per farlo, ma memorizzare ogni elemento in una variabile separata sarebbe difficile da codificare e davvero poco pratico. Un array fornisce i mezzi per farlo facilmente.

È possibile memorizzare 366 campioni di temperatura in un array definito come segue:

```
double temperature[366]; // Definisce un array di 366
temperature
```

Definisce un array con il nome temperature per memorizzare 366 valori di tipo `double`. I valori dei dati sono chiamati elementi. Il numero di elementi specificato tra le parentesi è la dimensione della matrice. Gli elementi dell'array non sono inizializzati in questa istruzione, quindi contengono valori inutili al momento.

La dimensione di un array deve sempre essere specificata utilizzando un'espressione intera costante. Può essere utilizzata qualsiasi espressione intera che il compilatore può valutare in fase di compilazione, sebbene per lo più si tratterà di un valore letterale intero o di una variabile intera const che a sua volta è stata inizializzata utilizzando un valore letterale.

Fai riferimento a un elemento dell'array utilizzando un numero intero chiamato indice. L'indice di un particolare elemento dell'array è il suo offset dal primo elemento. Il primo elemento ha un offset di 0 e quindi un indice di 0; un valore di indice di 3 si riferisce al quarto elemento della matrice, tre elementi dal primo. Per fare riferimento a un elemento, inserisci il suo indice tra parentesi quadre dopo il nome dell'array, quindi per impostare il quarto elemento dell'array temperature su 99.0, dovresti scrivere quanto segue:

```
temperature[3] = 99.0; // Imposta il quarto elemento
dell'array su 99
```

Se un array di 366 elementi illustra bene la necessità degli array, immagina solo di dover definire 366 variabili distinte, creare così tanti elementi sarebbe alquanto macchinoso. Vediamo quindi un altro array:

```
unsigned int altezze[6]; // Definisce un array di 6
altezze
```

Come risultato di questa definizione, il compilatore allocherà sei posizioni di memoria contigue per memorizzare valori di tipo unsigned int. Ogni elemento nell'array di altezze contiene un numero diverso. Poiché la definizione di altezza non specifica alcun valore iniziale per l'array, i sei elementi conterranno valori inutili (in modo analogo a ciò che accade se si definisce una singola variabile di tipo unsigned int senza un valore iniziale). È possibile definire l'array con valori iniziali appropriati in questo modo:

```
unsigned int altezze[6] {26, 37, 47, 55, 62, 75}; //
Definisce e inizializza un array di 6 altezze
```

I valori con cui l'array è stato inizializzato potrebbero essere le altezze dei membri di una famiglia, registrate al centimetro più vicino. Ad ogni elemento dell'array verrà assegnato un valore iniziale dalla lista in sequenza, immaginali come dei riquadri. Ciascun riquadro nella figura rappresenta una posizione di memoria contenente un singolo elemento dell'array. Poiché ci sono sei elementi, i valori di indice vanno da 0 per il primo elemento a 5 per l'ultimo elemento.

L'inizializzatore non deve avere più valori di quanti siano gli elementi nell'array; in caso contrario, l'istruzione non verrà compilata. Tuttavia, possono esserci meno valori nell'elenco, nel qual caso gli elementi per i quali non è stato fornito alcun valore iniziale verranno inizializzati con 0 (false per un array di elementi bool). Ecco un esempio:

```
unsigned int altezze[6] {26, 37, 47}; // Valori degli
elementi: 26 37 47 0 0 0
```

Gli elementi della matrice partecipano alle espressioni aritmetiche come le altre variabili. Potresti sommare i primi tre elementi dell'array in questo modo:

```
unsigned int somma {};
somma = altezze[0] + altezze[1] + altezze[2];
```

In un'espressione vengono utilizzati riferimenti a singoli elementi dell'array come normali variabili intere. Come hai visto in precedenza, un elemento dell'array può essere a sinistra di un'assegnazione per impostare un nuovo valore, quindi puoi copiare il valore di un elemento in un altro in un'assegnazione, in questo modo:

```
altezze[3] = altezze[2];
```

Tuttavia, non puoi copiare tutto l'elemento valori da un array agli elementi di un altro in un'assegnazione. Puoi operare solo su singoli elementi e per copiare i valori di un array in un altro, è necessario copiare i valori uno alla volta. Quello di cui hai bisogno è un loop ovvero un semplice ciclo.

Capitolo 8: Loop

Un ciclo è un meccanismo che consente di eseguire ripetutamente un'istruzione o un blocco di istruzioni finché non viene soddisfatta una particolare condizione. Due elementi essenziali compongono un ciclo: l'istruzione o il blocco di istruzioni che deve essere eseguito ripetutamente forma il cosiddetto "corpo del ciclo" e una condizione del ciclo che determina quando smettere di ripetere il ciclo. Una singola esecuzione del corpo di un ciclo è chiamata iterazione.

Una condizione di un loop può assumere forme diverse per fornire modi diversi di controllare il loop. Ad esempio, una condizione può fare quanto segue:

- Eseguire un ciclo un dato numero di volte
- Eseguire un ciclo fino a quando un dato valore supera un altro valore
- Eseguire un ciclo fino a quando un particolare carattere non viene inserito dalla tastiera
- Eseguire un ciclo per ciascuno elemento in una raccolta di elementi

Scegli la condizione del ciclo in base alle circostanze. Sono disponibili le seguenti varietà di cicli:

- Il ciclo `for` fornisce principalmente l'esecuzione del ciclo un numero di volte prestabilito, ma oltre a questo vi è una notevole flessibilità.
- Il ciclo `for` basato su intervallo (range-based) esegue un'iterazione per ogni elemento in una raccolta di elementi.

- Il ciclo `while` continua l'esecuzione fino a quando una condizione specificata è vera. La condizione viene verificata all'inizio di un'iterazione, quindi se la condizione inizia come falsa, non vengono eseguite iterazioni del ciclo.

- Il ciclo `do-while` continua ad essere eseguito fintanto che una data condizione è vera. Questo differisce dal ciclo `while` in quanto il ciclo `do-while` controlla la condizione alla fine di un'iterazione. Ciò implica che viene eseguita sempre almeno un'iterazione del ciclo.

for

Il ciclo `for` generalmente esegue un'istruzione o un blocco di istruzioni un numero predeterminato di volte, ma è possibile utilizzarlo anche in altri modi. Si specifica come funziona un ciclo `for` utilizzando tre espressioni separate da punto e virgola, il tutto tra parentesi che seguono la parola chiave `for`. Puoi omettere una o tutte le espressioni che controllano un ciclo `for`, ma devi sempre includere il punto e virgola.

L'espressione di inizializzazione viene valutata solo una volta, all'inizio del ciclo. Successivamente viene verificata la condizione del ciclo e, se è vera, viene eseguita l'istruzione o il blocco di istruzioni del ciclo. Se la condizione è falsa, il ciclo termina e l'esecuzione continua con l'istruzione dopo il ciclo. Dopo ogni esecuzione dell'istruzione o del blocco del ciclo, viene valutata l'espressione di iterazione e viene controllata la condizione per decidere se il ciclo deve continuare.

Nell'uso più tipico del ciclo `for`, la prima espressione inizializza un contatore, la seconda espressione controlla se il contatore ha raggiunto un determinato limite e la terza espressione incrementa il contatore. Ad esempio, potresti copiare gli elementi da un array a un altro in questo modo:

```
double mm_pioggia[12] {1.1, 2.8, 3.4, 3.7, 2.1, 2.3,
1.8, 0.0, 0.3, 0.9, 0.7, 0.5};
double copia[12] {};
for (size_t i {}; i < 12; ++i) // i varia da 0 a 11
{
 copia[i] = mm_pioggia[i]; // Copia i-esimo elemento
di mm_pioggia nell'i-esimo elemento di copia
}
```

La prima espressione definisce `i` di tipo `size_t` con un valore iniziale di 0. È possibile ricordare il tipo `size_t` dai valori restituiti dall'operatore `sizeof`. È un tipo intero senza segno che viene generalmente utilizzato, ad esempio, per dimensioni o per il conteggio delle cose. Poiché `i` sarà usato per indicizzare gli array, l'uso di `size_t` ha senso. La seconda espressione, la condizione del ciclo, è vera fintanto che `i` è minore di 12, quindi il ciclo continua finché `i` è minore di 12. Quando i raggiunge 12, l'espressione sarà falsa, quindi il ciclo termina. La terza espressione incrementa `i` alla fine di ogni iterazione del ciclo, quindi il blocco del ciclo che copia l'elemento i-esimo da `mm_pioggia` a `copia` verrà eseguito con valori di `i` compresi tra 0 e 11.

for range-based

Il ciclo `for` basato su intervallo (range-based) esegue l'iterazione su tutti i valori in un intervallo di valori. Ciò pone la domanda immediata: che cos'è un intervallo? Un array è un intervallo di elementi e una stringa è un intervallo di caratteri. Questa è la forma generale del ciclo for basato su intervallo:

```
for([inizializzazione;]           dichiarazione_range:
espressione_range) istruzione o blocco del ciclo;
```

Le parentesi quadre sono solo di riferimento e indicano che la parte di inizializzazione è facoltativa. La possibilità di aggiungere un'istruzione di inizializzazione ai cicli `for` basati su intervalli è stata aggiunta in C++ 20 ed è opzionale e completamente analoga a quella dei normali cicli `for`. Puoi usarlo per inizializzare una o più variabili che puoi quindi usare nel resto del ciclo for basato su intervallo. L'espressione_range identifica l'intervallo che è l'origine dei dati e dichiarazione_range identifica una variabile a cui verrà assegnato a turno ciascuno dei valori in questo intervallo, con un nuovo valore assegnato a ogni iterazione. Questo sarà molto più chiaro con un esempio, considera queste istruzioni:

```
int valori [] {2, 3, 5, 7, 11, 13, 17, 19, 23, 29};
```

```
int totale {};
for (int x : valori)
  totale += x;
```

Alla variabile x verrà assegnato un valore dalla matrice valori ad ogni iterazione. Gli verranno assegnati i valori 2, 3, 5 e così via, in successione. Pertanto, il ciclo accumulerà la somma di tutti gli elementi nella matrice in totale. La variabile x è locale al ciclo e non esiste al di fuori di esso.

while

Il ciclo while utilizza un'espressione logica per controllare l'esecuzione del corpo del ciclo. È possibile utilizzare qualsiasi espressione per controllare il ciclo, purché restituisca un valore di tipo bool o possa essere convertito implicitamente in tipo bool. Se l'espressione della condizione del ciclo restituisce un valore numerico, ad esempio, il ciclo continua fintanto che il valore è diverso da zero, infatti, un valore pari a zero termina il ciclo.

```cpp
import <iostream>;
import <format>;
int main()
{
  unsigned int limite {};
  std::cout << "Questo programma calcola n! e la somma
degli interi fino a n per valori da 1 a limite.\n";
  std::cout << "Quale limite superiore vorresti per n?
";
  std::cin >> limite;
  // Formatto tutte le righe della tabella
  const auto table_format = "{:>8} {:>8} {:>20}\n";
  // Stampo l'intestazione delle colonne
  std::cout << std::format(table_format, "intero",
"somma", "fattoriale");
  unsigned int n {};
  unsigned int somma {};
  unsigned long long fattoriale {1ULL};
  while (++n <= limite)
  {
    somma += n; // Accumula somma all'attuale n
    fattoriale *= n; // Calcola n! per l'attuale n
    std::cout << std::format(table_format, n, somma,
fattoriale);
  }
}
```

Le variabili n, somma e fattoriale sono definite prima del ciclo. Qui i tipi di variabili possono essere diversi, quindi n e somma sono definiti come unsigned int. Il valore massimo memorizzabile in fattoriale limita il calcolo, quindi questo rimane di tipo `unsigned long long`. A causa del modo in cui viene implementato il calcolo, il contatore n viene inizializzato a zero. La condizione del ciclo `while` incrementa n e quindi confronta il nuovo valore con `limite`. Il ciclo continua fintanto che la condizione è vera, quindi il ciclo viene eseguito con valori di n da 1 fino a `limite`. Quando n raggiunge `limite + 1`, il ciclo termina.

do-while

Il ciclo `do-while` è simile al ciclo `while` in quanto il ciclo continua fintanto che la condizione di ciclo specificata rimane vera. L'unica differenza è che la condizione del ciclo viene verificata alla fine del ciclo `do-while`, piuttosto che all'inizio, quindi il corpo del ciclo viene sempre eseguito almeno una volta.

È da notare che il punto e virgola che segue la condizione tra parentesi ed è assolutamente necessario. Se non dovessi rispettare questa regola, il programma non verrà compilato.

Questo tipo di logica è ideale per le situazioni in cui si dispone di un blocco di codice che si desidera eseguire sempre una volta e, eventualmente, si desidera eseguirlo più di una volta. Possiamo dire che non sei convinto di averne bisogno quindi diamo un'occhiata a un altro esempio.

Questo programma calcolerà la media di un numero arbitrario di valori di input, ad esempio le temperature, senza memorizzarli. Non hai modo di sapere in anticipo quanti valori verranno inseriti ma è lecito ritenere che ne avrai sempre almeno uno, perché se non lo avessi, non avrebbe senso eseguire il programma.

Questo lo rende un candidato ideale per un ciclo di `do-while`. Ecco il codice:

```cpp
int main ()
{
  char risposta {}; // Memorizza la risposta alla richiesta di input
  int contatore {}; // Conta il numero di valori di input
  double temperatura {}; // Memorizza un valore di input
  double totale {}; // Memorizza la somma di tutti i valori di input
  do
```

```
   {
      std :: cout << "Immettere una temperatura:"; //
Richiedi input
      std :: cin >> temperatura; // Legge il valore di
input
      totale += temperatura; // Somma il totale dei
valori
      ++contatore; // Incrementa il contatore
      std :: cout << "Vuoi inserirne un altro? (s /
n):";
      std :: cin >> risposta; // Recupera la risposta
   } while (std::tolower(risposta) == 's');
   std :: cout << "La temperatura media è" << totale /
contatore << std::endl;
}
```

Questo programma gestisce un numero qualsiasi di valori di input senza la conoscenza preliminare di quanti ne saranno inseriti. Dopo aver definito le quattro variabili richieste per l'input e il calcolo, i valori dei dati vengono letti in un ciclo continuo. Viene letto un valore di input a ogni iterazione del ciclo e la risposta al prompt memorizzato in risposta determina se il ciclo debba terminare. Se la risposta è s o S, il ciclo continua; in caso contrario, il ciclo termina.

L'uso della funzione std::tolower() da <cctype> garantisce che siano accettate le maiuscole o le minuscole. Un'alternativa all'uso di tolower() nella condizione del ciclo è usare un'espressione più complessa per la condizione. Potresti esprimere la condizione come risposta == 's' || risposta == "S". Questo esegue l'OR dei due valori bool che risultano dai confronti in modo che immettendo una s maiuscola o minuscola, la condizione risulterà vera.

Verifica le tue competenze

1. Scrivi un programma che calcoli i quadrati degli interi dispari da 1 fino a un limite inserito dall'utente.

2. Scrivi un programma che utilizzi un ciclo `while` per calcolare la somma di un numero arbitrario di numeri interi immessi dall'utente. Dopo ogni iterazione, chiedere all'utente se ha finito di inserire i numeri. Il programma dovrebbe produrre il totale di tutti i valori e la media complessiva come valore in virgola mobile.

3. Crea un programma che utilizzi un ciclo per contare il numero di caratteri (non spazi vuoti) immessi su una riga. Il conteggio dovrebbe terminare quando viene trovato il primo carattere #.

MySQL

Premessa

I sistemi di gestione dei database sono gli schedari elettronici che aiutano individui e organizzazioni a gestire la massa di informazioni che elaborano ogni giorno. Con un database ben progettato, le informazioni possono essere facilmente archiviate, aggiornate, accessibili e fascicolate. Ad esempio, una società di spedizioni può utilizzare un database per registrare i dati associati a ciascuna spedizione, come mittente e destinatario, origine e destinazione, tempi di spedizione e consegna, posizione corrente e spese di spedizione.

Alcune di queste informazioni devono essere aggiornate man mano che la spedizione procede. Lo stato corrente di una spedizione può essere letto dal database in qualsiasi momento e i dati su tutte le spedizioni possono anche essere riepilogati in report.

Il Web ha ispirato una nuova generazione di utilizzo dei database. Ora è molto facile sviluppare e pubblicare applicazioni multiutente che non richiedono l'installazione di alcun software personalizzato sul computer di ogni utente.

L'aggiunta di un database a un'applicazione Web consente la raccolta e l'utilizzo automatico delle informazioni. Ad esempio, un cliente può visitare un sito di acquisti online, vedere cosa c'è in magazzino, effettuare un ordine, inviare le informazioni di pagamento e tenere traccia dell'ordine fino alla consegna della merce. Può anche effettuare ordini in modo anticipato per prodotti che non sono disponibili, inviare recensioni e partecipare a discussioni sugli articoli che ha acquistato.

Se tutto va bene, il personale del sito non ha bisogno di intervenire in nessuna di queste azioni; minore è l'intervento del personale richiesto durante il normale funzionamento, più scalabile è l'applicazione per un gran numero di utenti. Il personale è quindi libero di svolgere compiti ben più produttivi, come monitorare le vendite e le scorte in tempo reale e progettare promozioni speciali basate sulle vendite dei prodotti.

Personalmente sono sempre stato interessato ad utilizzare i computer come strumento per rendere le cose più veloci, più efficienti e più efficaci. Negli ultimi anni ho ripetutamente scoperto che il sistema di gestione del database MySQL insieme ai linguaggi di programmazione PHP e Perl, forniscono una piattaforma perfetta per applicazioni serie come la gestione dei record di ricerca, così come quelle non così serie che riguardano la lotteria dell'ufficio per esempio.

Lungo la strada, abbiamo imparato molte lezioni che vorremmo trasmettere e questo libro contiene i suggerimenti che secondo me la maggior parte dei lettori troverà utili su base giornaliera. Questo libro è principalmente per le persone che non sanno molto sulla distribuzione e sull'utilizzo di un vero sistema di gestione di database o sullo sviluppo di applicazioni che utilizzano un database.

Forniamo un'introduzione ai database relazionali, al sistema di gestione dei database MySQL, allo Structured Query Language (SQL) e non solo. Vedremo anche del materiale un po' più avanzato che sarà di interesse anche per utenti esperti di database.

I lettori che usano, hanno già usato o conoscono questi argomenti dovrebbero essere in grado di utilizzare questo libro per accrescere le loro conoscenze e approfondire la loro comprensione di MySQL, in particolare e, delle tecniche per i database in generale.

Capitolo 1: Cos'è MySQL?

MySQL (pronunciato "My Ess Cue Ell") è molto più di un "database open source molto popolare nel mondo", come affermano gli sviluppatori della società MySQL AB. Questo database di dimensioni modeste ha introdotto milioni di utenti di computer e ricercatori dilettanti di tutti i giorni nel mondo dei potenti sistemi di informazione. MySQL è un concorrente relativamente recente nell'area consolidata dei sistemi di gestione di database relazionali (RDBM), un concetto inventato dal ricercatore IBM Edgar Frank Codd nel 1970.

Nonostante l'arrivo di nuovi tipi di repository di dati negli ultimi 35 anni, i database relazionali rimangono i cavalli di battaglia del mondo dell'informazione. Consentono agli utenti di rappresentare relazioni sofisticate tra elementi di dati e di calcolare queste relazioni con la velocità necessaria per prendere decisioni fondamentali.

È impressionante come si possa passare dalla progettazione all'implementazione in poche ore e con quanta facilità si possano sviluppare applicazioni web per accedere a terabyte di dati e servire migliaia di utenti web al secondo. Che tu stia offrendo prodotti su un sito web, conducendo un sondaggio scientifico o semplicemente cercando di fornire dati utili alla tua classe, al circolo ciclistico o ad un'organizzazione religiosa, MySQL ti consente di iniziare rapidamente e ti consente di aumentare i tuoi servizi comodamente nel tempo.

La sua facilità di installazione e utilizzo ha portato l'analista multimediale Clay Shirky ad attribuire a MySQL il merito di guidare un tipo completamente nuovo di sistema informativo che chiama "software situato" - software personalizzato che può essere facilmente progettato e costruito per applicazioni di nicchia.

In questo libro, forniamo istruzioni per aiutarti a configurare MySQL e il relativo software. Ti insegneremo il linguaggio SQL (Structured Query

Language), che viene utilizzato per inserire, recuperare e manipolare i dati.

Forniremo anche un tutorial sulla progettazione del database, spiegheremo come configurare MySQL per una maggiore sicurezza e ti offriremo suggerimenti avanzati su come ottenere ancora di più dai tuoi dati.

Perché MySQL è così popolare?

Il processo di sviluppo di MySQL si concentra sull'offerta di un'implementazione molto efficiente delle funzionalità di cui la maggior parte delle persone ha bisogno. Ciò significa che MySQL ha meno funzionalità rispetto al suo principale concorrente open source, PostgreSQL o ai motori di database commerciali. Tuttavia, le competenze che ottieni da questo libro ti saranno utili su qualsiasi piattaforma.

Molti sistemi di gestione di database, anche quelli open source, hanno preceduto MySQL. Perché MySQL è stata la scelta per così tanti principianti e piccoli siti? Perché ora viene adottato anche per utenti di database pesanti nel governo e nell'industria?

Possiamo suggerire alcuni fattori: dimensioni e velocità. MySQL può essere eseguito su hardware molto modesto e non richiede molte risorse di sistema; molti piccoli utenti forniscono informazioni alle loro organizzazioni eseguendo MySQL su semplici sistemi desktop. La velocità con cui può recuperare le informazioni lo ha reso un favorito di lunga data degli amministratori web.

Negli ultimi anni, MySQL AB ha affrontato la necessità di soddisfare siti più grandi aggiungendo funzionalità che necessariamente rallentano il recupero ma il suo design modulare consente di ignorare le funzionalità avanzate e mantenere l'elasticità e la velocità per cui MySQL è famoso.

Anche grazie al fatto che MySQL è piccolo e veloce, funziona nel modo in cui la maggior parte delle persone desidera direttamente "out-of-the-box". Può essere installato senza configurazioni difficili e sofisticate e, ora che molte distribuzioni Linux includono MySQL, l'installazione può essere quasi automatica.

Questo non significa che MySQL sia privo di attività amministrative. In particolare, tratteremo alcune cose che devi fare all'inizio per rafforzare la sicurezza ma, tuttavia, in questo libro viene mostrata pochissima configurazione, il che è un tributo alla praticità e alle qualità naturali del motore di database.

Come spiegheremo in seguito, esistono più standard nel mondo dei database relazionali ed è impossibile rivendicare la totale conformità. L'apprendimento di MySQL ti prepara sicuramente a passare ad altri motori di database, infatti, spostare il codice da un motore di database a un altro non è mai banale ma MySQL svolge un lavoro ragionevole nel fornire un ambiente standard e migliora man mano che sviluppa più funzionalità.

Con poche centinaia di dipendenti sparsi in tutto il mondo, MySQL AB è un'organizzazione molto flessibile che tiene costantemente sotto controllo le esigenze degli utenti. Alle sue conferenze, i lead developer si rendono disponibili a tutti coloro che hanno una lamentela o una nuova idea.

Esistono anche gruppi di utenti MySQL in quasi tutte le principali città e questa reattività è aiutata dal fatto che MySQL è open-source e gratuito; qualsiasi programmatore sufficientemente esperto può esaminare il codice del programma per trovare e forse aiutare a risolvere i problemi.

MySQL ha in realtà un approccio a doppia licenza: se vuoi costruire il tuo prodotto attorno ad esso, paghi a MySQL AB una tassa di licenza. Se desideri utilizzare MySQL solo per fornire i tuoi dati, non devi pagare il canone di licenza. MySQL offre anche supporto tecnico, così come numerose altre società e consulenti, alcuni dei quali probabilmente vicino a te.

È facile usare MySQL come parte di un sistema software più ampio, ad esempio, puoi scrivere programmi che possono interagire direttamente con un database MySQL. La maggior parte dei principali linguaggi di programmazione dispone di librerie di funzioni da utilizzare con MySQL; inclusi C, PHP, Perl, Python, Ruby, Java e i linguaggi Microsoft .NET. MySQL supporta anche lo standard ODBC (Open Database Connectivity), rendendolo accessibile anche quando la funzionalità specifica di MySQL non è disponibile.

Structured Query Language

Ad IBM deve essere attribuita non solo l'invenzione del database relazionale ma lo sviluppo del linguaggio utilizzato ancora oggi per interagire con tali database. SQL è un po' strano, porta i segni stilistici del suo tempo e dei suoi sviluppatori.

È anche diventato piuttosto gonfio nel corso degli anni, un processo aggravato dal fatto che è stato standardizzato più volte ma in questo libro ti mostreremo gli elementi essenziali di cui hai veramente bisogno e ti aiuteremo a conoscerli bene.

SQL mostra molti dei problemi che sono comunemente attribuiti agli standard informatici: cercare di fare troppo, forzare nuove funzionalità per mantenere la compatibilità con le versioni precedenti e riflettere scomodi compromessi e compromessi tra potenti fornitori.

Di conseguenza, esistono diversi standard a cui possono aderire i sistemi di gestione dei database. SQL-92 risale al 1992 e fornisce praticamente tutto ciò di cui avrete bisogno per iniziare a lavorare. Tuttavia, manca delle funzionalità richieste da alcune applicazioni moderne. SQL: 1999 è stato standardizzato nel 1999 e aggiunge un numero enorme di nuove funzionalità, molte delle quali considerate eccessive da alcuni esperti. Esiste anche uno standard più recente, SQL: 2003, pubblicato nel 2003 e aggiunge il supporto per i dati XML.

Ogni team di sviluppo deve decidere i compromessi tra le funzionalità richieste dagli utenti e la necessità di mantenere il software veloce e robusto quindi i motori di database generalmente non sono completamente conformi a nessuno standard.

In questo libro, ti mostreremo come utilizzare la versione SQL di MySQL per creare database e archiviare e modificare i dati. Ti mostreremo anche come utilizzare questa variante SQL per amministrare il server MySQL e i suoi utenti.

Capitolo 2: Installazione

Imparare MySQL è più semplice se hai un server di database installato sul tuo computer. Amministrando il tuo server, puoi andare oltre le query e imparare a gestire utenti e privilegi, configurare il server e sfruttare al meglio le sue funzionalità. I passaggi necessari per installare MySQL non sono fondamentali anche perché sono guidati in ogni piattaforma, l'importante è saper configurare MySQL, che è utile quando devi distribuire le tue applicazioni altrove.

MySQL è disponibile in diverse forme e per molti sistemi operativi. Il modo in cui scegli di installarlo dipende da ciò che vuoi fare, da quanto sei sicuro di usare l'ambiente del tuo sistema operativo e dal livello di privilegi che hai sul tuo sistema.

Se prevedi di utilizzare l'installazione solo per l'apprendimento e lo sviluppo e non per un sito di produzione, hai una scelta più ampia e non devi preoccuparti così tanto della sicurezza e delle prestazioni. Descriveremo i modi più comuni per installare il software di cui hai bisogno.

È possibile trovare i programmi MySQL pronti per l'uso (noti come binari) sul sito Web MySQL. È inoltre possibile scaricare il codice sorgente di MySQL dal sito Web di MySQL e preparare o compilare personalmente i programmi eseguibili. Compilando da soli, ci si assicura di avere la versione più aggiornata del software e si può ottimizzare l'output del compilatore per le proprie esigenze particolari, tuttavia, questo è dedicato ad utenti esperti.

Il manuale di MySQL dice che puoi ottenere un aumento delle prestazioni fino al 30 percento se compili il codice con le impostazioni ideali per il tuo ambiente.

Tuttavia, questo può essere un processo noioso e soggetto a errori, quindi ti suggeriamo di usare i file binari già pronti a meno che tu non abbia esperienza e abbia davvero bisogno di spremere ogni grammo di prestazioni dal tuo server. Compilare da sorgenti in Windows e Mac OS X è ancora più complicato, quindi non è un approccio comune e non ne discuteremo in questo libro.

Puoi anche installare MySQL come parte di un pacchetto integrato che include il software Apache, PHP e Perl. L'utilizzo di un pacchetto integrato consente di seguire una procedura guidata di installazione passo a passo. Questo approccio risulta più facile che integrare pacchetti autonomi, infatti, molti dei pacchetti integrati includono altri strumenti che consentono di modificare i file di configurazione, lavorare con MySQL o avviare e arrestare comodamente i servizi.

Sfortunatamente, molti dei pacchetti integrati hanno versioni inferiori rispetto alla versione corrente di MySQL e potrebbero non includere tutte le librerie PHP di cui hai bisogno. Un altro svantaggio è che un pacchetto integrato non si adatta sempre alla configurazione corrente; per esempio, anche se hai già un'installazione MySQL, ne riceverai un'altra come parte del pacchetto integrato e dovrai fare attenzione a evitare conflitti.

Nonostante gli svantaggi, ti consigliamo di seguire questo approccio. Sono disponibili diversi pacchetti integrati; riteniamo che XAMPP sia probabilmente il miglior prodotto di questi. XAMPP include MySQL, il server web Apache con supporto PHP e Perl e altri software utili come phpMyAdmin.

Ti consigliamo di iniziare utilizzando XAMPP se hai intenzione di creare un sito Web o imparare anche PHP o Perl. I pacchetti software necessari, MySQL, Apache, PHP e Perl, sono disponibili pronti per l'installazione su molti sistemi operativi e possono essere compilati per essere eseguiti su un gran numero di altri.

Se invece vuoi solo imparare ad usare MySQL, puoi scaricare i file di installazione dal sito MySQL ed installarlo grazie alla configurazione guidata. È probabile che tu stia utilizzando uno dei tre principali sistemi operativi: Linux, Windows o Mac OS X. Dal momento che sono tutti supportati, scegli il file appropriato per la tua piattaforma dal sito Web.

Cosa sarà installato?

È necessario padroneggiare diverse competenze per eseguire un sistema di database. In questa sezione, illustreremo cosa implica l'utilizzo di MySQL e cosa verrà installato. Un'installazione MySQL ha due componenti: un server che gestisce i dati e uno o più client che chiedono al server di eseguire operazioni con i dati, come modificare voci o fornire report.

Il client che probabilmente utilizzerai più spesso è il programma MySQL Shell che è disponibile nella maggior parte delle installazioni MySQL. Ciò consente di connettersi a un server MySQL ed eseguire query SQL. Altri client sono inclusi in un'installazione tipica; ad esempio, il programma mysqladmin è un client che consente di eseguire varie attività di amministrazione del server.

In effetti, qualsiasi programma che sappia come dialogare con il server MySQL è un client; un programma per un sito di shopping Web o un'applicazione per generare grafici di vendita per un team di marketing possono essere entrambi clienti.

Sebbene il server web e il server MySQL siano programmi separati e possano essere eseguiti su computer separati, è comune trovare implementazioni di piccola e media scala che hanno entrambi in esecuzione su un singolo computer.

Per seguire il contenuto di questo libro, avrai bisogno di un software; fortunatamente, tutto il software che utilizziamo è open source, gratuito per uso non commerciale e facilmente scaricabile da Internet.

Per coprire tutte le parti di questo libro, è necessario un server database

MySQL, Perl e un server web in grado di comunicare con MySQL utilizzando i linguaggi di programmazione PHP e Perl.

Ecco quattro aspetti fondamentali da tenere a mente:

- Server MySQL: sistema che gestisce le elaborazioni.
- SQL: questo è il cuore dell'utilizzo di MySQL nonché l'argomento principale di questo libro.
- Linguaggi di programmazione: SQL non è un linguaggio semplice o intuitivo e può essere noioso eseguire ripetutamente operazioni complesse. È invece possibile utilizzare un linguaggio di programmazione generico come PHP o Perl per creare ed eseguire automaticamente query SQL sul server MySQL. Puoi anche nascondere i dettagli dell'interazione con il database dietro un'interfaccia user-friendly.
- Applicazioni di database per il Web: puoi utilizzare PHP o Perl per creare applicazioni Web dinamiche basate su database in grado di pubblicare informazioni dal database sul Web e acquisire informazioni fornite dagli utenti.

Capitolo 3: Gestione utenti

Assumendo che tu abbia già installato MySQL o MariaDB (è un fork di MySQL) sul tuo sistema. Tutti i comandi verranno eseguiti come utente root.

Per aprire il prompt di MySQL, digita il seguente comando e inserisci la password dell'utente root MySQL quando richiesto:

```
mysql -u root -p
```

Creazione di un nuovo account

Un account utente in MySQL è costituito da un nome utente e da parti del nome host. Per creare un nuovo account utente MySQL, esegui il seguente comando, sostituendo semplicemente "utente_db" con il nome dell'utente che desideri creare:

```
CREATE USER 'utente_db'@'localhost' IDENTIFIED BY
'password';
```

Nel comando sopra abbiamo impostato la parte del nome host su localhost, il che significa che questo utente sarà in grado di connettersi al server MySQL solo dal localhost (cioè dal sistema in cui viene eseguito MySQL Server). Se vuoi concedere l'accesso da un altro host, cambia semplicemente l'host locale con l'IP della macchina remota o usa il carattere jolly '%' per la parte host, il che significa che l'account utente sarà in grado di connettersi da qualsiasi host.

Come quando si lavora con i database per evitare errori quando si tenta di creare un account utente già esistente, è possibile utilizzare:

```
CREATE USER IF NOT EXISTS 'utente_db'@'localhost'
IDENTIFIED BY 'password';

Query OK, 0 rows affected, 1 warning (0.00 sec)
```

Modifica la password di un account

La sintassi per modificare la password di un account utente MySQL o MariaDB dipende dalla versione del server in esecuzione sul sistema. Puoi trovare la versione del tuo server immettendo il seguente comando:

```
mysql --version
```

Se hai MySQL 5.7.6 e versioni successive o MariaDB 10.1.20 e versioni successive, per modificare la password usa il seguente comando:

```
ALTER USER 'utente_db'@'localhost' IDENTIFIED BY 'nuova_password';
```

Se hai MySQL 5.7.5 e versioni precedenti o MariaDB 10.1.20 e versioni precedenti, utilizza:

```
SET PASSWORD FOR 'utente_db'@'localhost'=PASSWORD('nuova_password');
```

In entrambi i casi, l'output dovrebbe essere simile a questo:

```
Query OK, 0 rows affected (0.00 sec)
```

Elencare tutti gli account utente

Puoi elencare tutti gli account utente MySQL o MariaDB interrogando la tabella `mysql.user`:

```
SELECT user, host FROM mysql.user;
```

L'output dovrebbe essere simile al seguente:

```
+-------------------+-----------+
| user              | host      |
+-------------------+-----------+
| utente_db         | %         |
| utente_db         | localhost |
| debian-sys-maint  | localhost |
| mysql.session     | localhost |
| mysql.sys         | localhost |
| root              | localhost |
+-------------------+-----------+
6 rows in set (0.00 sec)
```

Eliminare un account utente

Per eliminare un account utente, utilizza il seguente comando:

```
DROP USER 'utente_db @' localhost ';
```

Se provi a eliminare un account utente che non esiste, si verificherà un errore.

```
ERROR 1396 (HY000): Operation DROP USER failed for
"utente_db"@"localhost"
```

Come quando lavori con i database per evitare questo errore puoi usare:

```
DROP USER IF EXISTS 'utente_db'@'localhost';
```

```
Query OK, 0 rows affected, 1 warning (0.00 sec)
```

Autorizzazioni per account

Esistono più tipi di privilegi che possono essere concessi ad un account utente. In questa guida esamineremo diversi esempi, ad esempio, per concedere tutti i privilegi a un account utente su un database specifico, utilizza il comando seguente:

```
GRANT    ALL    PRIVILEGES    ON    nome_db.*    TO
'utente_db'@'localhost';
```

Per estendere tutti i privilegi a un account utente su tutti i database, utilizzare il comando seguente:

```
GRANT     ALL     PRIVILEGES     ON     *.*     TO
'utente_db'@'localhost';
```

Per estendere tutti i privilegi a un account utente su una tabella specifica da un database, utilizza il comando seguente:

```
GRANT  ALL  PRIVILEGES  ON  nome_db.nome_tabella  TO
'utente_db'@'localhost';
```

Se desideri concedere solo privilegi specifici a un account utente su un tipo di database specifico:

```
GRANT  SELECT,  INSERT,  DELETE  ON  nome_db.*  TO
'utente_db'@'localhost';
```

Revocare le autorizzazioni

Se è necessario revocare uno o più privilegi o tutti i privilegi da un account utente, la sintassi è quasi identica a quella appena analizzata. Ad esempio, se desideri revocare tutti i privilegi da un account utente su un database specifico, utilizza il seguente comando:

```
REVOKE      ALL      PRIVILEGES      ON      nome_db.*      TO
'utente_db'@'localhost';
```

Per trovare i privilegi concessi a un tipo di account utente MySQL specifico:

```
SHOW GRANTS FOR "utente_db"@"localhost";

+------------------------------------------------------
----------------------+
|      Grants      for      database_user@localhost
|
+------------------------------------------------------
-----------------------+
| GRANT  USAGE  ON  *.*  TO  'utente_db'@'localhost'
|
| GRANT  ALL  PRIVILEGES  ON  `nome_db`.*  TO
'utente_db'@'localhost'  |
+------------------------------------------------------
----------------------+

2 rows in set (0.00 sec)
```

Questa sezione copre solo le basi ma dovrebbe essere un buon inizio per gestire il database MySQL e gli utenti dalla riga di comando. L'importante è non dimenticare mai la password dell'utente root perché si tratta di un superutente perché ha alti privilegi ed è per questo che può fare di tutto.

Capitolo 4: Tipi di dati

La definizione corretta dei campi in una tabella è importante per l'ottimizzazione complessiva del database. Dovresti usare solo il tipo e la dimensione del campo di cui necessiti. Ad esempio, non definire un campo largo 10 caratteri, se sai che utilizzerai solo 2 caratteri. Questi tipi di campi (o colonne) sono anche indicati come tipi di dati. MySQL utilizza molti diversi tipi di dati suddivisi in tre categorie:

- Numerico
- Data e ora
- Stringhe

Tipi di dati numerici

MySQL utilizza tutti i tipi di dati numerici ANSI SQL standard, quindi se hai usato un diverso sistema di database, queste definizioni ti sembreranno familiari. Il seguente elenco mostra i tipi di dati numerici comuni e le loro descrizioni:

- INT - Un numero intero di dimensioni normali che può essere con o senza segno. Se con segno, l'intervallo consentito è compreso tra -2147483648 e 2147483647. Altrimenti, l'intervallo consentito è compreso tra 0 e 4294967295. È possibile specificare una larghezza fino a 11 cifre.

- TINYINT - Un numero intero molto piccolo che può essere con o senza segno. Se con segno, l'intervallo consentito è compreso tra -128 e 127. Altrimenti, l'intervallo consentito è compreso tra 0 e 255. È possibile specificare una larghezza fino a 4 cifre.

- SMALLINT - Un piccolo numero intero che può essere con o senza segno. L'intervallo consentito è compreso tra -32768 e 32767 oppure tra 0 e 65535. È possibile specificare un'ampiezza fino a 5 cifre.

- MEDIUMINT - Un numero intero di medie dimensioni che può essere con o senza segno. Se con segno, l'intervallo consentito è compreso tra -8388608 e 8388607. Altrimenti, l'intervallo consentito è compreso tra 0 e 16777215. È possibile specificare una larghezza fino a 9 cifre.

- BIGINT - Un numero intero grande che può essere con o senza segno. L'intervallo consentito va da -9223372036854775808 a

9223372036854775807 oppure da 0 a 18446744073709551615. È possibile specificare una larghezza fino a 20 cifre.

- FLOAT (M, D) - Un numero a virgola mobile che non può essere senza segno. È possibile definire la lunghezza della parte intera (M) e il numero dei decimali (D). Questi parametri sono opzionali e, se non impostati, saranno pari a 10,2, dove 2 è il numero di decimali e 10 è il numero totale di cifre (compresi i decimali). La precisione decimale può arrivare a 24 posizioni per un FLOAT.

- DOUBLE (M, D) - Un numero a virgola mobile a doppia precisione che non può essere deselezionato. È possibile definire la lunghezza della parte intera (M) e il numero di decimali (D). Il valore predefinito sarà 16,4 dove 4 è il numero di decimali. La precisione decimale può arrivare a 53 posizioni per un DOUBLE. REAL è sinonimo di DOUBLE.

- DECIMAL (M, D) - Un numero a virgola mobile che non può essere senza segno. In questo tipo, ogni decimale corrisponde a un byte ed è necessario definire la lunghezza della parte intera (M) e il numero dei decimali (D). NUMERIC è sinonimo di DECIMAL.

Tipi di data e ora

I tipi per data e ora di MySQL sono i seguenti:

- DATE: una data nel formato AAAA-MM-GG, compresa tra 1000-01-01 e 9999-12-31. Ad esempio, il 30 dicembre 1973 verrebbe memorizzato come 1973-12-30.

- DATETIME - Una combinazione di data e ora nel formato AAAA-MM-GG HH:MM:SS, tra 1000-01-01 00:00:00 e 9999-12-31 23:59:59. Ad esempio, le 3:30 del pomeriggio del 30 dicembre 1973 verranno memorizzate come 1973-12-30 15:30:00.

- TIMESTAMP - Un timestamp tra la mezzanotte del 1° gennaio 1970 e il 2037. Questo sembra simile al precedente formato DATETIME ma è senza i trattini tra i numeri. Le 3:30 del pomeriggio del 30 dicembre 1973 sarebbero Stato memorizzate come 19731230153000 (AAAAMMGGHHMMSS).

- TIME - Memorizza l'ora nel formato HH:MM:SS.

- YEAR (M) - Memorizza un anno in un formato a 2 o 4 cifre. Se la lunghezza è specificata come 2 (ad esempio YEAR (2)), YEAR può essere compresa tra 1970 e 2069 (70 e 69). Se la lunghezza è specificata come 4, YEAR può essere compreso tra 1901 e 2155. La lunghezza predefinita è 4.

Stringhe

Sebbene i tipi numerici e date siano divertenti, la maggior parte dei dati che memorizzerai sarà in un formato stringa. Questo elenco descrive i tipi di dati di stringa comuni in MySQL.

- CHAR (M) - Una stringa di lunghezza fissa compresa tra 1 e 255 caratteri (ad esempio CHAR (5)), riempita con spazi a destra fino alla lunghezza specificata. Non è necessario definire una lunghezza e il valore predefinito è 1.

- VARCHAR (M) - Una stringa di lunghezza variabile compresa tra 1 e 255 caratteri. Ad esempio, VARCHAR (25). È necessario definire una lunghezza durante la creazione di un campo VARCHAR.

- BLOB o TESTO: un campo con una lunghezza massima di 65535 caratteri. I BLOB sono "oggetti binari di grandi dimensioni" e vengono utilizzati per memorizzare grandi quantità di dati binari, come immagini o altri tipi di file. I campi definiti come TEXT contengono anche grandi quantità di dati. La differenza tra i due è che gli ordinamenti e i confronti sui dati memorizzati fanno distinzione tra maiuscole e minuscole sui BLOB e non sono sensibili al maiuscolo / minuscolo nei campi TEXT. Non si specifica una lunghezza con BLOB o TEXT.

- TINYBLOB o TINYTEXT: una colonna BLOB o TEXT con una lunghezza massima di 255 caratteri. Non si specifica una lunghezza con TINYBLOB o TINYTEXT.

- MEDIUMBLOB o MEDIUMTEXT - Un BLOB o TEXT con una lunghezza massima di 16777215 caratteri. Non si specifica una lunghezza con MEDIUMBLOB o MEDIUMTEXT.

- LONGBLOB o LONGTEXT: una colonna BLOB o TEXT con una lunghezza massima di 4294967295 caratteri. Non si specifica una lunghezza con LONGBLOB o LONGTEXT.

- ENUM - Un'enumerazione, che è un termine di fantasia per una lista. Quando si definisce un ENUM, si crea un elenco di elementi da cui è necessario selezionare il valore (che può anche essere NULL). Ad esempio, se desideri che il tuo campo contenga "A" o "B" o "C", definiresti ENUM come ENUM ('A', 'B', 'C') e solo quei valori (o NULL) potrebbero popolare il campo così definito.

Capitolo 5: Tabelle ed operazioni

Una tabella di database è una matrice bidimensionale composta da righe e colonne. È possibile creare una tabella utilizzando il comando CREATE TABLE. All'interno del comando, specifichi il nome e il tipo di dati di ogni colonna. Dopo aver creato una tabella, puoi iniziare a caricarla con i dati. Se i requisiti cambiano, è possibile modificare la struttura di una tabella utilizzando il comando ALTER TABLE. Se una tabella non è più utile o diventa obsoleta, puoi eliminarla con il comando DROP TABLE. Le varie forme dei comandi CREATE e ALTER, insieme al comando DROP, costituiscono il DDL (Data Definition Language) di SQL.

Supponi di essere un progettista di database e non vuoi che le tabelle del tuo database diventino confuse quando apporti modifiche nel corso del tempo. Decidi di strutturare le tabelle del database in base ad una forma normalizzata per garantire il mantenimento dell'integrità dei dati.

La normalizzazione, un ampio campo di studio a sé stante, è un modo per strutturare le tabelle del database in modo che gli aggiornamenti non introducano anomalie. Ogni tabella che crei contiene colonne che corrispondono ad attributi strettamente collegati tra loro. È possibile, ad esempio, creare una tabella CLIENTE con gli attributi CLIENTE.CLIENTEID, CLIENTE.Nome, CLIENTE.Cognome, CLIENTE.Via, CLIENTE.Citta, CLIENTE.Stato, CLIENTE.CAP e CLIENTE.Telefono.

Tutti questi attributi sono più strettamente correlati all'entità cliente che a qualsiasi altra entità in un database che può contenere molte tabelle. Questi attributi contengono tutte le informazioni sui clienti relativamente permanenti che l'organizzazione conserva in archivio.

La maggior parte dei sistemi di gestione di database fornisce uno strumento grafico per la creazione di tabelle di database. È inoltre possibile creare tali tabelle utilizzando un comando SQL. L'esempio seguente mostra un comando che crea la tabella CLIENTE:

```
CREATE TABLE CLIENTE (

CLIENTEID INT NOT NULL AUTO_INCREMENT,

Nome CHARACTER (15),

Cognome CHARACTER (20) NOT NULL,

Via CHARACTER (25),

Citta CHARACTER (20),

Stato CHARACTER (2),

CAP INTEGER,

Telefono CHARACTER (13));
```

Per ogni colonna, bisogna specificare il nome (ad esempio CLIENTEID), il tipo di dati (ad esempio, INTEGER) e possibilmente uno o più vincoli (ad esempio, NOT NULL).

Se l'implementazione SQL che usi non implementa completamente SQL 2003, la sintassi che devi usare potrebbe differire da quella fornita in questo libro quindi fai riferimento alla documentazione del tuo DBMS per informazioni specifiche.

Supponi di dover creare un database per la tua organizzazione. Eccitato dalla prospettiva di costruire una struttura utile, preziosa e di grande importanza per il futuro della tua azienda, ti siedi al tuo computer e inizi a inserire i comandi CREATE. Vero? Beh, no. In effetti, questa è una ricetta per il disastro.

Molti progetti di sviluppo di database vanno male fin dall'inizio poiché l'entusiasmo supera un'attenta pianificazione. Anche se hai un'idea chiara di come strutturare il tuo database, scrivi tutto su carta.

Vediamo come inserire i dati in una tabella:

```
INSERT INTO CLIENTE ('MARIO', 'ROSSI', 'VIA PIPPO',
'MILANO', 'IT', 20121, '3331122333');
```

In realtà ho commesso un errore, si tratta di Antonio Rossi e non Mario quindi possiamo aggiornare la tabella come segue:

```
UPDATE CLIENTE SET Nome = 'Antonio' WHERE ID = 1;
```

In tal caso abbiamo usato l'ID generato dalla query di inserimento dei dati.

Infine, eliminiamo la riga e, successivamente, la tabella CLIENTE:

```
DELETE FROM CLIENTE WHERE ID = 1;

DROP TABLE CLIENTE;
```

Come puoi vedere, la clausola WHERE ci consente di identificare una condizione da usare per la nostra query. Nel caso specifico abbiamo utilizzato l'ID per selezionare una riga ma avremmo potuto usare altre colonne per selezionare un determinato nome, cognome, CAP ecc.

Capitolo 6: Normalizzazione

Nel capitolo precedente abbiamo introdotto la normalizzazione quindi vediamo in cosa consiste e come può esserci d'aiuto.

Cos'è la normalizzazione? La normalizzazione è una tecnica di progettazione di database che riduce la ridondanza dei dati ed elimina caratteristiche indesiderate come anomalie di inserimento, aggiornamento e cancellazione. Le regole di normalizzazione dividono le tabelle più grandi in tabelle più piccole e le collegano utilizzando le relazioni.

Lo scopo della normalizzazione in SQL è eliminare i dati ridondanti (ripetitivi) e garantire che i dati vengano archiviati in modo logico. L'inventore del modello relazionale Edgar Codd propose la teoria della normalizzazione dei dati con l'introduzione della prima forma normale e continuò ad estenderla con la seconda e, successivamente con la terza forma normale. In seguito, si è unito a Raymond F. Boyce per sviluppare la teoria della forma normale di Boyce-Codd.

Forme normali del database

Ecco un elenco di forme normali

- 1NF (prima forma normale)
- 2NF (seconda forma normale)
- 3NF (Terza forma normale)
- BCNF (forma normale di Boyce-Codd)
- 4NF (Quarta forma normale)
- 5NF (quinta forma normale)
- 6NF (sesta forma normale)

Nella maggior parte delle applicazioni pratiche, la normalizzazione dà il meglio di sé nella 3a forma normale.

Ecco le regole della 1NF (prima forma normale):

- Ogni cella della tabella deve contenere un singolo valore.
- Ogni record deve essere unico.

Una chiave (KEY) è un valore utilizzato per identificare un record in una tabella in modo univoco. Una KEY può essere una singola colonna o una combinazione di più colonne.

Nota bene: le colonne in una tabella che non vengono utilizzate per identificare un record in modo univoco sono chiamate colonne e non chiavi. Tuttavia, esistono delle chiavi particolari dette primarie.

Una chiave primaria è un valore di una singola colonna utilizzato per identificare un record di database in modo univoco e ha i seguenti attributi:

- Una chiave primaria non può essere NULL

- Un valore di chiave primaria deve essere univoco
- I valori della chiave primaria dovrebbero essere modificati raramente
- Alla chiave primaria deve essere assegnato un valore quando viene inserito un nuovo record

Una chiave composita è una chiave primaria composta da più colonne utilizzate per identificare un record in modo univoco.

Pertanto, abbiamo bisogno di almeno due colonne per identificare un record in modo univoco.

Passiamo alle regole della 2NF (Seconda forma normale):

- Essere in 1NF
- Chiave primaria a colonna singola

Per rispettare questa forma, talvolta, è necessario dividere la tabella in più tabelle soprattutto per rispettare la seconda condizione ed evitare chiavi composite. In tal caso si ricorre all'uso di un identificativo univoco per ogni record in ogni tabella.

Questo riporta ad una chiave esterna ovvero un riferimento alla chiave primaria di un'altra tabella. Ecco le sue caratteristiche:

- Una chiave esterna può avere un nome diverso dalla sua chiave primaria
- Assicura che le righe in una tabella abbiano righe corrispondenti in un'altra
- A differenza della chiave primaria, non devono essere univoche e infatti spesso non lo sono
- Le chiavi esterne possono essere nulle

Perché hai bisogno di una chiave esterna? Con una chiave esterna sarai in grado di inserire solo valori nella tua chiave esterna che esistono nella chiave univoca nella tabella di riferimento. Questo vincolo ti aiuta molto nel garantire l'integrità referenziale.

Qualora qualcuno cercasse di inserire un valore che non esiste nella tabella di riferimento, verrebbe mostrato un errore!

Prima di passare alla terza forma di normalizzazione è importante sapere cos'è una dipendenza funzionale transitiva. Essa si verifica quando si cambia una colonna che non è chiave e questo cambiamento può causare l'aggiornamento di un'altra colonna non chiave.

La terza forma normale prevede, infatti, che:

- sia rispettata la 2NF
- non ci siano dipendenze funzionali transitive

Nei database complessi sono normalmente necessari diversi sforzi per passare ai livelli successivi di normalizzazione dei dati. Tutto dipende da quanto siano ridondanti i dati e da quanto siano grandi e complesse le tabelle.

Capitolo 7: Recuperare i dati

L'istruzione SELECT consente di leggere i dati da una o più tabelle. Per scrivere un'istruzione SELECT in MySQL, segui questa sintassi:

```
SELECT colonna FROM nome_tabella;
```

Diamo un'occhiata a ciascuna parte della dichiarazione. Innanzitutto, si inizia con la parola chiave SELECT, che ha un significato speciale in MySQL. In questo caso, SELECT ordina a MySQL di recuperare i dati.

Successivamente, c'è uno spazio e quindi un elenco di colonne o espressioni che desideri mostrare nel risultato. Quindi, si trova la parola chiave FROM, lo spazio e il nome della tabella.

Infine, hai un punto e virgola alla fine della dichiarazione che è il delimitatore dell'istruzione, quindi, specifica la fine di un'istruzione. Se hai due o più istruzioni, usa il punto e virgola per separarle in modo che MySQL esegua ogni istruzione individualmente.

In questa istruzione, SELECT e FROM sono parole chiave e scritte con lettere maiuscole. Fondamentalmente, si tratta solo di formattazione ma le lettere maiuscole fanno risaltare le parole chiave. Poiché SQL non è un linguaggio che fa distinzione tra maiuscole e minuscole, puoi scrivere le parole chiave in minuscolo, ad esempio select e from, il codice verrà comunque eseguito.

È anche importante notare che la parola chiave FROM si può trovare su una nuova riga anche se MySQL non lo richiede. Tuttavia, l'inserimento della parola chiave FROM su una nuova riga rende la query più facile da leggere e più semplice da gestire.

Se volessimo recuperare tutte le righe di una tabella potremmo usare l'operatore *:

```
SELECT * FROM CLIENTE;
```

Questo operatore è denominato "star" o "seleziona tutto" proprio perché si selezionano tutti i dati da una tabella.

È buona norma utilizzare SELECT * solo per le query ad hoc. Se incorpori l'istruzione SELECT nel codice come PHP, Java, Python, Node.js, devi specificare esplicitamente il nome delle colonne da cui desideri ottenere i dati per i seguenti motivi:

- SELECT * restituisce i dati dalle colonne, compresi quelli che potresti non utilizzare. Produce flussi di I / O non necessari e traffico di rete tra il server di database MySQL e l'applicazione.

- Quando si specificano esplicitamente i nomi delle colonne, il set di risultati è prevedibile e più facile da gestire. Tuttavia, se utilizzi SELECT * e qualcuno cambia la tabella aggiungendo più colonne, ti ritroverai con un set di risultati diverso da quello che ti aspettavi.

- L'utilizzo di SELECT * può esporre informazioni sensibili a utenti non autorizzati.

Ordinamento

Puoi scegliere di ordinare i risultati in ordine ascendente o discendente in base ai valori di una colonna:

```
SELECT Nome FROM CLIENTE ORDER BY Nome ASC;
```

In questo caso la ORDER BY consente l'ordinamento mentre ASC indica che i valori più bassi saranno in cima quindi l'ordinamento sarà dalla A alla Z. Per avere un ordinamento contrario, dalla Z alla A, è sufficiente usare la parola chiave DESC dopo la clausola ORDER BY.

È possibile ordinare anche in base a più colonne semplicemente separandole con una virgola come segue:

```
SELECT Nome FROM CLIENTE ORDER BY Nome, Cognome ASC;
```

Limitare i risultati

La clausola LIMIT viene utilizzata nell'istruzione SELECT per limitare il numero di righe da restituire. La clausola LIMIT accetta uno o due argomenti e i valori di entrambi gli argomenti devono essere zero o numeri interi positivi.

Di seguito viene illustrata la sintassi della clausola LIMIT con due argomenti:

```
SELECT

    colonne

FROM

    nome_tabella
```

```
LIMIT [offset,] numero_righe;
```

In questa sintassi: l'offset specifica l'indice della prima riga da restituire.
Ricorda che l'offset della prima riga è 0, non 1.

Il numero_righe specifica il numero massimo di righe da restituire.

Quando si utilizza la clausola LIMIT con un solo argomento, MySQL
utilizzerà questo argomento per determinare il numero massimo di
righe da restituire dalla prima riga del set di risultati.

Capitolo 8: Operatori relazionali

SQL è un linguaggio di query per database relazionali. Nei capitoli precedenti, abbiamo usato solo una tabella. È ora il momento di inserire la parte relazionale del database. Dopo tutto, i database relazionali sono così denominati perché sono costituiti da più tabelle correlate.

Poiché i dati in un database relazionale sono distribuiti su più tabelle, una query in genere estrae i dati da più di una tabella. SQL: 2003 dispone di operatori che combinano dati da più origini in un'unica tabella dei risultati. Questi sono gli operatori UNION, INTERSECT e MINUS, nonché una famiglia di operatori JOIN. Ogni operatore combina i dati di più tabelle in modo diverso.

UNION

L'operatore UNION è l'implementazione SQL dell'equivalente operatore dell'algebra relazionale. L'operatore UNION consente di trarre informazioni da due o più tabelle che hanno la stessa struttura. Avere la stessa struttura significa che le tabelle devono avere tutte lo stesso numero di colonne.

Le colonne corrispondenti devono avere tutte le stesse lunghezze e tipi di dati. Quando questi criteri sono soddisfatti, le tabelle sono compatibili con l'unione.

L'unione delle due tabelle ti darà una tabella dei risultati virtuale contenente tutte le righe nella prima tabella più tutte le righe nella seconda tabella. L'operatore UNION DISTINCT funziona in modo identico all'operatore UNION senza la parola chiave DISTINCT. In entrambi i casi le righe duplicate vengono eliminate dal set di risultati.

Come accennato in precedenza, l'operazione UNION normalmente elimina tutte le righe duplicate risultanti dalla sua operazione, che è il risultato desiderato la maggior parte delle volte. A volte, tuttavia, potresti voler conservare le righe duplicate, in tal caso, usa UNION ALL.

```
SELECT * FROM TABELLA1

UNION ALL

SELECT * FROM TABELLA2;
```

INTERSECT

L'operatore INTERSECT è un operatore che restituisce solo righe distinte di due query o più query. Di seguito viene illustrata la sintassi dell'operatore INTERSECT:

```
(SELECT colonna FROM TABELLA1)

INTERSECT

(SELECT colonna FROM TABELLA2)
```

L'operatore INTERSECT confronta i set di risultati di due query e restituisce le righe distinte che vengono emesse da entrambe le query. Per utilizzare l'operatore INTERSECT per due query, segui queste regole:

- L'ordine e il numero di colonne nell'elenco di selezione delle query devono essere gli stessi
- I tipi di dati delle colonne corrispondenti devono essere compatibili

MINUS

MINUS confronta i risultati di due query e restituisce righe distinte dal set di risultati della prima query che non viene visualizzato nel set di risultati della seconda query. Di seguito viene illustrata la sintassi dell'operatore MINUS:

```
(SELECT colonna1 FROM TABELLA1)

MINUS

(SELECT colonna2 FROM TABELLA2)
```

Le regole di base per una query che utilizza l'operatore MINUS sono le seguenti:

- Il numero e l'ordine delle colonne sia in colonna1 che in colonna2 devono essere gli stessi.
- I tipi di dati delle colonne corrispondenti in entrambe le query devono essere compatibili.

JOIN

Gli operatori UNION, INTERSECT e MINUS sono utili nei database a più tabelle in cui le tabelle sono compatibili con l'unione. In molti casi, tuttavia, si desidera trarre dati da più tabelle che hanno ben poco in comune. JOIN è un operatore relazionale che combina i dati di più tabelle in un'unica tabella dei risultati.

Le tabelle di origine possono avere poco (o addirittura nulla) in comune tra loro e SQL:2003 supporta diversi tipi di JOIN. La JOIN migliore in una determinata situazione dipende dal risultato che stai cercando di ottenere.

Qualsiasi query tra più tabelle è un tipo di JOIN. Le tabelle di origine vengono unite nel senso che la tabella dei risultati include le informazioni prese da tutte le tabelle di origine. La JOIN più semplice è una SELECT a due tabelle che non ha qualificatori della clausola WHERE. Ogni riga della prima tabella è unita a ogni riga della seconda tabella. La tabella dei risultati è il prodotto cartesiano delle due tabelle di origine.

Il numero di righe nella tabella dei risultati è uguale al numero di righe nella prima tabella sorgente moltiplicato per il numero di righe nella seconda sorgente tavolo. Ad esempio, immagina di essere il responsabile del personale di un'azienda e che parte del tuo lavoro consista nel mantenere i registri dei dipendenti.

La maggior parte dei dati dei dipendenti, come l'indirizzo di casa e il numero di telefono, non è particolarmente sensibile. Ma alcuni dati, come lo stipendio, dovrebbero essere disponibili solo al personale autorizzato. Per mantenere la sicurezza delle informazioni sensibili, puoi tenerle in una tabella separata protetta da password.

Quando cerchi di ottenere informazioni utili da un database con più tabelle, il prodotto cartesiano prodotto da una JOIN di base non è quasi mai quello che desideri, ma è quasi sempre il primo passo verso ciò che desideri. Applicando vincoli ad una JOIN con una clausola WHERE, è possibile filtrare le righe indesiderate:

```
SELECT *
FROM IMPIEGATO, COMPENSI
WHERE IMPIEGATO.ImpID = COMPENSI.Impiegato;
```

Abbiamo appena creato una equi-join ovvero una join di base con una clausola WHERE contenente una condizione che specifica che il valore in una colonna della prima tabella deve essere uguale al valore di una colonna corrispondente nella seconda tabella.

Capitolo 9: Sicurezza

Un amministratore di sistema deve avere una conoscenza speciale di come funziona un database. La persona responsabile di un database può determinare chi ha accesso al database e può impostare i livelli di accesso degli utenti, concedendo o revocando l'accesso ad utenti del sistema. L'amministratore di sistema può anche concedere - o revocare - il diritto di concedere e revocare i privilegi di accesso.

Se usati correttamente, gli strumenti di sicurezza forniti da SQL sono potenti protettori di dati importanti. Utilizzati in modo errato, questi stessi strumenti possono legare gli sforzi degli utenti legittimi a un grosso nodo burocratico quando stanno semplicemente cercando di svolgere il proprio lavoro.

Poiché i database spesso contengono informazioni sensibili che non dovresti rendere disponibili a tutti, SQL fornisce diversi livelli di accesso, da completo a nessuno, con diversi livelli intermedi. Controllando le operazioni che ogni utente autorizzato può eseguire, l'amministratore del database può rendere disponibili tutti i dati di cui gli utenti hanno bisogno per svolgere il proprio lavoro, ma limitare l'accesso a parti del database che non tutti dovrebbero vedere o modificare.

Le istruzioni SQL utilizzate per creare database formano un gruppo noto come Data Definition Language (DDL). Dopo aver creato un database, è possibile utilizzare un altro set di istruzioni SQL, note collettivamente come DML (Data Manipulation Language), per aggiungere, modificare e rimuovere i dati dal database.

SQL include istruzioni aggiuntive che non rientrano in nessuna di queste categorie. I programmatori a volte si riferiscono a queste istruzioni collettivamente come DCL (Data Control Language). Le istruzioni DCL proteggono principalmente il database da accessi non autorizzati, da interazioni dannose tra più utenti di database e da interruzioni di corrente e malfunzionamenti delle apparecchiature.

SQL:2003 fornisce l'accesso controllato a nove funzioni di gestione del database:

- Creazione, visualizzazione, modifica ed eliminazione: queste funzioni corrispondono alle operazioni INSERT, SELECT, UPDATE e DELETE.

- Riferimenti: la parola chiave REFERENCES implica l'applicazione di vincoli di integrità referenziale a una tabella che dipende da un'altra tabella nel database.

- Utilizzo: la parola chiave USAGE riguarda domini, set di caratteri, regole di confronto e traduzioni.

- Definizione di nuovi tipi di dati: gestisci i nomi dei tipi definiti dall'utente con la parola chiave UNDER.

- Risposta a un evento: l'uso della parola chiave TRIGGER causa l'esecuzione di un'istruzione SQL o di un blocco di istruzioni ogni volta che si verifica un evento predeterminato.

- Esecuzione: l'utilizzo della parola chiave EXECUTE provoca l'esecuzione di una routine.

DBA

Nella maggior parte delle installazioni con più di pochi utenti, l'autorità suprema del database è l'amministratore del database (DBA). Il DBA dispone di tutti i diritti e privilegi per tutti gli aspetti del database. Essere un DBA può darti una sensazione di potere e responsabilità ma con tutta quella potenza a tua disposizione, puoi facilmente rovinare il tuo database e distruggere migliaia di ore di lavoro.

Gli amministratori di database devono pensare in modo chiaro e attento alle conseguenze di ogni azione che eseguono. Il DBA non solo ha tutti i diritti sul database ma controlla anche i diritti di cui dispongono gli altri utenti. In questo modo, le persone altamente affidabili possono accedere a più funzioni e, forse, a più tabelle, rispetto alla maggior parte degli utenti. Il modo migliore per diventare un DBA è installare il sistema di gestione del database.

Durante l'installazione viene fornito un account, o login, e una password. Tale login ti identifica come utente con privilegi speciali.

A volte, il sistema chiama questo utente privilegiato DBA, a volte amministratore di sistema e talvolta il superutente (utente root).

Come primo atto ufficiale dopo l'accesso, dovresti cambiare la tua password da quella predefinita con una segreta di tua proprietà. Se non modifichi la password, chiunque legga il manuale può accedere anche con i privilegi di DBA completi. Dopo aver modificato la password, solo le persone che conoscono la nuova password possono accedere come DBA.

Ti suggerisco di condividere la nuova password DBA solo con un numero limitato di persone altamente affidabili. Dopotutto, potresti vincere alla lotteria oppure potresti non essere disponibile per l'azienda in qualche altro modo quindi i tuoi colleghi devono essere in grado di andare avanti in tua assenza.

Chiunque conosca la login e la password del DBA diventa il DBA dopo aver utilizzato tali informazioni per accedere al sistema. Se si dispone dei privilegi DBA, devi accedere come DBA solo se è necessario eseguire un'attività specifica che richiede privilegi DBA. Al termine dell'attività ti consiglio di disconnetterti.

Per il lavoro di routine, accedi utilizzando l'ID di accesso e la password personali. Questo approccio potrebbe impedirti di commettere errori che hanno gravi conseguenze per le tabelle di altri utenti (oltre che per le tue).

Proprietario del DB

Un'altra classe di utenti privilegiati, insieme al DBA, è il proprietario dell'oggetto database. Le tabelle, ad esempio, sono oggetti di database e qualsiasi utente che crea un tale oggetto può specificarne il proprietario.

Il proprietario di una tabella gode di tutti i privilegi possibili associati a quella tabella, incluso il privilegio di concedere l'accesso alla tabella ad altre persone.

Poiché puoi impostare la visualizzazione sulle tabelle sottostanti, qualcuno diverso dal proprietario di una tabella può creare una visualizzazione basata sulla tabella di quel proprietario.

Tuttavia, il proprietario riceve solo i privilegi che normalmente ha per la tabella sottostante.

Capitolo 10: Proteggere i dati

Tutti hanno sentito parlare della Legge di Murphy – che di solito affermava: "Se qualcosa può andare storto, lo farà". Scherziamo su questa pseudo-legge perché la maggior parte delle volte le cose vanno bene. A volte, ci sentiamo fortunati perché non siamo toccati da una delle leggi fondamentali dell'universo. Quando sorgono problemi imprevisti, di solito riconosciamo cosa è successo e lo affrontiamo.

In una struttura complessa, il potenziale di problemi imprevisti aumenta (un matematico potrebbe dire che "aumenta approssimativamente come il quadrato della complessità"). Pertanto, i progetti software di grandi dimensioni vengono quasi sempre consegnati in ritardo e spesso sono carichi di bug. Un'applicazione DBMS multiutente e non banale è una struttura ampia e complessa.

Nel corso dell'operazione molte cose possono andare storte. Sono stati sviluppati metodi per ridurre al minimo l'impatto di questi problemi ma i problemi non possono mai essere eliminati completamente. Questa è una buona notizia per gli addetti alla manutenzione e riparazione di database professionali, perché probabilmente non sarà mai possibile automatizzarli senza lavoro.

I dati possono essere danneggiati o corrotti in vari modi. Anche istruzioni SQL formulate in modo inadeguato e applicazioni progettate in modo improprio possono danneggiare i dati e capire come non richiede molta immaginazione.

Due minacce relativamente ovvie - instabilità della piattaforma e guasti alle apparecchiature - possono anche cestinare i tuoi dati. Entrambi i rischi sono descritti in dettaglio in questa sezione, così come i problemi che possono essere causati dall'accesso simultaneo.

Instabilità della piattaforma

L'instabilità della piattaforma è una categoria di problemi che non dovrebbe nemmeno esistere, ma purtroppo esiste. È più diffusa quando si eseguono uno o più componenti nuovi e relativamente non provati nel sistema. I problemi possono nascondersi in una nuova versione di DBMS, una nuova versione del sistema operativo o un nuovo hardware. Condizioni o situazioni che non sono mai apparse prima si manifestano mentre esegui un lavoro critico, il tuo sistema si blocca e i tuoi dati sono danneggiati.

In tal caso non puoi fare molto se non sperare che il tuo ultimo backup sia stato buono. Non eseguire mai lavori di produzione importanti su un sistema con componenti non provate. Resisti alla tentazione di dedicare il tuo lavoro a una versione beta non testata della versione più recente e più ricca di funzioni del tuo DBMS o sistema operativo.

Se devi acquisire esperienza pratica con qualcosa di nuovo, fallo su una macchina completamente isolata dalla rete di produzione.

Malfunzionamento

Anche apparecchiature ben collaudate e altamente affidabili a volte si guastano, perdendo i dati. Tutto ciò che è fisico alla fine si logora, anche i computer moderni a stato solido. Se un tale errore si verifica mentre il database è aperto e attivo, è possibile perdere dati e talvolta (anche peggio) non rendersene conto.

Un tale fallimento accadrà prima o poi. Se la legge di Murphy sarà in vigore quel giorno, il fallimento avverrà nel momento peggiore possibile. Un modo per proteggere i dati dai guasti alle apparecchiature è la ridondanza. Conserva copie extra di tutto. Per la massima sicurezza, fai in modo che l'hardware duplicato sia configurato esattamente come il tuo sistema di produzione.

Cerca di avere sempre dei backup di database e applicazioni che possono essere caricati ed eseguiti quando necessario.

Se i vincoli di costo ti impediscono di duplicare tutto (il che raddoppia effettivamente i costi), assicurati almeno di eseguire il backup del database e delle applicazioni abbastanza frequentemente in modo che un errore imprevisto non richieda di reinserire una grande quantità di dati.

Un altro modo per evitare le peggiori conseguenze dei guasti alle apparecchiature è utilizzare l'elaborazione delle transazioni. Una transazione è un'unità di lavoro indivisibile in modo tale che o viene eseguita l'intera transazione o non viene eseguito nulla.

Se questo approccio tutto o niente sembra drastico, ricorda che i problemi peggiori sorgono quando una serie di operazioni di database viene elaborata solo parzialmente.

Transazioni

È possibile prendere precauzioni a diversi livelli per ridurre le possibilità di perdere dati a causa di qualche incidente o interazione imprevista. Puoi impostare il tuo DBMS per prendere alcune di queste precauzioni per te.

Come angeli custodi, le azioni precauzionali che intraprendi ti proteggono dal male e operano dietro le quinte; non li vedi e probabilmente non sai nemmeno che ti stanno aiutando. L'amministratore del database (DBA) può prendere altre precauzioni a sua discrezione.

In qualità di sviluppatore, puoi prendere precauzioni mentre scrivi il codice. Per evitare molti problemi, prendi l'abitudine di aderire automaticamente ad alcuni semplici principi in modo che siano sempre inclusi nel tuo codice o nelle tue interazioni con il tuo database:

- Usa transazioni SQL
- Adatta il livello di isolamento per bilanciare prestazioni e protezione
- Devi sapere quando e come impostare le transazioni, bloccare gli oggetti del database ed eseguire i backup

La transazione è uno dei principali strumenti di SQL per mantenere l'integrità del database. Una transazione SQL incapsula tutte le istruzioni SQL che possono avere un effetto sul database. Una transazione SQL viene completata con un'istruzione COMMIT o ROLLBACK: se la transazione termina con un COMMIT, gli effetti di tutte le istruzioni nella transazione vengono applicati al database in una sequenza rapida. Se la transazione termina con un ROLLBACK, gli effetti di tutte le istruzioni vengono annullati (ovvero annullati) e il database torna allo stato in cui si trovava prima dell'inizio della transazione.

In questo caso, il termine "applicazione" indica l'esecuzione di un programma (sia scritto in Java, C o qualsiasi altro linguaggio di programmazione) o una serie di azioni eseguite su un terminale durante un singolo accesso.

Un'applicazione può includere una serie di transazioni SQL. La prima transazione SQL inizia all'avvio dell'applicazione; l'ultima transazione SQL termina quando termina l'applicazione. Ogni COMMIT o ROLLBACK eseguito dall'applicazione termina una transazione SQL e inizia la successiva. Viene utilizzata la "transazione SQL" perché l'applicazione potrebbe utilizzare altri servizi (come l'accesso alla rete) che eseguono altri tipi di transazioni.

Una normale transazione SQL ha una modalità di accesso che è READ-WRITE o READ-ONLY; ha un livello di isolamento SERIALIZABLE, REPEATABLE READ, READ COMMITTED o READ UNCOMMITTED. È possibile avere più istruzioni SET TRANSACTION in un'applicazione, ma è possibile specificarne solo una in ciascuna transazione e deve essere la prima istruzione SQL eseguita nella transazione.

Se si desidera utilizzare un'istruzione SET TRANSACTION, bisogna eseguirla all'inizio dell'applicazione o dopo un COMMIT o ROLLBACK. È necessario eseguire una TRANSAZIONE SET all'inizio di ogni transazione per la quale si desiderano proprietà non predefinite, poiché a ogni nuova transazione dopo un COMMIT o ROLLBACK vengono assegnate automaticamente le proprietà predefinite.

Un'istruzione SET TRANSACTION può anche specificare una DIAGNOSTICS SIZE, che determina il numero di condizioni di errore per le quali l'implementazione deve essere preparata per salvare le informazioni. Un tale limite numerico è necessario perché un'implementazione può rilevare più di un errore durante un'istruzione.

L'impostazione predefinita SQL per questo limite è definita dall'implementazione e tale impostazione predefinita è quasi sempre adeguata.

Backup

Il backup è un'azione protettiva che il DBA dovrebbe eseguire regolarmente. È necessario eseguire il backup di tutti gli elementi del sistema a intervalli che dipendono dalla frequenza con cui vengono aggiornati. Se il database viene aggiornato quotidianamente, è necessario eseguirne il backup quotidianamente.

Anche le applicazioni, i moduli e i report possono cambiare, sebbene meno frequentemente. Ogni volta che si apportano modifiche, l'amministratore di database dovrebbe eseguire il backup delle nuove versioni e conservare diverse generazioni di backup.

A volte, i danni al database non diventano evidenti finché non è trascorso un po' di tempo. Per tornare all'ultima versione valida, potrebbe essere necessario tornare indietro di diverse versioni di backup.

Esistono molti modi diversi per eseguire i backup:

- utilizzare SQL per creare tabelle di backup e copiare i dati in esse.

- utilizzare un meccanismo definito dall'implementazione che esegue il backup dell'intero database o di parti di esso. Questo meccanismo è generalmente più conveniente ed efficiente rispetto all'utilizzo di SQL.

- La tua installazione potrebbe disporre di un meccanismo per eseguire il backup di tutto, inclusi database, programmi, documenti, fogli di calcolo, utilità e giochi per computer. In tal caso, potresti non dover fare altro che assicurarti che i backup vengano eseguiti abbastanza frequentemente da proteggerti.

Potresti sentire i progettisti di database dire che vogliono che i loro database rispettino le proprietà ACID, di cosa si tratta?

ACID è semplicemente l'acronimo di Atomicity, Consistency, Isolation e Durability. Queste quattro caratteristiche sono necessarie per proteggere un database:

- Atomicità: le transazioni del database dovrebbero essere atomiche, nel senso classico del termine: l'intera transazione è trattata come un'unità indivisibile. Viene eseguita nella sua interezza (commit) oppure il database viene ripristinato (rollback) allo stato in cui sarebbe stato se la transazione non fosse stata eseguita.

- Consistenza: stranamente, il significato di coerenza non è coerente; varia da un'applicazione all'altra. Quando trasferisci fondi da un conto a un altro in un'applicazione bancaria, ad esempio, vuoi che l'importo totale di denaro in entrambi i conti alla fine della transazione sia lo stesso che era all'inizio della transazione. In un'applicazione diversa, il tuo criterio di coerenza potrebbe essere diverso.

- Isolamento: idealmente, le transazioni del database dovrebbero essere totalmente isolate dalle altre transazioni che vengono eseguite contemporaneamente. Se le transazioni sono serializzabili, si ottiene un isolamento totale. Se il sistema deve elaborare le transazioni alla massima velocità, a volte livelli di isolamento inferiori possono migliorare le prestazioni.

- Durata: dopo il commit o il rollback di una transazione, dovresti essere in grado di contare sul fatto che il database sia nello stato corretto: fornito di dati non danneggiati, affidabili e aggiornati. Anche se il sistema subisce un arresto anomalo dopo un commit ma prima che la transazione venga archiviata su disco, un DBMS durevole può garantire che, dopo il ripristino dall'arresto, il database possa essere ripristinato al suo stato corretto.

JavaScript

Premessa

In questo libro imparerai a programmare con JavaScript, il linguaggio del Web. Ma soprattutto, diventerai un programmatore, qualcuno che non solo usa i computer, ma li sa anche controllare. Dopo aver imparato a programmare, puoi far fare ai computer quello che vuoi! JavaScript è un ottimo linguaggio di programmazione da imparare perché è utilizzato ovunque. I browser Web come Chrome, Firefox e Internet Explorer utilizzano tutti JavaScript.

Con la potenza di JavaScript, i programmatori web possono trasformare le pagine da semplici documenti in applicazioni e giochi interattivi in piena regola ma non sei limitato alla creazione di pagine web.

JavaScript può essere eseguito anche su server Web per creare interi siti Web e può anche essere utilizzato per controllare robot e altro hardware!

Questo libro è per chiunque voglia imparare JavaScript o voglia iniziare a programmare per la prima volta. Il libro è progettato per i principianti e con questo libro svilupperai gradualmente la tua conoscenza di JavaScript, iniziando con i tipi di dati semplici di JavaScript, prima di passare a tipi complessi, strutture di controllo e funzioni.

Dopodiché imparerai a scrivere codice JavaScript e lungo la strada, troverai alcuni esempi e suggerimenti per ampliare le tue capacità di programmazione e mettere a frutto ciò che hai imparato.

Ti consiglio di leggere in ordine il libro! Potrebbe sembrare una cosa sciocca ma molte persone vogliono passare direttamente alle cose divertenti, come creare giochi. Ogni capitolo ha lo scopo di costruire su ciò che è stato trattato nei capitoli precedenti, quindi se segui il percorso, avrai la strada spianata quando arriverai creerai i tuoi giochi.

I linguaggi di programmazione sono come le lingue parlate: devi imparare la grammatica e il vocabolario, questo richiede tempo. L'unico modo per migliorare è scrivere (e leggere) molto codice. Man mano che scrivi sempre più codice JavaScript, scoprirai che alcune parti del linguaggio diventano una seconda lingua e alla fine diventerai "uno scrittore" JavaScript.

Mentre leggi questo libro, ti incoraggio a digitare e testare gli esempi di codice proposti. Se non capisci appieno cosa sta succedendo, prova ad apportare piccole modifiche per vedere quale effetto hanno. Se le modifiche non hanno l'effetto che ti aspettavi, vedi se riesci a scoprire il motivo e soprattutto, sii curioso e documentati. Digitare il codice che appare nel libro è un buon primo passo ma capirai la programmazione a un livello più profondo quando inizierai a scrivere il tuo codice. Se questa è una sfida interessante, continua!

Prova a riguardare le tue soluzioni dopo aver risolto completato un esercizio, in modo da poter trovare come migliorarlo ma ricorda che ci sono molte soluzioni. Esistono molti modi diversi per raggiungere lo stesso obiettivo in JavaScript, quindi non preoccuparti se ti ritroverai con soluzioni diverse che producono lo stesso risultato! Se ti imbatti in una parola e non sai cosa significa, controlla il manuale di JavaScript e troverai tutte le definizioni dei termini di programmazione che incontrerai in questo libro.

Capitolo 1: Cos'è JavaScript

I computer sono macchine incredibilmente potenti, in grado di eseguire imprese incredibili come giocare a scacchi in modo automatico, servire migliaia di pagine web o eseguire milioni di calcoli complessi in meno di pochi secondi. Ma in fondo, i computer sono in realtà piuttosto stupidi perché possono fare esattamente ciò che noi esseri umani diciamo loro di fare. Diciamo ai computer come comportarsi utilizzando programmi per computer, che sono solo una serie di istruzioni che i computer devono seguire.

Senza programmi, i computer non possono fare nulla! Ancora peggio, i computer non possono capire l'inglese o qualsiasi altra lingua del mondo (senza programmi).

I programmi per computer sono scritti in un linguaggio di programmazione, ad esempio JavaScript. Potresti non aver mai sentito parlare di JavaScript prima, ma l'hai sicuramente usato. Il linguaggio di programmazione JavaScript viene utilizzato per scrivere programmi che vengono eseguiti nelle pagine Web. JavaScript può controllare l'aspetto di una pagina web o far sì che la pagina risponda quando un utente fa clic su un pulsante o sposta il mouse.

Siti come Gmail, Facebook e Twitter utilizzano JavaScript per semplificare l'invio di e-mail, la pubblicazione di commenti o la navigazione all'interno dei siti Web. Ad esempio, quando navighi su Twitter e vedi più tweet nella parte inferiore della pagina mentre scorri verso il basso, è tutto merito di JavaScript.

JavaScript ti consente anche di riprodurre musica e creare effetti visivi sorprendenti, tuttavia, JavaScript non è l'unico linguaggio di programmazione disponibile, infatti esistono letteralmente centinaia di linguaggi di programmazione.

D'altra parte, ci sono molte ragioni per cui imparare JavaScript. Per prima cosa, è molto più facile (e più divertente) da imparare rispetto a molti altri linguaggi di programmazione. Ma forse la cosa migliore di tutte, è che per scrivere ed eseguire programmi JavaScript, tutto ciò di cui hai bisogno è un browser web come Internet Explorer, Mozilla Firefox o Google Chrome. Ogni browser web è dotato di un interprete JavaScript che comprende come leggere i programmi JavaScript.

Una volta che hai scritto un programma JavaScript, puoi inviare alle persone un link ad esso e loro possono eseguirlo anche in un browser web sul proprio computer!

Scriviamo un po' di semplice JavaScript in Google Chrome. Installa Chrome sul tuo computer (se non è già installato), quindi aprilo e digita `about:blank` nella barra degli indirizzi. Ora premi INVIO e vedrai una pagina vuota. Inizieremo a codificare nella console JavaScript di Chrome, che è un modo con cui i programmatori possono testare brevi programmi JavaScript.

Su Microsoft Windows o Linux, tieni premuti i tasti CTRL + MAIUSC e premi J. Su Mac OS, tieni premuti i tasti COMMAND + OPTION e premi J. Se hai fatto tutto correttamente, dovresti vedere una pagina web vuota e, sotto quello, una console ed è lì che scriverai codice JavaScript! Quando si immette il codice nella console e si preme INVIO, JavaScript dovrebbe eseguire il codice e visualizzare il risultato (se presente) nella riga successiva.

Ad esempio, digita questo nella console:

```
3 + 4;
```

Ora premi INVIO. JavaScript dovrebbe restituire la risposta (7) nella riga seguente:

```
3 + 4;
```

```
7
```

Bene, è abbastanza facile. Ma JavaScript è solo una calcolatrice? Ovvio che no, proviamo qualcos'altro nel prossimo capitolo.

Struttura di un programma

Creiamo qualcosa di un po' più banale: un programma JavaScript per stampare una serie di simboli che somiglino alle facce di un gatto: =^.^=

A differenza del nostro programma precedente, questo occuperà più righe e per digitare il programma nella console, dovrai aggiungere nuove righe premendo MAIUSC-INVIO alla fine di ogni riga. (Se premi semplicemente INVIO, Chrome proverà ad eseguire ciò che hai scritto e il programma non funzionerà come previsto.

Digita questo nella console del browser:

```javascript
// Disegna alcuni gatti
var disegnaGatti = function (numeroGatti) {
  for (var i = 0; i < numeroGatti; i++) {
   console.log(i + " =^.^=");
  }
};
disegnaGatti(10); // Puoi inserire qualsiasi numero
```

Alla fine, premi INVIO invece di MAIUSC-INVIO. Dovresti vedere il seguente output:

```
0 =^.^=
1 =^.^=
2 =^.^=
3 =^.^=
4 =^.^=
5 =^.^=
6 =^.^=
7 =^.^=
8 =^.^=
9 =^.^=
```

Se hai fatto degli errori di battitura, il tuo output potrebbe apparire molto diverso o potresti ricevere un errore. Questo è ciò che intendo quando dico che i computer sono stupidi perché anche un semplice pezzo di codice deve essere perfetto perché un computer capisca cosa vuoi che faccia!

Per ora non spiegherò esattamente come funziona questo codice, ma diamo un'occhiata ad alcune delle caratteristiche di questo programma e dei programmi JavaScript in generale.

Sintassi

Il nostro programma include molti simboli, tra cui parentesi `()`, punto e virgola (`;`), parentesi graffe `{}`, segno di addizione (+) e alcune parole che potrebbero sembrare misteriose all'inizio (come `var` e `console.log`). Questi fanno tutti parte della sintassi di JavaScript, ovvero le regole di JavaScript su come combinare simboli e parole per creare programmi funzionanti.

Quando impari un nuovo linguaggio di programmazione, una delle parti più complicate è abituarti alle regole su come scrivere diversi tipi di istruzioni sul computer. Quando inizi per la prima volta, è facile dimenticare quando includere le parentesi o mescolare l'ordine in cui devi includere determinati valori. Mentre ti eserciti, inizierai a capirlo. In questo libro l'approccio sarà lento, graduale e costante, introducendo nuova sintassi a poco a poco in modo da poter creare programmi sempre più potenti.

Commenti

La prima riga del codice è un po' particolare ed indica un commento. I programmatori utilizzano i commenti per facilitare la lettura e la comprensione del codice da parte di altri programmatori dato che il computer ignora completamente i commenti.

I commenti in JavaScript iniziano con due barre (//) e tutto ciò che segue le barre (sulla stessa riga) viene ignorato dall'interprete JavaScript, quindi i commenti non hanno alcun effetto su come viene eseguito un programma: sono lì solo per fornire una descrizione.

Nel codice di questo libro, vedrai commenti che descrivono ciò che sta accadendo nel codice. Mentre scrivi il tuo codice ti consiglio di aggiungere i tuoi commenti così quando guarderai il tuo codice in un secondo momento, i tuoi commenti ti ricorderanno il funzionamento del codice e cosa sta succedendo in ogni passaggio.

C'è un altro commento sul codice nell'ultima riga del nostro programma. Ricorda, tutto quello che segue // non viene eseguito dal computer!

```
disegnaGatti(10); // Puoi inserire qualsiasi numero
```

I commenti sul codice possono essere sulla loro riga, oppure possono venire dopo il tuo codice. Se metti // prima del codice da eseguire, in questo modo:

```
//disegnaGatti(10);
```

non succederà nulla! Chrome vede l'intera riga come un commento, anche se è JavaScript. Una volta che inizi a leggere il codice JavaScript nel mondo vero, vedrai anche commenti che assomigliano a questo:

```
/*
```

```
Puoi
inserire
qualsiasi
numero
*/
```

Questo è uno stile di commento diverso, utilizzato in genere per commenti più lunghi di una riga ma fa la stessa cosa: tutto ciò che si trova tra /* e */ è un commento che il computer non eseguirà.

Capitolo 2: Tipi di dati

La programmazione consiste nel manipolare i dati, ma cosa sono i dati? I dati sono informazioni che memorizziamo nei nostri programmi per computer. Ad esempio, il tuo nome è un dato, così come la tua età. Il colore dei tuoi capelli, quanti fratelli hai, dove vivi, che tu sia maschio o femmina: questi sono tutti dati.

In JavaScript, ci sono tre tipi fondamentali di dati: numeri, stringhe e booleani. I numeri sono usati per rappresentare, beh, i numeri! Ad esempio, la tua età può essere rappresentata come un numero, così come la tua altezza. I numeri in JavaScript hanno questo aspetto: `5`;

Le stringhe vengono utilizzate per rappresentare il testo. Il tuo nome può essere rappresentato come una stringa in JavaScript, così come il tuo indirizzo e-mail. Le stringhe hanno questo aspetto:

```
"Ciao, sono una stringa";
```

I booleani sono valori che possono essere veri o falsi. Ad esempio, un valore booleano su di te sarebbe se indossi gli occhiali, un altro potrebbe essere se ti piacciono i broccoli. Un booleano ha questo aspetto: `true`;

Esistono diversi modi per lavorare con ogni tipo di dati. Ad esempio, puoi moltiplicare due numeri, ma non puoi moltiplicare due stringhe. Ad una stringa, puoi chiedere i primi cinque caratteri e con i booleani, puoi verificare se due valori sono entrambi veri.

Nell'esempio di codice seguente viene illustrata ciascuna di queste possibili operazioni:

```
99 * 123;
12177

"Questa è una stringa".slice(0, 4);
"Questa"
```

```
true && false;
false
```

Tutti i dati in JavaScript sono solo una combinazione di questi tipi di dati. In questo capitolo, esamineremo ogni tipo e impareremo diversi modi per lavorare con ogni tipo. Avrai notato che tutti questi comandi terminano con un punto e virgola (;). I punti e virgola segnano la fine di un particolare comando JavaScript (chiamato anche istruzione), un po' come il punto alla fine di una frase.

Capitolo 3: Numeri e operatori

JavaScript consente di eseguire operazioni matematiche di base come addizione, sottrazione, moltiplicazione e divisione. Per eseguire questi calcoli, utilizziamo rispettivamente i simboli +, −, * e /, chiamati operatori. Puoi utilizzare la console JavaScript proprio come una calcolatrice, infatti, abbiamo già visto un esempio, sommando 3 e 4.

Proviamo qualcosa di più difficile. Qual è il risultato di 12.345 + 56.789?

```
12345 + 56789;
69134
```

Non è così facile da calcolare a mente ma JavaScript lo ha calcolato in pochissimo tempo. Puoi aggiungere più numeri:

```
22 + 33 + 44;
99
```

JavaScript può anche eseguire la sottrazione: `1000 - 17;`

```
983
```

e moltiplicazione, utilizzando un asterisco:

```
123 * 456;
56088
```

così come la divisione:

```
12345/250;
49.38
```

Puoi anche combinare queste semplici operazioni per creare qualcosa di più complesso, come questo:

```
1234 + 57 * 3 - 31/4;
1397.25
```

Qui diventa un po' complicato, perché il risultato di questo calcolo dipenderà dall'ordine in cui JavaScript esegue ogni operazione. In matematica, la regola è che la moltiplicazione e la divisione avvengono sempre prima dell'addizione e della sottrazione e anche JavaScript segue questa regola.

E se volessi fare prima l'addizione e la sottrazione, rispetto alla moltiplicazione e alla divisione? Ad esempio, supponi di avere 1 fratello e 3 sorelle e 8 caramelle e vuoi dividere le caramelle equamente tra i tuoi 4 fratelli? (Hai già preso la tua parte).

Dovresti dividere 8 per il tuo numero di fratelli. Ecco un tentativo:

```
8/1 + 3;
11
```

Non può essere vero! Non puoi dare a ogni fratello 11 caramelle se ne hai solo 8! Il problema è che JavaScript esegue la divisione prima dell'addizione, quindi divide 8 per 1 (che è uguale a 8) e poi aggiunge 3 ottenendo 11.

Per risolvere questo problema e fare in modo che JavaScript esegua prima l'addizione, possiamo usare le parentesi:

```
8 / (1 + 3);
2
```

Le parentesi costringono JavaScript a sommare 1 e 3 prima di dividere 8 per 4.

Capitolo 4: Variabili

JavaScript consente di assegnare nomi ai valori utilizzando le variabili. Puoi pensare a una variabile come una scatola in cui puoi inserire un oggetto, se ci metti qualcos'altro, il primo oggetto scompare. Per creare una nuova variabile, utilizza la parola chiave `var`, seguita dal nome della variabile.

Una parola chiave è una parola che ha un significato speciale in JavaScript. In questo caso, quando digitiamo `var`, JavaScript sa che stiamo per inserire il nome di una nuova variabile. Ad esempio, ecco come creare una nuova variabile chiamata eta:

```
var eta;
undefined
```

Abbiamo creato una nuova variabile chiamata eta. La console restituisce `undefined` come risposta, ma questo non è un errore! È proprio quello che fa JavaScript ogni volta che un comando non restituisce alcun valore.

Che cos'è un valore di ritorno? Ad esempio, quando hai digitato `12345 + 56789;`, la console ha restituito il valore `69134`. La creazione di una variabile in JavaScript non restituisce un valore, quindi l'interprete stampa `undefined`. Per assegnare un valore alla variabile, utilizza il segno di uguale (=):

```
var eta = 12;

undefined
```

L'impostazione di un valore è chiamata assegnazione (stiamo assegnando il valore 12 alla variabile `eta`). Di nuovo, viene stampato `undefined`, perché stiamo creando un'altra nuova variabile. (Nel resto dei miei esempi, non mostrerò l'output quando non è definito.) La variabile `eta` è ora nel nostro interprete e impostata sul valore 12, ciò significa che se digiti `eta` da solo, l'interprete mostrerà tu il suo valore:

```
eta;
12
```

Fantastico! Il valore della variabile, però, non è scolpito nella pietra (si chiamano variabili perché possono variare), e se vuoi aggiornarlo, usa di nuovo il simbolo (=):

```
eta = 13;

13
```

Questa volta non ho utilizzato la parola chiave `var`, perché la variabile `eta` esiste già. È necessario utilizzare `var` solo quando si desidera creare una variabile, non quando si desidera modificare il valore di una variabile. Nota bene, poiché non stiamo creando una nuova variabile, il valore 13 viene restituito dall'assegnazione e stampato nella riga successiva. Questo esempio leggermente più complesso risolve il problema delle caramelle di prima, senza parentesi:

```
var numeroFratelli = 1 + 3;
var numeroCaramelle = 8;
numeroCaramelle / numeroFratelli;
2
```

Per prima cosa creiamo una variabile chiamata `numeroFratelli` e le assegniamo il valore di 1 + 3 (che in JavaScript risulta essere 4). Quindi creiamo la variabile `numeroCaramelle` e le assegniamo 8. Infine, effettuiamo la divisione e JavaScript ci restituisce 2.

Fai attenzione ai nomi delle variabili, perché è facile sbagliarli. Anche se usi una lettera maiuscola o minuscola fuori posto, l'interprete JavaScript non saprà cosa intendi! Ad esempio, se hai accidentalmente utilizzato una c minuscola in `numeroCaramelle`, riceverai un errore del tipo

```
ReferenceError: numerocaramelle is not defined
```

Sfortunatamente, JavaScript farà esattamente ciò che gli chiedi di fare. Se sbagli a scrivere il nome di una variabile, JavaScript non ha idea di cosa intendi e mostrerà un messaggio di errore.

Un'altra cosa complicata dei nomi delle variabili in JavaScript è che non possono contenere spazi, il che significa che possono essere difficili da leggere. Avrei potuto chiamare la mia variabile `numerodicaramelle` senza lettere maiuscole, il che lo rende ancora più difficile da leggere perché non è chiaro dove finiscono le parole.

Un modo comune per aggirare questo problema è iniziare ogni parola con una lettera maiuscola come in `NumeroDiCaramelle`. Questa convenzione è chiamata CamelCase perché ricorda le gobbe di un cammello e la convenzione vuole che le variabili inizino con una lettera minuscola, per poi scrivere in maiuscolo ogni parola tranne la prima, in questo modo: `numeroDiCaramelle`.

Definiamo qualche nuova variabile sfruttando la matematica, ad esempio, puoi utilizzare le variabili per scoprire quanti secondi ci sono in un anno. Cominciamo trovando il numero di secondi in un'ora. Per prima cosa creiamo due nuove variabili chiamate `secondiInUnMinuto` e `minutiInUnOra` con valore pari a 60 (perché, come sappiamo, ci sono 60 secondi in un minuto e 60 minuti in un'ora). Quindi creiamo una variabile chiamata `secondiInUnOra` e impostiamo il suo valore sul risultato della moltiplicazione di `secondiInUnMinuto` e `minutiInUnOra`.

Passiamo al codice:

```
var secondiInUnMinuto = 60;
var minutiInUnOra = 60;
var secondiInUnOra = secondiInUnMinuto *
minutiInUnOra;
secondiInUnOra;
3600
```

Ora creiamo una variabile chiamata `oreInUnGiorno` e la impostiamo a 24. Successivamente creiamo la variabile `secondiInUnGiorno` e la impostiamo uguale a `secondiInUnOra` moltiplicato per `oreInUnGiorno`. Quando chiediamo il valore `oreInUnGiorno` otteniamo 86400, che è il numero di secondi in un'ora:

```
var oreInUnGiorno = 24;
var secondiInUnGiorno = secondiInUnOra *
oreInUnGiorno;
secondiInUnGiorno;
86400
```

Calcola quanti secondi ci sono in un anno e quanti secondi sono passati dalla tua nascita.

Incremento e decremento

Come programmatore, dovrai spesso aumentare o diminuire il valore di una variabile contenente un numero di 1 unità. Ad esempio, potresti avere una variabile che conta i tuoi amici su Facebook. Ogni volta che qualcuno ti aggiunge, dovresti aumentare quella variabile di 1 unità. L'aumento di 1 è chiamato incremento e la diminuzione di 1 è chiamato decremento, puoi incrementare e decrementare una variabile utilizzando gli operatori ++ e --.

```
var amiciFB = 0;
++amiciFB;
1
++amiciFB;
2
--amiciFB;
1
```

Quando usiamo l'operatore ++, il valore di amiciFB aumenta di 1 e quando usiamo l'operatore -- diminuisce di 1. Puoi anche mettere questi operatori dopo la variabile, in tal caso il valore che viene restituito è il valore prima dell'incremento o del decremento.

```
amiciFB = 0;
amiciFB++;
0
amiciFB++;
1
amiciFB;
2
```

In questo esempio, impostiamo di nuovo amiciFB su 0. Quando chiamiamo amiciFB++, la variabile viene incrementata ma il valore che viene stampato è il valore prima che si verificasse l'incremento. Puoi vedere alla fine (dopo due incrementi) che se chiediamo il valore di amiciFB, otteniamo 2.

Per aumentare il valore di una variabile di un certo importo, potresti usare questo codice:

```
var x = 10;
x = x + 5;
x;
15
```

Qui iniziamo con una variabile chiamata x, impostata a 10. Quindi, assegniamo x + 5 a x. Poiché x era 10, x + 5 sarà 15. Quello che stiamo facendo qui è utilizzare il vecchio valore di x per elaborare un nuovo valore per x. Pertanto, x = x + 5 significa in realtà "aggiungi 5 a x".

JavaScript offre un modo più semplice per aumentare o diminuire una variabile di una certa quantità, con gli operatori += e -=. Ad esempio, se abbiamo una variabile x, allora x += 5 equivale a dire x = x + 5. L'operatore -= funziona allo stesso modo, quindi x -= 9 sarebbe uguale a x = x - 9 ("sottrai 9 da x"). Ecco un esempio che utilizza entrambi questi operatori per tenere traccia di un punteggio in un videogioco:

```
var score = 10;
score += 7;
17
score -= 3;
14
```

In questo esempio, iniziamo con un punteggio di 10 assegnando il valore 10 alla variabile score. Dopo aver superato un livello, il punteggio aumenta di 7 unità usando l'operatore +=. Prima di battere il mostro, il punteggio era 10 e 10 + 7 è pari a 17, quindi questa operazione imposta il punteggio a 17.

Successivamente falliamo un livello e il punteggio viene ridotto di 3. Ancora una volta, score -= 3 è uguale score = score - 3. Il punteggio, a questo punto, da 17 diventa 14 e quel valore viene riassegnato a score.

Capitolo 5: Stringhe

Finora abbiamo lavorato solo con i numeri, ora esaminiamo un altro tipo di dati: le stringhe. Le stringhe in JavaScript (come nella maggior parte dei linguaggi di programmazione) sono solo sequenze di caratteri che possono includere lettere, numeri, punteggiatura e spazi. Inseriamo stringhe tra virgolette in modo che JavaScript sappia dove iniziano e finiscono. Ad esempio, ecco un classico: `"Hello world!";`

```
"Hello world!"
```

Per inserire una stringa, digita semplicemente una virgoletta doppia (") seguita dal testo che desideri nella stringa quindi chiudi la stringa con un'altra virgoletta doppia. Puoi anche utilizzare virgolette singole ('), ma per mantenere le cose semplici, useremo solo le virgolette doppie in questo libro.

Puoi salvare le stringhe in variabili, proprio come i numeri:

```
var miaStringa = "Scrivo qualcosa qui…";
```

Non c'è nulla che ti impedisca di assegnare una stringa a una variabile che in precedenza conteneva un numero:

```
var miaStringa = 5;
miaStringa = "questa è una stringa";
"questa è una stringa"
```

E se mettessi un numero tra virgolette? Sarebbe una stringa o un numero? In JavaScript, una stringa è una stringa (anche se capita di avere alcuni caratteri che sono dei numeri). Ad esempio:

```
var numeroNove = 9;
var stringaNove = "9";
```

In questo caso `numeroNove` è un numero mentre `stringaNove` è una stringa. Per vedere come sono diversi, proviamo a sommarli:

```
numeroNove + numeroNove;
```

18

```
stringaNove + stringaNove;
"99"
```

Quando sommiamo i valori numerici 9 e 9, otteniamo 18. Quando usiamo l'operatore + su "9" e "9", le stringhe vengono semplicemente unite insieme per formare "99".

Unire le stringhe

Come hai appena visto, puoi usare l'operatore + con le stringhe ma il risultato è molto diverso rispetto all'uso dell'operatore + con i numeri. Quando usi + per unire due stringhe, crei una nuova stringa con la seconda stringa attaccata alla fine della prima stringa, in questo modo:

```
var saluto = "Ciao";
var nome = "Antonio";

saluto + nome;
"CiaoAntonio"
```

Qui creiamo due variabili (saluto e nome) e assegniamo a ciascuna un valore stringa ("Ciao" e "Antonio", rispettivamente). Quando sommiamo queste due variabili, le stringhe vengono combinate per creare una nuova stringa, "CiaoAntonio". Tuttavia, non sembra corretto: dovrebbe esserci uno spazio tra Ciao e Antonio.

JavaScript non inserirà uno spazio lì a meno che non lo specifichiamo aggiungendo uno spazio in una delle stringhe originali:

```
var saluto = "Ciao ";
var nome = "Antonio";

saluto + nome;
"Ciao Antonio"
```

Lo spazio extra dopo la parola Ciao tra le virgolette inserisce uno spazio anche nella stringa finale ma puoi fare molto di più con le stringhe oltre ad aggiungerle insieme.

Trovare la lunghezza di una stringa

Per ottenere la lunghezza di una stringa, aggiungi semplicemente
`.length` alla fine di essa:

```
"Non so la lunghezza".length;
19
```

È possibile aggiungere `.length` alla fine della stringa effettiva o a una
variabile che contiene una stringa:

```
var java = "Java";
java.length;
4

var script = "Script";
script.length;
6

var javascript = java + script;
javascript.length;
10
```

Qui si assegna la stringa `"Java"` alla variabile `java` e la stringa
`"Script"` alla variabile `script`. Quindi aggiungiamo `.length` alla fine
di ogni variabile per determinare la lunghezza di ogni stringa, così come
la lunghezza delle stringhe combinate. Nota che puoi aggiungere
`.length` alla "stringa effettiva o a una variabile che contiene una
stringa". Questo illustra qualcosa di molto importante sulle variabili:
ovunque tu possa usare un numero o una stringa, puoi anche usare una
variabile contenente un numero o una stringa.

Singolo carattere da una stringa

A volte si desidera recuperare un singolo carattere da una stringa. Ad esempio, potresti avere un codice segreto in cui il messaggio è composto dal secondo carattere di ogni parola in un elenco di parole. Dovresti essere in grado di ottenere solo i secondi caratteri e unirli tutti insieme per creare una nuova parola.

Per ottenere un carattere in una posizione particolare all'interno di una stringa, utilizza le parentesi quadre []. Crea la stringa, o la variabile contenente la stringa, inserisci la posizione del carattere che desideri tra parentesi quadre alla fine. Ad esempio, per ottenere il primo carattere di nome, utilizza nome[0], in questo modo:

```
var nome = "Antonio";
nome[0];
"A"
nome[1];
"n"
nome[2];
"t"
```

Nota che per ottenere il primo carattere della stringa, usiamo 0 anziché 1. Questo perché JavaScript (come molti altri linguaggi di programmazione) inizia a contare da zero. Ciò significa che quando vuoi il primo carattere di una stringa devi usare 0; quando vuoi il secondo 1; e così via.

Prova a definire un codice segreto solo usando la seconda lettera di una lista di parole. Questo esercizio è molto utile perché ti aiuta a prendere confidenza con le stringhe.

Dividere le stringhe

Per dividere una parte di una grande stringa, puoi usare `slice`. Ad esempio, potresti prendere il primo pezzo di una lunga recensione di un film da mostrare come anteprima sul tuo sito web. Per utilizzare `slice`, inserisci un punto dopo una stringa (o una variabile contenente una stringa), seguito dalla parola `slice` e parentesi di apertura e chiusura. All'interno delle parentesi, inserisci la posizione iniziale e finale della sezione della stringa desiderata, separate da una virgola.

Ad esempio:

```
var stringaLunga = "Ecco qui la mia lunga lunga stringa";
stringaLunga.slice(0, 8);
"Ecco qui"
```

Il primo numero tra parentesi è il numero del carattere da cui iniziare la nuova stringa e il secondo numero è il numero del carattere dell'ultimo carattere nella sezione. Qui fondamentalmente diciamo a JavaScript: "Estrai una sezione da questa stringa più lunga a partire dal carattere al posto 0 e continua finché non raggiungi il posto 8."

Se includi solo un numero tra parentesi dopo la slice, la stringa inizierà da quel numero e continuerà fino alla fine della stringa, in questo modo:

```
var stringaLunga = "Ecco qui la mia lunga lunga stringa";
stringaLunga.slice(9);
"la mia lunga lunga stringa"
```

Maiuscolo o minuscolo?

Se hai del testo che vuoi solo trasformare in maiuscolo, prova a usare
toUpperCase per trasformarlo tutto in lettere maiuscole.

```
"Aiuto, salvatemi!".toUpperCase();
"AIUTO, SALVATEMI!"
```

Quando si utilizza .toUpperCase() su una stringa, viene creata una
nuova stringa in cui tutte le lettere vengono trasformate in maiuscolo.
Puoi anche fare il contrario:

```
"AIUTO, SALVATEMI!".toUpperCase();
"aiuto, salvatemi!"
```

Come suggerisce il nome, .toLowerCase() rende tutti i caratteri
minuscoli. Ma le frasi non dovrebbero sempre iniziare con una lettera
maiuscola? Come possiamo prendere una stringa e rendere la prima
lettera maiuscola ma trasformare il resto in minuscolo?

Ecco un metodo:

```
var testoAiuto = "aiUTo, SALvaTEmi!";
var minuscolo = testoAiuto.toLowerCase();
var primoCarattere = minuscolo[0];
var primoCarattereUpper =
primoCarattere.toUpperCase();
var parteRestante = minuscolo.slice(1);
primoCarattereUpper + parteRestante;
"Aiuto, salvatemi!"
```

Esaminiamo questa riga per riga. Creiamo una nuova variabile chiamata
testoAiuto e salviamo la stringa che vogliamo modificare in quella
variabile. Otteniamo la versione minuscola di testoAiuto con
.toLowerCase() e la salviamo in una nuova variabile chiamata
minuscolo. Usiamo [0] per ottenere il primo carattere e salvarlo in

`primoCarattere` (0 è usato per recuperare il primo carattere). Quindi creiamo una versione maiuscola e la chiamiamo `primoCarattereUpper`. Usiamo slice per ottenere tutti i caratteri in minuscolo, a partire dal secondo carattere e salvarlo in parteRestante. Infine, in ❻, aggiungiamo `primoCarattereUpper` a parteRestante per ottenere "Aiuto, salvatemi!".

Poiché valori e variabili possono essere sostituiti l'uno con l'altro, potremmo trasformare alcune righe in una sola riga, in questo modo:

```
var testoAiuto = "aiUTo, SALvaTEmi!";
testoAiuto[0].toUpperCase() +
testoAiuto.slice(1).toLowerCase();
"Aiuto, salvatemi!"
```

Tuttavia, può essere fonte di confusione seguire il codice scritto in questo modo quindi è una buona idea usare le variabili per ogni passaggio di un'attività complicata come questa, almeno finché non ti senti più a tuo agio nel leggere questo tipo di codice un po' più complesso.

Capitolo 6: Booleani

Un valore booleano è semplicemente un valore vero o falso. Ad esempio, ecco una semplice espressione booleana.

```
var miPiaceJavascript = true;
miPiaceJavascript;
true
```

In questo esempio, abbiamo creato una nuova variabile chiamata miPiaceJavascript e le abbiamo assegnato il valore booleano true. Sulla seconda riga, otteniamo il valore di miPiaceJavascript, che, ovviamente, è vero!

Operatori logici

Proprio come puoi combinare numeri con operatori matematici (+, −, *, / e così via), puoi combinare valori booleani con operatori booleani. Quando si combinano valori booleani con operatori booleani, il risultato sarà sempre un altro valore booleano (vero o falso). I tre principali operatori booleani in JavaScript sono &&, || e !. Possono sembrare un po' strani, ma con un po' di pratica non sono difficili da usare.

&& significa "e", utilizza l'operatore && con due valori booleani per vedere se sono entrambi veri. Ad esempio, prima di andare al lavoro, vuoi assicurarti di aver fatto la doccia e di avere lo zaino con il PC. Se entrambe sono vere, puoi andare a lavorare, ma se una o entrambe sono false, non puoi andare a lavorare.

```
var docciaFatta = true;
var hoPresoZaino = false;
docciaFatta && hoPresoZaino;
false
```

Qui impostiamo la variabile docciaFatta su true e la variabile hoPresoZaino su false. Quando entriamo in docciaFatta && hoPresoZaino, in pratica chiediamo a JavaScript: "Entrambi questi valori sono veri?" Poiché non sono entrambe vere (non hai preso lo zaino), JavaScript restituisce false (non sei pronto per andare a lavorare).

Riproviamo, con entrambi i valori impostati su true:

```
var docciaFatta = true;
var hoPresoZaino = true;
docciaFatta && hoPresoZaino;
true
```

Adesso JavaScript ci dice che docciaFatta && hoPresoZaino è

vero.

L'operatore booleano || significa "o", è possibile utilizzare questo operatore con due valori booleani per scoprire se uno dei due è vero. Ad esempio, supponi che ti stai ancora preparando per andare a lavorare e devi prendere un frutto per pranzo ma non importa se prendi una mela o un'arancia o entrambe.

Puoi utilizzare JavaScript per vedere se ne hai almeno uno, in questo modo:

```
var melaPresa = true;
var aranciaPresa = false;
melaPresa || aranciaPresa;
true
```

melaPresa || aranciaPresa sarà vero se melaPresa o aranciaPresa è vero, o se entrambi sono veri. Ma se entrambi sono falsi, il risultato sarà falso (non hai alcun frutto).

! significa solo "non", usalo per trasformare falso in vero o vero in falso. Ciò è utile per lavorare con valori opposti.

Ad esempio:

```
var siamoNelWeekend = true;
var svegliarmiPresto = !siamoNelWeekend;
svegliarmiPresto;
false
```

In questo esempio, impostiamo la variabile siamoNelWeekend su true. Quindi impostiamo la variabile svegliarmiPresto su !siamoNelWeekend. L'operatore converte il valore nel suo opposto, quindi se siamoNelWeekend è vero, allora avremo un valore che non è vero (è falso).

Quando chiediamo il valore di svegliarmiPresto, diventa falso (non hai bisogno di svegliarti presto oggi, perché è il fine settimana). Poiché svegliarmiPresto **è falso,** !svegliarmiPresto **sarà vero.**

Combinazione di operatori logici

Gli operatori diventano interessanti quando si inizia a combinarli. Ad esempio, dovresti andare a lavorare se non è il fine settimana e hai fatto la doccia e hai una mela o un'arancia. Potremmo controllare se tutto questo è vero con JavaScript, in questo modo:

```
var siamoNelWeekend = false;
var docciaFatta = true;
var melaPresa = false;
var aranciaPresa = true;
var andareLavoro = !siamoNelWeekend && docciaFatta &&
(melaPresa || aranciaPresa);
andareLavoro;
true
```

In questo caso, non è il fine settimana, hai fatto la doccia e non hai una mela ma hai un'arancia, quindi dovresti andare a lavorare. `melaPresa || aranciaPresa` è tra parentesi perché vogliamo assicurarci che JavaScript esegua prima quella funzione. Proprio come JavaScript calcola la moltiplicazione e poi l'addizione con i numeri, calcola anche `&&` prima di `||` nelle dichiarazioni logiche.

Confronti con booleani

I valori booleani possono essere utilizzati per rispondere a domande sui numeri che hanno una semplice risposta sì o no. Ad esempio, immagina di gestire un parco a tema e una delle giostre ha un limite di altezza: gli utenti devono essere alti almeno 160 cm, altrimenti potrebbero cadere! Quando qualcuno vuole fare un giro e ti dice la sua altezza, devi sapere se è maggiore di questo limite.

Possiamo usare l'operatore maggiore di (>) per vedere se un numero è maggiore di un altro. Ad esempio, per vedere se l'altezza di un utente (165 cm) è maggiore del limite di altezza (160 cm), potremmo impostare la variabile `altezza` pari a 165 e la variabile `altezzaLimite` pari a 160, quindi confrontare i due:

```
var altezza = 165;
var altezzaLimite = 160;
altezza > altezzaLimite;
true
```

Con `altezza > altezzaLimite`, chiediamo a JavaScript di dirci se il primo valore è maggiore del secondo. In questo caso, l'utente è abbastanza alto! E se un utente fosse alto esattamente 160 cm?

```
var altezza = 160;
var altezzaLimite = 160;
altezza > altezzaLimite;
false
```

Oh no! L'utente non è abbastanza alto! Ma se il limite di altezza è di 160 cm, non dovrebbero essere ammesse persone che sono alte esattamente 160 cm? Dobbiamo aggiustarlo.

Fortunatamente, JavaScript ha un altro operatore, >=, che significa "maggiore o uguale a":

```
var altezza = 160;
var altezzaLimite = 160;
altezza >= altezzaLimite;
true
```

L'opposto dell'operatore "maggiore di" (>) è l'operatore "minore di" (<). Questo operatore potrebbe tornare utile se una giostra fosse progettata solo per bambini.

Per scoprire se due numeri sono esattamente uguali, utilizzare il triplo segno di uguale (===), che significa uguale a ma attenzione a non confondere === con un unico segno di uguale (=), perché === significa "questi due numeri sono uguali?" mentre = significa "salva il valore a destra nella variabile a sinistra".

In altre parole, === pone una domanda, mentre = assegna un valore a una variabile. Quando si utilizza =, il nome di una variabile deve essere a sinistra e il valore che si desidera salvare in quella variabile deve essere a destra. D'altra parte, === viene utilizzato solo per confrontare due valori per vedere se sono uguali quindi non importa quale valore si trovi su quale lato.

Ad esempio, supponiamo che stai conducendo una competizione con i tuoi amici Antonio, Luca e Giovanni per vedere chi può indovinare il tuo numero segreto, che è 5.

Hai detto ai tuoi amici che il numero è compreso tra 1 e 9 e iniziano a indovinare. Per prima cosa imposti numeroSegreto uguale a 5. Il tuo primo amico, Antonio, suppone che sia 3. Vediamo cosa succede dopo:

```
var numeroSegreto = 5;
var numAntonio = 3;
numeroSegreto === numAntonio;
false

var numLuca = 7;
numeroSegreto === numLuca;
false
```

```
var numGiovanni = 5;
numeroSegreto === numGiovanni;
true
```

La variabile `numeroSegreto` memorizza il numero segreto. Le variabili `numAntonio`, `numLuca` e `numGiovanni` rappresentano le ipotesi dei tuoi amici e utilizziamo === per vedere se ciascuna ipotesi è uguale al tuo numero segreto. Il tuo terzo amico, Giovanni, vince indovinando il numero 5.

Quando confronti due numeri con ===, diventa vero solo quando entrambi i numeri sono uguali. Poiché `numGiovanni` è 5 e `numeroSegreto` è 5, restituisce `true`. Le altre ipotesi non corrispondevano a `numeroSegreto`, quindi è stato restituito `false`. Puoi anche usare === per confrontare due stringhe o due booleani. Se usi === per confrontare due diversi tipi, ad esempio, una stringa e un numero, restituirà sempre `false`.

Ora per confondere un po' le cose: c'è un altro operatore JavaScript (doppio uguale o ==) che significa "uguale". Usalo per vedere se due valori sono uguali, anche se uno è una stringa e l'altro è un numero. Il numero 5 è diverso dalla stringa "5", anche se sostanzialmente sembrano la stessa cosa.

Se utilizzi === per confrontare il numero 5 e la stringa "5", JavaScript ti dirà che non sono uguali. Ma se usi == per confrontarli, ti dirà che sono gli stessi:

```
var cinqueStringa = "5";
var cinqueNumero = 5;
cinqueStringa === cinqueNumero;
false

cinqueStringa == cinqueNumero;
true
```

A questo punto, potresti pensare: "Sembra molto più facile usare il doppio uguale che il triplo uguale!". Devi stare molto attento, però, perché il doppio uguale può creare confusione, ad esempio, pensi che 0 sia uguale a falso? E la stringa `"false"`?

Quando usi il doppio uguale, 0 è uguale a `false`, ma la stringa `"false"` non lo è:

```
0 == false;
true

"false" == false;
false
```

Questo perché quando JavaScript cerca di confrontare due valori con doppio uguale, prima cerca di renderli dello stesso tipo. In questo caso, converte il valore booleano in un numero. Se converti booleani in numeri, `false` diventa 0 e `true` diventa 1. Quindi, quando digiti 0 == false, ottieni `true`! A causa di questa stranezza, è probabilmente più sicuro usare ===.

undefined e null

Infine, abbiamo due valori un po' particolari. Sono chiamati `undefined` e `null`. Entrambi sono usati per significare "niente", ma in modi leggermente diversi. `undefined` è il valore che JavaScript utilizza quando non ha un valore per qualcosa. Ad esempio, quando crei una nuova variabile e non imposti il suo valore su alcunché utilizzando l'operatore =, il suo valore sarà impostato su `undefined`:

```
var variabile;
variabile;
undefined
```

Il valore `null` viene solitamente utilizzato quando si desidera dire deliberatamente "Questo è vuoto".

```
var variabile = null;
variabile;
null
```

A questo punto, non utilizzerai molto spesso undefined o null. Vedrai undefined se crei una variabile e non ne imposti il valore, perché undefined è ciò che JavaScript ti darà sempre quando non ha un valore. Non è molto comune impostare qualcosa come indefinito; se senti il bisogno di impostare una variabile su "niente", dovresti invece usare null.

Il valore null viene utilizzato solo quando si desidera effettivamente dire che qualcosa non è presente, il che è utile occasionalmente.

Ad esempio, supponi di utilizzare una variabile per monitorare qual è il tuo ortaggio preferito. Se odi tutte le verdure e non ne hai una preferita, potresti impostare la variabile verdura preferita su zero. L'impostazione della variabile su null renderebbe ovvio a chiunque che non hai un ortaggio preferito. Se fosse undefined, tuttavia, qualcuno potrebbe pensare che non hai ancora impostato un valore.

Capitolo 7: Array

Finora abbiamo imparato a conoscere numeri stringhe e booleani, che sono tipi di dati che puoi utilizzare nei tuoi programmi. Tuttavia, i numeri e le stringhe sono un po' noiosi perché non c'è molto che puoi fare con una stringa da sola. JavaScript ti consente di creare e raggruppare i dati in modi più interessanti con gli array.

Un array è solo un elenco di altri valori di dati JavaScript. Ad esempio, se un tuo amico ti chiedesse quali sono i tuoi tre dinosauri preferiti, potresti creare un array con i nomi di quei dinosauri, nell'ordine:

```
var dinosauriFavoriti = ["T-Rex", "Velociraptor",
"Stegosaurus"];
```

Quindi, invece di dare al tuo amico tre stringhe separate, puoi semplicemente usare il singolo array dinosauriFavoriti.

Perché dovresti preoccuparti degli array? Guardiamo di nuovo i dinosauri. Supponi di voler utilizzare un programma per tenere traccia dei molti tipi di dinosauri che conosci. Potresti creare una variabile per ogni dinosauro, come questa:

```
var dinosauro1 = "T-Rex";
var dinosauro2 = "Velociraptor";
var dinosauro3 = "Stegosaurus";
var dinosauro4 = "Triceratops";
var dinosauro5 = "Brachiosaurus";
var dinosauro6 = "Pteranodon";
var dinosauro7 = "Apatosaurus";
var dinosauro8 = "Diplodocus";
var dinosauro9 = "Compsognathus";
```

Questo elenco è piuttosto scomodo da usare, tuttavia, perché hai nove variabili diverse quando potresti averne solo una. Immagina di tenere traccia di 1000 dinosauri!

Dovresti creare 1000 variabili separate, con cui sarebbe quasi impossibile lavorare. È come se avessi una lista della spesa ma ogni articolo è su un foglio di carta diverso. Avresti un pezzo di carta con scritto "uova", un altro pezzo con scritto "pane" e un altro pezzo con scritto "arance".

La maggior parte delle persone scriverebbe l'elenco completo delle cose che desidera acquistare su un unico pezzo di carta. Non sarebbe molto più facile se potessi raggruppare tutti e nove i dinosauri in un unico posto? Puoi farlo ed è qui che entrano in gioco gli array.

Creazione

Per creare un array, devi solo usare le parentesi quadre []. In effetti, un array vuoto è semplicemente una coppia di parentesi quadre, come questa:

```
[];
```

```
[]
```

Ma a cosa serve un array vuoto? Riempiamolo con i nostri dinosauri! Per creare un array con valori al suo interno, inserisci i valori, separati da virgole, tra parentesi quadre. Possiamo chiamare i singoli valori in un array oggetti o elementi. In questo esempio, i nostri elementi saranno stringhe (i nomi dei nostri dinosauri preferiti) quindi li scriveremo tra virgolette. Memorizzeremo l'array in una variabile chiamata dinosauri:

```
var dinosaurs = ["T-Rex", "Velociraptor",
"Stegosaurus",
"Triceratops", "Brachiosaurus", "Pteranodon",
"Apatosaurus",
"Diplodocus", "Compsognathus"];
```

Gli elenchi lunghi possono essere difficili da leggere su una riga, ma fortunatamente questo non è l'unico modo per formattare (o disporre) un array. Puoi anche formattare un array con una parentesi quadra aperta su una riga, l'elenco degli elementi dell'array ciascuno su una nuova riga e una parentesi quadra chiusa, in questo modo:

```
var dinosauri = [
"T-Rex",
"Velociraptor",
"Stegosaurus",
"Triceratops",
"Brachiosaurus",
"Pteranodon",
"Apatosaurus",
"Diplodocus",
"Compsognathus"
];
```

Se desideri inserirlo nella console del browser, dovrai tenere premuto il tasto MAIUSC quando premi il tasto INVIO per ogni nuova riga. Altrimenti l'interprete JavaScript penserà che tu stia tentando di eseguire la riga corrente, che è incompleta. Mentre lavoriamo nell'interprete, è più facile scrivere array su una riga. Che tu scelga di formattare gli elementi in un array su una riga o su righe separate, per JavaScript è lo stesso.

Indipendentemente dal numero di interruzioni di riga che utilizzi, JavaScript vede solo un array, in questo esempio un array contenente nove stringhe.

Accesso agli elementi

Quando è il momento di accedere agli elementi di un array, usa le parentesi quadre con l'indice dell'elemento che desideri, come puoi vedere nel seguente esempio:

```
dinosauri[0];
"T-Rex"

dinosauri[3];
"Triceratops"
```

Un indice è il numero che corrisponde al punto dell'array in cui è memorizzato un valore. Proprio come con le stringhe, il primo elemento in un array è all'indice 0, il secondo all'indice 1, il terzo all'indice 2 e così via.

Ecco perché chiedendo l'indice 0 dall'array dei `dinosauri` viene restituito "T-Rex" (che è il primo nell'elenco) e l'indice 3 restituisce "Triceratops" (che è il quarto nell'elenco).

È utile poter accedere a singoli elementi da un array. Ad esempio, se volessi solo mostrare a qualcuno il tuo dinosauro preferito in assoluto, non avresti bisogno dell'intero array di dinosauri. Vorresti solo il primo elemento: `dinosauri[0];`

```
"T-Rex"
```

Modificare gli elementi

È possibile utilizzare gli indici tra parentesi quadre per impostare, modificare o persino aggiungere elementi a un array. Ad esempio, per sostituire il primo elemento nell'array dei dinosauri ("T-Rex") con "Tyrannosaurus Rex", potresti fare questo:

```
dinosauri[0] = "Tyrannosaurus Rex";
```

Dopo averlo fatto, la matrice dei dinosauri sarà simile a questa:

```
["Tyrannosaurus Rex", "Velociraptor", "Stegosaurus",
"Triceratops", "Brachiosaurus", "Pteranodon",
"Apatosaurus", "Diplodocus", "Compsognathus"]
```

È inoltre possibile utilizzare parentesi quadre con indici per aggiungere nuovi elementi a un array. Ad esempio, ecco come puoi creare l'array dei dinosauri impostando ogni elemento individualmente con parentesi quadre:

```
var dinosauri = [];
dinosauri[0] = "T-Rex";
dinosauri[1] = "Velociraptor";
dinosauri[2] = "Stegosaurus";
dinosauri[3] = "Triceratops";
dinosauri[4] = "Brachiosaurus";
dinosauri[5] = "Pteranodon";
dinosauri[6] = "Apatosaurus";
dinosauri[7] = "Diplodocus";
dinosauri[8] = "Compsognathus";
dinosauri;
["T-Rex", "Velociraptor", "Stegosaurus",
"Triceratops",
"Brachiosaurus", "Pteranodon", "Apatosaurus",
"Diplodocus",
"Compsognathus"]
```

Quindi, con ogni riga successiva aggiungiamo un valore alla lista con una serie di voci `dinosauri[]`, dall'indice 0 all'indice 8. Una volta terminato l'elenco, possiamo visualizzare l'array.

Vediamo che JavaScript ha memorizzato tutti i nomi ordinati in base agli indici. Puoi effettivamente aggiungere un elemento in qualsiasi indice tu desideri. Ad esempio, per aggiungere un nuovo dinosauro (inventato) all'indice 33, potresti scrivere quanto segue:

```
dinosauri[33] = "Philosoraptor";

dinosauri;
["T-Rex", "Velociraptor", "Stegosaurus",
"Triceratops",
"Brachiosaurus", "Pteranodon", "Apatosaurus",
"Diplodocus",
"Compsognathus", undefined × 24 "Philosoraptor"]
```

Gli elementi tra gli indici 8 e 33 saranno `undefined`. Quando esegui l'output dell'array, Chrome ti dice utilmente quanti elementi sono indefiniti, invece di elencarli tutti individualmente.

Combinazione di tipi di dati

Gli elementi di un array non devono essere tutti dello stesso tipo. Ad esempio, l'array seguente contiene un numero (3), una stringa (`"dinosauri"`), un array (`["triceratops"`, `"stegosaurus"`, `3627.5]`) e un altro numero (10):

```
var arrayMisto = [3, "dinosauri", ["triceratops",
"stegosaurus", 3627.5], 10];
```

Per accedere a un singolo elemento nell'array interno di questo array, dovresti semplicemente utilizzare un secondo insieme di parentesi quadre. Ad esempio, `arrayMisto[2]` restituisce l'intero array interno, `arrayMisto[2][0]` restituisce solo il primo elemento di quell'array interno, che è `"triceratops"`.

```
arrayMisto[2];
["triceratops", "stegosaurus", 3627.5]
arrayMisto[2][0];
"triceratops"
```

Quando digitiamo `arrayMisto[2][0]`, diciamo a JavaScript di guardare l'indice 2 dell'array `arrayMisto`, che contiene l'array `["triceratops", "stegosaurus", 3627.5]`, e di restituire il valore a indice 0 di quel secondo array. L'indice 0 è il primo valore del secondo array, che è `"triceratops"`.

Trovare la lunghezza

A volte è utile sapere quanti elementi ci sono in un array. Ad esempio, se continui ad aggiungere dinosauri al tuo array, potresti dimenticare quanti dinosauri hai. La proprietà length di un array ti dice quanti elementi ci sono nell'array. Per trovare la lunghezza di un array, aggiungi semplicemente .length alla fine del suo nome. Proviamolo, per prima cosa creeremo un nuovo array con tre elementi:

```
var amici = ["Luca", "Antonio", "Michele"];
amici[0];
"Luca"
amici[1];
"Antonio"
amici[2];
"Michele"
```

Per trovare la lunghezza dell'array, aggiungi .length ad amici:

```
amici.length;

3
```

JavaScript ci dice che ci sono 3 elementi nell'array e sappiamo già che hanno le posizioni di indice 0, 1 e 2. Questo ci dà un'informazione utile: l'ultimo indice in un array è sempre lo stesso numero della lunghezza dell'array meno 1. Ciò significa che esiste un modo semplice per accedere all'ultimo elemento di un array, per quanto lungo l'array sia:

```
amici[amici.length - 1];
"Michele"
```

Adesso, abbiamo chiesto a JavaScript un elemento dal nostro array ma invece di inserire un numero di indice tra parentesi quadre, abbiamo usato un po' di matematica: lunghezza dell'array meno 1.

JavaScript trova `amici.length`, ottiene 3 e quindi sottrae 1 per ottenere 2. Quindi restituisce l'elemento con indice 2 - l'ultimo maniaco dell'array, `"Michele"`.

Aggiungere elementi

Per aggiungere un elemento alla fine di un array, puoi utilizzare il metodo push. Aggiungi .push al nome dell'array, seguito dall'elemento che desideri aggiungere tra parentesi, in questo modo:

```
var animali = [];
animali.push("Gatto");
1
animali.push("Cane");
2
animali.push("Cavallo");
3
animali;
["Gatto", "Cane", "Cavallo"]
animali.length;
3
```

Qui creiamo un array vuoto con var animali = []; e quindi utilizziamo il metodo push per aggiungere "Gatto" all'array. Quindi, usiamo di nuovo push per aggiungere "Cane" e poi "Cavallo". Quando si visualizzano gli animali, vediamo che "Gatto", "Cane" e "Cavallo" sono stati aggiunti all'array, nello stesso ordine in cui li abbiamo inseriti.

L'atto di eseguire un metodo in programmazione è noto come chiamare (o invocare) il metodo. Quando chiami il metodo push, accadono due cose, per prima cosa, l'elemento tra parentesi viene aggiunto all'array. In secondo luogo, viene restituita la nuova lunghezza dell'array. Ecco perché vedi quei numeri stampati ogni volta che chiami push.

Per aggiungere un elemento all'inizio di un array, puoi usare .unshift(elemento), in questo modo:

```
animali;
["Gatto", "Cane", "Cavallo"]

animali[0];
```

```
"Gatto"

animali.unshift("Scimmia");
4

animali;
["Scimmia", "Gatto", "Cane", "Cavallo"]

animali.unshift("Orso");
5
animali;
["Orso", "Scimmia", "Gatto", "Cane", "Cavallo"]

animali[0];
"Orso"

animali[2];
"Gatto"
```

Qui abbiamo iniziato con l'array che abbiamo utilizzato, ["Gatto", "Cane", "Cavallo"]. Quindi, quando aggiungiamo gli elementi "Scimmia" e "Orso" all'inizio dell'array con unshift, i vecchi valori vengono spostati di un indice ogni volta. Quindi "Gatto", che originariamente era all'indice 0, ora è all'indice 2.

Ancora una volta, unshift restituisce la nuova lunghezza dell'array ogni volta che viene chiamato, proprio come push.

Rimozione di elementi

Per rimuovere l'ultimo elemento da un array, puoi rimuoverlo aggiungendo `.pop()` alla fine del nome dell'array. Il metodo `pop` può essere particolarmente utile perché fa due cose: rimuove l'ultimo elemento e restituisce l'ultimo elemento come valore. Ad esempio, iniziamo con il nostro array di animali `["Orso", "Scimmia", "Gatto", "Cane", "Cavallo"]`.

Quindi creeremo una nuova variabile chiamata `ultimoAnimale` e vi salveremo l'ultimo animale chiamando `animali.pop()`.

```
animali;
["Orso", "Scimmia", "Gatto", "Cane", "Cavallo"]

var ultimoAnimale = animali.pop();
ultimoAnimale;
"Cavallo"

animali;
["Orso", "Scimmia", "Gatto", "Cane"]

animali.pop();
"Cane"

animali;
["Orso", "Scimmia", "Gatto"]

animali.unshift(ultimoAnimale);
4

animali;
["Cavallo", "Orso", "Scimmia", "Gatto"]
```

Quando chiamiamo `animali.pop()`, l'ultimo elemento dell'array degli animali, `"Cavallo"`, viene restituito e salvato nella variabile `ultimoAnimale`. Anche `"Cavallo"` viene rimosso dall'array, il che ci lascia con quattro animali.

Quando chiamiamo di nuovo `animali.pop()`, "Cane" viene rimosso dall'array e restituito, lasciando solo tre animali nell'array. Quando abbiamo utilizzato `animali.pop()` su "Cane", non lo abbiamo salvato in una variabile, quindi quel valore non viene più salvato da nessuna parte.

"Cavallo", invece, è stato salvato nella variabile `ultimoAnimale`, così possiamo riutilizzarlo ogni volta che ne abbiamo bisogno.

Abbiamo usato `unshift(ultimoAnimale)` per aggiungere "Cavallo" di nuovo sulla parte anteriore dell'array. Questo ci dà una serie finale di `["Cavallo", "Orso", "Scimmia", "Gatto"]`.

I metodi `push` e `pop` sono una coppia utile perché a volte ti interessa solo la fine di un array. Puoi inserire un nuovo elemento nell'array e poi rimuoverlo quando sei pronto per usarlo.

Per rimuovere e restituire il primo elemento di un array, usa `.shift()`:

```
animali;
["Cavallo", "Orso", "Scimmia", "Gatto"]
var primoAnimale = animali.shift();
primoAnimale;
"Cavallo"

animali;
["Orso", "Scimmia", "Gatto"]
```

Il metodo `animali.shift()` fa la stessa cosa di `animali.pop()` ma l'elemento viene invece rimosso dalla testa dell'array. All'inizio di questo esempio gli animali sono `["Cavallo", "Orso", "Scimmia", "Gatto"]`. Quando chiamiamo `shift()` sull'array, il primo elemento, "Cavallo", viene restituito e salvato in `primoAnimale`. Poiché `shift()` rimuove il primo elemento oltre a restituirlo, alla fine gli animali sono solo `["Orso", "Scimmia", "Gatto"]`. Puoi utilizzare `unshift` e `shift` per aggiungere e rimuovere elementi dall'inizio di un array proprio come useresti `push` and `pop` per aggiungere e rimuovere elementi dalla fine di un array.

Come esercizio crea un array che contenga le istruzioni del tragitto da casa a lavoro.

Capitolo 8: Oggetti

Gli oggetti in JavaScript sono molto simili agli array, ma gli oggetti utilizzano stringhe al posto di numeri per accedere ai diversi elementi. Le stringhe sono chiamate "chiavi" o proprietà e gli elementi a cui puntano sono chiamati "valori". Insieme, queste informazioni sono chiamate coppie chiave-valore. Mentre gli array sono usati principalmente per rappresentare elenchi di più cose, gli oggetti sono spesso usati per rappresentare singole cose con più caratteristiche o attributi.

Ad esempio, nel capitolo precedente abbiamo creato diversi array che elencavano diversi nomi di animali. Ma cosa succederebbe se volessimo memorizzare diverse informazioni su un animale?

Creazione

Potremmo memorizzare molte informazioni su un singolo animale creando un oggetto JavaScript. Ecco un oggetto che memorizza informazioni su un gatto a tre zampe di nome Pippo.

```
var gatto = {"gambe": 3, "nome": "Pippo", "colore": "Grigio"};
```

Qui creiamo una variabile chiamata gatto e le assegniamo un oggetto con tre coppie chiave-valore. Per creare un oggetto, usiamo le parentesi graffe {} invece delle parentesi quadrate che abbiamo usato per creare gli array. Tra le parentesi graffe, inseriamo coppie chiave-valore. Le parentesi graffe e tutto il resto sono chiamati oggetto letterale. Un oggetto letterale è un modo per creare un oggetto scrivendo l'intero oggetto in una volta. Nota bene, abbiamo anche visto letterali array (ad esempio `["a", "b", "c"]`), letterali numerici (ad esempio 37), letterali di stringa (ad esempio `"prova"`) e letterali booleani (`true` e `false`). Letterale significa semplicemente che l'intero valore viene scritto in una volta, non costruito in più passaggi. Ad esempio, se si desidera creare un array con i numeri da 1 a 3, è possibile utilizzare l'array letterale `[1, 2, 3]` oppure puoi creare un array vuoto e quindi utilizzare il metodo `push` per aggiungere 1, 2 e 3 all'array. All'inizio non sai sempre cosa ci sarà nel tuo array o oggetto, motivo per cui non puoi sempre usare i letterali per creare array e oggetti.

Quando si crea un oggetto, la chiave va prima dei due punti (:) e il valore va dopo. I due punti si comportano un po' come un segno di uguale: i valori a destra vengono assegnati ai nomi a sinistra, proprio come quando crei le variabili. Tra ogni coppia chiave-valore, devi inserire una virgola. Nota che non è necessaria una virgola dopo l'ultima coppia chiave-valore (colore: "Grigio") poiché è l'ultima coppia chiave-valore e viene seguita da una parentesi graffa di chiusura.

Chiavi senza virgolette

Nel nostro primo oggetto, abbiamo messo ogni chiave tra virgolette ma non è necessario - anche questo è un oggetto letterale `gatto` valido:

```
var gatto = {gambe: 3, nome: "Pippo",
colore:"Grigio"};
```

JavaScript sa che le chiavi saranno sempre stringhe, motivo per cui puoi omettere le virgolette. Se non metti le virgolette attorno alle chiavi, tali chiavi devono seguire le stesse regole dei nomi delle variabili: gli spazi non sono consentiti in una chiave senza virgolette, ad esempio. Se metti la chiave tra virgolette, sono consentiti spazi:

```
var gatto = {gambe: 3, "nome completo": "Gatto
Pippo", colore: "Grigio"};
```

Nota che mentre una chiave è sempre una stringa (con o senza virgolette), il valore per quella chiave può essere qualsiasi tipo di valore o anche una variabile contenente un valore. Puoi anche scrivere l'intero oggetto su una riga ma può essere più difficile da leggere, sempre meglio spezzarlo in questo modo:

```
var gatto = {
    gambe: 3,
    nome: "Pippo",
    colore: "Grigio"
};
```

Accesso ai valori

È possibile accedere ai valori negli oggetti utilizzando le parentesi quadre, proprio come con gli array. L'unica differenza è che al posto dell'indice (un numero), userai la chiave (una stringa).

```
gatto["nome"];
"Pippo"
```

Proprio come le virgolette attorno alle chiavi sono opzionali quando si crea un oggetto letterale, sono opzionali anche quando si accede alle chiavi negli oggetti. Se non utilizzerai le virgolette, tuttavia, il codice avrà un aspetto leggermente diverso:

```
gatto.nome;
"Pippo"
```

Questo stile è chiamato notazione a punti (dot notation) perché invece di digitare il nome della chiave tra virgolette tra parentesi quadre dopo il nome dell'oggetto, usiamo semplicemente un punto, seguito dalla chiave, senza virgolette.

Come con le chiavi senza virgolette nei letterali di oggetto, questo funzionerà solo se la chiave non contiene caratteri speciali, come gli spazi. Invece di cercare un valore digitandone la chiave, supponi di voler ottenere un elenco di tutte le chiavi in un oggetto. JavaScript ti offre un modo semplice per farlo, utilizzando `Object.keys()`:

```
var cane = { nome: "Dolly", eta: 6, colore: "Bianco",
verso: "Bau bau!" };
var gatto = { nome: "Pippo", eta: 8, colore: "Grigio"
};

Object.keys(cane);
["nome", "eta", "colore", "verso"]

Object.keys(gatto);
```

```
["nome", "eta", "colore"]
```
Object.keys(oggetto) restituisce un array contenente tutte le chiavi di oggetto.

Aggiungere i valori

Un oggetto vuoto è proprio come un array vuoto, ma utilizza parentesi graffe {} invece di parentesi quadrate:

```
var oggetto = {};
```

Puoi aggiungere elementi a un oggetto proprio come aggiungeresti elementi a un array ma utilizzi stringhe invece di numeri:

```
var gatto = {};
gatto ["gambe"] = 3;
gatto ["nome"] = "Pippo";
gatto ["colore"] = "Grigio";
gatto;
{colore: "Grigio", gambe: 3, nome: "Pippo"}
```

Ecco, abbiamo iniziato con un oggetto vuoto chiamato gatto. Quindi abbiamo aggiunto tre coppie chiave-valore, una per una quindi, digitiamo gatto; e il browser mostra il contenuto dell'oggetto.

Tuttavia, browser diversi possono produrre oggetti in modo diverso. Ad esempio, Chrome (nel momento in cui sto scrivendo questo) genera l'oggetto gatto in questo modo:

```
Object {gambe: 3, nome: "Pippo", colore: "Grigio"}
```

Mentre Chrome stampa il contenuto dell'oggetto in quest'ordine (gambe, nome, colore), altri browser potrebbero stamparli in modo diverso. Questo perché JavaScript non memorizza gli oggetti con le loro chiavi in un ordine particolare.

Gli array hanno ovviamente un certo ordine: l'indice 0 viene prima dell'indice 1 e l'indice 3 è dopo l'indice 2. Con gli oggetti, non c'è un modo ovvio per ordinare ogni elemento, il colore dovrebbe essere prima delle gambe o dopo? Non esiste una risposta "corretta" a questa domanda, quindi gli oggetti memorizzano semplicemente le chiavi senza assegnare loro un ordine particolare e, di conseguenza, browser diversi stamperanno le chiavi in ordini diversi.

Per questo motivo, non dovresti mai scrivere un programma che si basi sul fatto che le chiavi degli oggetti siano in un ordine preciso.

Aggiungere le chiavi

È anche possibile utilizzare la notazione punto quando si aggiungono nuove chiavi. Proviamo l'esempio precedente, in cui abbiamo iniziato con un oggetto vuoto e aggiunto le chiavi, ma questa volta useremo la notazione con il punto:

```
var gatto = {};
gatto.gambe = 3;
gatto.nome = "Pippo";
gatto.colore = "Grigio";
```

Se richiedi una proprietà di cui JavaScript non è a conoscenza, esso restituisce il valore speciale undefined. Il valore undefined significa semplicemente "Non c'è niente qui!" Ad esempio:

```
var cane = {nome: "Milly", gambe: 4, tagliaPiccola:
true};
cane.grande;
undefined
```

Qui definiamo tre proprietà per il cane: nome, gambe e tagliaPiccola. **Non abbiamo definito** grande, **quindi** cane.grande **restituisce** undefined.

Combinazione di array e oggetti

Finora abbiamo esaminato solo gli array e gli oggetti che contengono tipi semplici come numeri e stringhe. Ma nulla ti impedisce di utilizzare un altro array o un altro oggetto come valore in un array o in un oggetto. Ad esempio, un array di oggetti di dinosauri potrebbe avere questo aspetto:

```
var dinosauri = [
  {nome: "Tyrannosaurus Rex", periodo: "Late
Cretaceous"},
  {nome: "Stegosaurus", periodo: "Late Jurassic"},
  {nome : "Plateosaurus", periodo: "Triassic"}
];
```

Per avere tutte le informazioni sul primo dinosauro, puoi usare la stessa tecnica che abbiamo usato prima, inserendo l'indice tra parentesi quadre:

```
dinosauri[0];
{nome: "Tyrannosaurus Rex", periodo: "Late
Cretaceous"}
```

Se vuoi ottenere solo il nome del primo dinosauro, puoi semplicemente aggiungere la chiave dell'oggetto tra parentesi quadre dopo l'indice dell'array:

```
dinosauri[0]["nome"];
"Tyrannosaurus Rex"
```

Oppure puoi usare la notazione a punti, in questo modo:

```
dinosauri[1].periodo;
"Late Jurassic"
```

Vediamo ora un esempio più complesso. Creeremo un array di oggetti amici, in cui ogni oggetto contiene anche un array. Per prima cosa, creeremo gli oggetti e poi li inseriremo tutti in un array.

```
var anna = {nome: "Anna", eta: 28, numeriFortunati:
[2, 4, 8, 16]};

var davide = {nome: "Davide", eta: 35,
numeriFortunati: [3, 9, 40]};

var vincenzo = {nome: "Vincenzo", eta: 29,
numeriFortunati: [1, 2, 3]};
```

Per prima cosa, creiamo tre oggetti e li salviamo in variabili chiamate anna, davide e vincenzo. Ogni oggetto ha tre chiavi: nome, eta e numeriFortunati. A ogni chiave del nome è assegnato un valore stringa, a ciascuna chiave dell'età è assegnato un singolo valore numerico e ogni chiave numeriFortunati ha un array, contenente alcuni numeri diversi.

Successivamente creeremo un array dei nostri amici:

```
var amici = [anna, davide, vincenzo];
```

Ora abbiamo un array salvato nella variabile amici con tre elementi: anna, davide e vincenzo (ciascuno dei quali fa riferimento a oggetti). Puoi recuperare uno di questi oggetti usando il suo indice nell'array:

```
amici[1];
{nome: "Davide", eta: 29, numeriFortunati: Array [3]}
```

Questo recupera il secondo oggetto nell'array, davide (all'indice 1). Chrome stampa Array [3] per l'array numeriFortunati, che è solo il suo modo di dire "Questo è un array di tre elementi". (Puoi utilizzare Chrome per vedere cosa c'è in quell'array tramite l'esplorazione di oggetti nella console.)

Possiamo anche recuperare un valore all'interno di un oggetto inserendo l'indice dell'oggetto tra parentesi quadre seguito dalla chiave che vogliamo recuperare:

```
amici[2].nome
"Vincenzo"
```

Questo codice richiede l'elemento all'indice 2, che è la variabile chiamata `vincenzo` e poi chiede la proprietà in quell'oggetto sotto la chiave "nome", che è "Vincenzo". Potremmo anche recuperare un valore da un array che si trova all'interno di uno degli oggetti all'interno dell'array `amici`, in questo modo:

```
amici[0].numeriFortunati[1];
4
```

PHP

Premessa

Esistono moltissimi tutorial PHP online ma la maggior parte di questi tutorial sono obsoleti e mostrano pratiche obsolete. Sfortunatamente, questi tutorial sono ancora referenziati oggi grazie alla loro immortalità di Google. Le informazioni obsolete sono pericolose per i programmatori PHP inconsapevoli perché creano inconsapevolmente applicazioni PHP lente e insicure.

Ho riconosciuto questo problema diversi anni fa ed è il motivo principale che mi ha spinto a scrivere questo libro. L'idea è quella di fornire ai programmatori PHP un facile accesso alle informazioni con alta qualità e aggiornate continuamente.

Per questi motivi questo libro non è un manuale di riferimento, è una conversazione amichevole e divertente tra te e me.

Ti mostrerò le ultime tecniche PHP che utilizzo ogni giorno al lavoro e qualche progetto utile, vedremo i più recenti standard di codifica in modo da poter condividere le tue componenti e le librerie PHP con l'intera comunità PHP. Mi sentirai parlare di "comunità" diverse volte perché è amichevole, disponibile e accogliente, anche se non senza problemi. Se qualche funzione in questo libro ti incuriosisce, contatta la community PHP e poni delle domande.

Ti garantisco che ci sono sviluppatori PHP pronti ad aiutarti e sperano che anche tu possa diventare un bravo sviluppatore PHP. La comunità è una risorsa inestimabile poiché continua a migliorare le tue abilità PHP anche dopo aver finito questo libro.

Prima di iniziare, voglio porre alcuni obiettivi. Per prima cosa, è impossibile spiegare tutti i modi per utilizzare PHP, non c'è abbastanza tempo e rischierei di perdere la tua attenzione. Invece, ti mostrerò come utilizzo PHP. Sì, questo è un approccio supponente, ma utilizzo le stesse pratiche e standard adottati da molti altri sviluppatori PHP. Ciò che puoi trarre dalla nostra breve conversazione sarà immediatamente applicabile nei tuoi progetti.

Secondo, presumo che tu abbia familiarità con variabili, condizionali, cicli e così via; non devi conoscere PHP ma è raccomandata una comprensione di base di questi concetti fondamentali di programmazione.

Terzo, non presumo che tu stia utilizzando un sistema operativo specifico, tuttavia, i miei esempi di codice sono scritti per Linux. I comandi Bash sono forniti per Ubuntu e CentOS ma possono funzionare anche su OS X. Qualora tu usassi Windows, ti consiglio vivamente di avviare una macchina virtuale Linux in modo da poter eseguire il codice di esempio in questo libro. In alternativa, dovrai modificare opportunamente il codice ed eventualmente cambiare qualche comando.

Capitolo 1: Cosa cambia?

Il linguaggio PHP sta vivendo una rinascita. PHP si sta trasformando in un moderno linguaggio di scripting con funzioni utili come namespace, chiusure e una cache del codice operativo integrata. Anche il moderno ecosistema PHP si sta evolvendo tanto che gli sviluppatori PHP si affidano meno a framework monolitici e sempre di più a componenti specializzate e più piccole.

Il gestore delle dipendenze Composer sta rivoluzionando il modo in cui costruiamo applicazioni PHP; ci emancipa dal giardino recintato di un framework e ci consente di mescolare e abbinare componenti PHP interoperabili più adatte per le nostre applicazioni PHP personalizzate.

L'interoperabilità dei componenti non sarebbe possibile senza gli standard comunitari proposti e curati dal PHP Framework Interop Group. Questo libro è la tua guida al nuovo PHP e ti mostrerà come creare e distribuire incredibili applicazioni PHP utilizzando standard della comunità, buone pratiche (le cosiddette good-practice) e componenti interoperabili.

Prima di esplorare il PHP attuale, è importante capire l'origine di PHP, infatti, nasce come linguaggio di scripting lato server interpretato. Ciò significa che quando scrivi codice PHP, lo carichi su un server web e lo esegui con un interprete. PHP viene tipicamente utilizzato con un server web come Apache o nginx per servire contenuti dinamici. Tuttavia, può essere utilizzato anche per creare potenti applicazioni da riga di comando (proprio come bash, Ruby, Python e così via).

Molti sviluppatori PHP non se ne rendono conto e perdono una funzionalità davvero entusiasmante. Non ripeterò ciò che è già stato detto così bene da Rasmus Lerdorf (il creatore di PHP) ma bisogna sapere che PHP ha un passato tumultuoso.

PHP ha avuto inizio come una raccolta di script CGI scritti da Rasmus

Lerdorf per tenere traccia delle visite al suo curriculum online. Lerdorf ha chiamato il suo set di script CGI "Personal Home Page Tools". Questa prima incarnazione era completamente diversa dal PHP che conosciamo oggi. I primi strumenti di Lerdorf non erano un vero e proprio linguaggio di scripting; fornivano variabili rudimentali e interpretazione automatica delle variabili del modulo utilizzando una sintassi HTML integrata.

Tra il 1994 e il 1998, PHP ha subito numerose revisioni ed è stato in parte riscritto.

Andi Gutmans e Zeev Suraski, due sviluppatori di Tel Aviv, hanno unito le loro forze con Rasmus Lerdorf per trasformare PHP da una piccola raccolta di strumenti CGI in un vero e proprio linguaggio di programmazione con una sintassi più coerente e supporto di base per la programmazione orientata agli oggetti. Hanno chiamato il loro prodotto finale PHP 3 e lo hanno rilasciato alla fine del 1998.

PHP 3 è stata la prima versione che più somigliava al PHP che conosciamo oggi. Forniva un'estensibilità maggiore a vari database, protocolli e API tanto che questa sua caratteristica ha attirato molti nuovi sviluppatori nel progetto. Alla fine del 1998, PHP 3 era già installato sul 10% dei server web del mondo.

Oggi, il linguaggio PHP è in rapida evoluzione ed è supportato da dozzine di sviluppatori di team in tutto il mondo ma anche le metodologie di sviluppo sono cambiate.

In passato, era pratica comune scrivere un file PHP, caricarlo su un server di produzione con FTP e sperare che funzionasse. Questa è una pessima strategia di sviluppo ma era necessaria a causa della mancanza di ambienti di sviluppo locale. Al giorno d'oggi, evitiamo FTP e usiamo invece il controllo di versione. Software come Git aiutano a mantenere una cronologia del codice verificabile che può essere ramificata, biforcata ed unita.

Gli ambienti di sviluppo locale sono identici ai server di produzione grazie a strumenti di virtualizzazione come Vagrant e strumenti di provisioning come Ansible, Chef e Puppet. Possiamo sfruttare componenti PHP specializzati con il gestore delle dipendenze Composer. Il nostro codice PHP aderisce ai PSR, standard della comunità gestiti da PHP Framework Interop Group. Testiamo accuratamente il nostro codice con strumenti come PHPUnit. Distribuiamo le nostre applicazioni con il gestore di processi FastCGI di PHP dietro un server web come nginx e aumentiamo le prestazioni dell'applicazione con una cache del codice operativo.

In sostanza oggi PHP comprende molte nuove pratiche che potrebbero non essere familiari a coloro che non conoscono PHP o a coloro che usano versioni precedenti di PHP. Non sentirti scoraggiato, vedremo ogni concetto più avanti in questo libro.

Il motore PHP originale è Zend Engine, si tratta di un interprete PHP scritto in C e introdotto in PHP 4. Oggi Zend Engine è il principale contributo dell'azienda Zend alla comunità PHP ma ora esiste un secondo motore PHP principale: la macchina virtuale HipHop di Facebook. Una specifica del linguaggio garantisce che entrambi i motori mantengano una compatibilità di base.

Quindi cosa ci aspetta in qualità di sviluppatore PHP? Sarà ancora supportato come linguaggio?

Zend Engine sta migliorando rapidamente con nuove funzionalità e prestazioni migliorate. Attribuisco i miglioramenti di Zend Engine alla sua nuova concorrenza, in particolare alla macchina virtuale HipHop di Facebook e al linguaggio di programmazione Hack.

Hack è un nuovo linguaggio di programmazione basato su PHP ed introduce la tipizzazione statica, nuove strutture di dati e interfacce aggiuntive pur mantenendo la compatibilità con le versioni precedenti del codice PHP di tipo dinamico esistente. Hack è rivolto agli sviluppatori che apprezzano le caratteristiche di sviluppo rapido di PHP ma necessitano della prevedibilità e della stabilità della digitazione statica.

La macchina virtuale HipHop (HHVM) è un interprete PHP e Hack che utilizza un compilatore just in time (JIT) per migliorare le prestazioni dell'applicazione e ridurre l'utilizzo di memoria.

Non prevedo che Hack e HHVM sostituiranno Zend Engine ma i nuovi contributi di Facebook stanno creando un enorme successo nella comunità PHP. La crescente concorrenza ha spinto il team di Zend Engine ad annunciare nuove versioni di PHP, uno Zend Engine ottimizzato che si dice sia alla pari con HHVM.

È un momento entusiasmante per un programmatore PHP, infatti, la comunità PHP non è mai stata così energica, divertente e innovativa.

Spero che questo libro ti aiuti ad abbracciare fermamente le ultime novità di PHP. Ci sono un sacco di nuove cose da imparare e molte altre sono all'orizzonte. Adesso cominciamo.

Capitolo 2: Namespace

PHP ha molte nuove interessanti funzionalità e molte di queste saranno nuove di zecca per i programmatori PHP che eseguono l'aggiornamento da versioni precedenti, così come saranno una bella sorpresa per i programmatori che migrano a PHP da un altro linguaggio.

Queste nuove funzionalità rendono il linguaggio PHP una piattaforma potente e forniscono una piacevole esperienza per la creazione di applicazioni web e strumenti da riga di comando. Alcune di queste funzionalità non sono essenziali, ma rendono comunque la nostra vita più facile. Alcune funzionalità, tuttavia, sono essenziali.

Gli spazi dei nomi (namespace), ad esempio, sono fondamentali nello standard PHP e consentono pratiche di sviluppo che i moderni sviluppatori PHP danno per scontate (ad esempio, il caricamento automatico). Presenterò ogni nuova funzionalità, spiegherò perché è utile e ti mostrerò come implementarla nei tuoi progetti.

Introdotti in PHP 5.3.0, i namespace sono uno strumento importante che organizza il codice PHP in una gerarchia virtuale, paragonabile alla struttura delle directory del filesystem del tuo sistema operativo. Ogni moderno componente e framework PHP organizza il proprio codice sotto il proprio spazio dei nomi univoco a livello globale in modo che non sia in conflitto con altri fornitori, o rivendichi, nomi di classi comuni utilizzati da altri fornitori.

Symfony è una popolare componente PHP che gestisce le richieste e le risposte HTTP. Ancora più importante, il componente symfony / httpfoundation usa nomi di classi PHP molto comuni come Request, Response e Cookie, ti garantisco che ci sono molti altri componenti PHP che usano questi stessi nomi di classe.

Come possiamo usare il componente PHP symfony / httpfoundation se altro codice PHP usa gli stessi nomi di classe? Possiamo usare in sicurezza il componente symfony / httpfoundation proprio perché il suo codice è un sandbox sotto lo spazio dei nomi unico del fornitore di Symfony.

```php
<?php
namespace Symfony\Component\HttpFoundation;

class_exists(ResponseHeaderBag::class);

class Response
{
    public const HTTP_CONTINUE = 100;
    public const HTTP_SWITCHING_PROTOCOLS = 101;
    public const HTTP_PROCESSING = 102;
    public const HTTP_EARLY_HINTS = 103;
    public const HTTP_OK = 200;
    public const HTTP_CREATED = 201;
    public const HTTP_ACCEPTED = 202;
...
?>
```

Questa è una dichiarazione dello spazio dei nomi PHP e appare sempre su una nuova riga immediatamente dopo il tag di apertura <?php. Questa particolare dichiarazione dello spazio dei nomi ci dice diverse cose.

Innanzitutto, sappiamo che la classe Response risiede sotto lo spazio dei nomi del fornitore di Symfony (lo spazio dei nomi del fornitore è lo spazio dei nomi più in alto), così come sappiamo che la classe Response risiede sotto il sottospazio dei nomi Component.

Sappiamo anche che la classe Response risiede sotto un altro sottospazio denominato HttpFoundation. Puoi visualizzare altri file adiacenti a Response.php e vedrai che usano la stessa dichiarazione dello spazio dei nomi.

Uno spazio dei nomi incapsula e organizza le classi PHP correlate, proprio come una directory del file system contiene i file correlati. A differenza del filesystem fisico del tuo sistema operativo, gli spazi dei nomi PHP sono un concetto virtuale e non necessariamente mappano

1:1 con le directory del filesystem.

La maggior parte dei componenti PHP, infatti, mappano i sottospazi dei nomi alle directory del filesystem per compatibilità con il popolare standard del caricatore automatico PSR-4 (di cui parleremo in seguito). Gli spazi dei nomi sono importanti perché ci consentono di creare codice in modalità sandbox che funziona insieme al codice di altri sviluppatori.

Questo è il concetto cardine del moderno ecosistema di componenti PHP. Gli autori di componenti, così come di framework, creano e distribuiscono codice per un gran numero di sviluppatori PHP e non hanno modo di sapere o controllare quali classi, interfacce, funzioni e costanti vengono utilizzate insieme al proprio codice. Questo problema si applica anche ai tuoi progetti interni.

Se scrivi componenti o classi PHP personalizzate per un progetto, quel codice deve funzionare insieme alle dipendenze di terze parti del tuo progetto. Come accennato in precedenza con il componente symfony / httpfoundation, il tuo codice e il codice di altri sviluppatori potrebbero usare gli stessi nomi di classe, interfaccia, funzione o costante.

Senza spazi dei nomi, si potrebbe generare una collisione che causa il fallimento di PHP. Con gli spazi dei nomi, il tuo codice e quello di altri sviluppatori possono utilizzare la stessa classe, interfaccia, funzione o nome costante, supponendo che il codice risieda sotto uno spazio dei nomi univoco del fornitore.

Se stai costruendo un piccolo progetto personale con solo poche dipendenze, le collisioni tra i nomi delle classi probabilmente non saranno un problema ma quando lavori in un team che costruisce un grande progetto con numerose dipendenze di terze parti, le collisioni di nomi diventano una vera preoccupazione.

Non puoi controllare quali classi, interfacce, funzioni e costanti vengono introdotte nello spazio dei nomi globale dalle dipendenze del tuo progetto. Questo è il motivo per cui i namespace nel codice sono molto

importanti.

Dichiarazione

Ogni classe, interfaccia, funzione e costante PHP risiede sotto uno spazio dei nomi (o sottospazio dei nomi). Gli spazi dei nomi vengono dichiarati all'inizio di un file PHP su una nuova riga immediatamente dopo il tag di apertura `<?php`.

La dichiarazione dello spazio dei nomi inizia con la parola chiave `namespace`, quindi uno spazio, quindi il nome dello spazio dei nomi e infine un punto e virgola per la fine dell'istruzione. Ricorda che gli spazi dei nomi vengono spesso utilizzati per stabilire il nome di un fornitore di primo livello.

Questa dichiarazione di spazio dei nomi di esempio stabilisce il nome del fornitore di Pippo:

```php
<?php
namespace Pippo;
?>
```

Tutte le classi, le interfacce, le funzioni o le costanti PHP dichiarate sotto questa dichiarazione dello spazio dei nomi risiedono nello spazio dei nomi Pippo. E se volessimo organizzare il codice relativo a questo libro? Usiamo uno spazio dei nomi secondari.

Gli spazi dei nomi secondari vengono dichiarati esattamente come nell'esempio precedente. L'unica differenza è che separiamo i nomi dello spazio dei nomi e dei sottospazi con il carattere barra (\). L'esempio seguente dichiara un sottospazio dei nomi denominato MioPHP che risiede sotto lo spazio dei nomi del fornitore Pippo che si trova più in alto:

```php
<?php
namespace Pippo\MioPHP;
?>
```

Tutte le classi, le interfacce, le funzioni e le costanti dichiarate sotto questa dichiarazione dello spazio dei nomi risiedono nel sottospazio dei nomi `Pippo\MioPHP` e sono, in qualche modo, correlate a questo libro.

Non è necessario dichiarare tutte le classi nello stesso spazio dei nomi o sottospazio nello stesso file PHP. Puoi specificare uno spazio dei nomi o uno spazio dei nomi secondario all'inizio di qualsiasi file PHP e il codice di quel file diventa parte di quello spazio dei nomi o spazio dei nomi secondario.

Ciò rende possibile scrivere più classi in file separati che appartengono a uno spazio dei nomi comune. Prima dei namespace, gli sviluppatori PHP risolvevano il problema della collisione dei nomi con i nomi delle classi in stile Zend. Questo era uno schema di denominazione delle classi reso popolare da Zend Framework in cui i nomi delle classi PHP utilizzavano trattini bassi al posto dei separatori di directory del file system.

Questa convenzione assicurava che i nomi delle classi fossero univoci e abilitava il caricatore automatico a sostituire i trattini bassi nei nomi delle classi PHP con separatori di directory del file system per determinare il percorso del file della classe. Ad esempio, la classe PHP:

```
Zend_Cloud_DocumentService_Adapter_WindowsAzure_Query
```

corrisponde al file PHP

```
Zend/Cloud/DocumentService/Adapter/WindowsAzure/Query
.php
```

Un effetto collaterale della convenzione di denominazione in stile Zend, come puoi vedere, sono i nomi delle classi assurdamente lunghi. Chiamami pure pigro ma non è possibile che digitare questo nome della classe più di una volta. I moderni namespace PHP presentano un problema simile.

Ad esempio, il nome completo della classe Response nel componente symfony\httpfoundation   è

```
\Symfony\Component\HttpFoundation\Response.
```

Fortunatamente, PHP ci consente di importare e alias codice con spazio dei nomi. Per importazione, intendo dire a PHP quali spazi dei nomi, classi, interfacce, funzioni e costanti userò in ogni file PHP. Posso quindi usarli senza digitare i loro spazi dei nomi completi.

Con un alias, intendo dire a PHP che farò riferimento a una classe, interfaccia, funzione o costante importata con un nome più breve. Il codice mostrato nell'esempio crea e invia una risposta HTTP 400 Bad Request senza importazione e alias.

```php
<?php
$response = new
\Symfony\Component\HttpFoundation\Response('Errore',
400);
$response->send();
?>
```

Non è terribile, ma immagina di dover creare un'istanza di Response più volte in un singolo file PHP, ben presto ti annoieresti. Ora guarda l'esempio seguente, fa la stessa cosa con l'importazione.

```php
<?php
use Symfony\Component\HttpFoundation\Response;
$response = new Response('Errore', 400);
$response->send();
?>
```

Stiamo dicendo a PHP che intendiamo usare la classe

```
Symfony\Component\HttpFoundation\Response
```

con la parola chiave use.

Digitiamo solo una volta il nome della classe lungo e completo quindi possiamo istanziare la classe Response senza utilizzare il suo nome di classe in modalità estesa. Interessante vero? Certi giorni mi sento davvero pigro e uso gli alias. Invece di digitare Response, forse voglio semplicemente digitare Res. Ecco come posso farlo:

```php
<?php
use Symfony\Component\HttpFoundation\Response as Res;
$r = new Res('Errore', 400);
$r->send();
?>
```

In questo esempio, ho modificato la riga di importazione per importare la classe Response e ho anche aggiunto come Res alla fine della riga di importazione; questo dice a PHP di considerare Res un alias per la classe Response.

Se non avessi aggiunto l'alias as Res alla riga di importazione, PHP avrebbe assunto un alias predefinito che è lo stesso del nome della classe importata.

A partire da PHP 5.6, è possibile importare funzioni e costanti e ciò richiede una modifica alla sintassi della parola chiave use. Per importare una funzione:

```php
<?php
use func Namespace\nomeFunzione;
nomeFunzione();
?>
```

Per importare una costante:

```php
<?php
use constant Namespace\NOME_CONST;
echo NOME_CONST;
?>
```

Gli alias di funzioni e costanti funzionano allo stesso modo delle classi.

Se importi più classi, interfacce, funzioni o costanti in un singolo file PHP, ti ritroverai con più istruzioni use all'inizio del file PHP. PHP accetta una sintassi di importazione abbreviata che combina più istruzioni use su una singola riga come questa:

```php
<?php
```

```
use Symfony\Component\HttpFoundation\Request,
    Symfony\Component\HttpFoundation\Response;
?>
```

Non seguire questo approccio perché è confuso e facile da sbagliare. Ti consiglio di mantenere ogni istruzione use su una riga in questo modo:

```
<?php
use Symfony\Component\HttpFoundation\Request;
use Symfony\Component\HttpFoundation\Response;
?>
```

Capitolo 3: Interfacce

Imparare a programmare su un'interfaccia ha cambiato la mia vita come programmatore PHP e ha migliorato profondamente la mia capacità di integrare componenti PHP di terze parti nelle mie applicazioni. Le interfacce non sono una nuova funzionalità ma sono una caratteristica importante che dovresti conoscere e utilizzare quotidianamente. Allora, cos'è un'interfaccia PHP?

Un'interfaccia è un contratto tra due oggetti PHP che consente a un oggetto di dipendere non da ciò che è un altro oggetto ma da ciò che un altro oggetto può fare. Un'interfaccia separa il nostro codice dalle sue dipendenze, in sostanza, consente al nostro codice di dipendere da qualsiasi codice di terze parti che implementa l'interfaccia prevista.

Non ci interessa come il codice di terze parti implementi l'interfaccia; ci interessa solo che il codice di terze parti implementi l'interfaccia.

Ecco un esempio più concreto. Facciamo finta di essere appena arrivato a Miami, in Florida, per una conferenza. Ho bisogno di un modo per spostarmi in città quindi mi dirigo direttamente al punto di noleggio auto locale. Hanno una Hyundai, una Subaru wagon e (con mia grande sorpresa) una Bugatti Veyron. So di aver bisogno di un modo per spostarmi in città e tutti e tre i veicoli possono aiutarmi a farlo ma ogni veicolo lo fa in modo diverso. La Hyundai Accent va bene, ma mi piacerebbe qualcosa con un po' più di grinta. Non ho accompagnatori quindi la Subaru wagon ha più posti a sedere e spazio del necessario. Prendo la Bugatti, per favore.

La realtà è che posso guidare una qualsiasi di queste tre auto perché condividono tutte un'interfaccia comune e prevista. Ogni macchina ha un volante, un pedale dell'acceleratore, un pedale del freno, indicatori di direzione e ciascuna utilizza la benzina come carburante. La Bugatti è probabilmente più potente di quanto io possa gestire ma l'interfaccia di guida è la stessa della Hyundai. Tutte e tre le auto condividono la stessa interfaccia prevista e ho l'opportunità di scegliere il mio veicolo preferito (se siamo onesti, probabilmente andrei con la Hyundai).

Questo è esattamente lo stesso concetto in PHP orientato agli oggetti. Se scrivo codice che si aspetta un oggetto di una classe specifica (e quindi un'implementazione specifica), l'utilità del mio codice è intrinsecamente limitata perché può utilizzare solo oggetti di quella classe, per sempre.

Tuttavia, se scrivo codice che prevede un'interfaccia, il mio codice sa immediatamente come utilizzare qualsiasi oggetto che implementa quell'interfaccia. Al mio codice non interessa come viene implementata l'interfaccia; il mio codice si preoccupa solo che l'interfaccia sia implementata ma facciamo un esempio.

Come usarle

Ho un'ipotetica classe PHP chiamata `DocumentStore` che raccoglie testo da fonti diverse: recupera HTML da alcuni URL; legge le risorse da un flusso e raccoglie l'output dei comandi da terminale. Ogni documento archiviato in un'istanza di `DocumentStore` ha un ID univoco:

```php
<?php
class DocumentStore
{
  protected $dati = [];
  public function aggiungiDocumento(Documentable
$documento)
  {
    $chiave = $documento->getId();
    $valore = $documento->getContenuto();
    $this->dati[$chiave] = $valore;
  }
  public function recuperaDocumenti()
  {
    return $this->dati;
  }
}
?>
```

Come funziona esattamente se il metodo `aggiungiDocumento()` accetta solo istanze della classe `Documentable`? Questa è una buona osservazione. Tuttavia, `Documentable` non è una classe. È un'interfaccia e ha questo aspetto:

```php
<?php
interface Documentable
{
  public function getId();
  public function getContenuto();
}
?>
```

Questa definizione di interfaccia dice che qualsiasi oggetto che implementa l'interfaccia `Documentable` deve fornire un metodo `getId()` pubblico e un metodo `getContenuto()` pubblico. Quindi in che modo è utile esattamente? È utile perché possiamo creare classi separate per il recupero dei documenti con implementazioni completamente diverse.

La codifica di un'interfaccia crea codice più flessibile che delega ad altri le preoccupazioni dell'implementazione. Molte più persone possono scrivere codice che funziona perfettamente con il tuo codice non conoscendo nient'altro che un'interfaccia.

Verifica la tua preparazione

1. Crea la classe denominata DocumentoHTML in modo che rispetti l'interfaccia creata. Tale classe dovrà recuperare il codice HTML di un URL passato al costruttore.

2. Crea la classe denominata DocumentoStream in modo che rispetti l'interfaccia creata. Tale classe dovrà recuperare il testo presente in un file con estensione `.txt`.

Capitolo 4: Traits

Molti dei miei amici sviluppatori PHP sono confusi dai traits, un nuovo concetto introdotto in PHP 5.4.0. Si comportano come classi ma sembrano interfacce quindi cosa sono? Nessuno dei due.

Un trait è un'implementazione di una classe parziale (cioè costanti, proprietà e metodi) che può essere combinata in una o più classi PHP esistenti.

I traits hanno una doppia funzione: dicono cosa può fare una classe (come un'interfaccia) e, inoltre, forniscono un'implementazione modulare (come una classe).

Potresti avere familiarità con i traits in altri linguaggi, ad esempio, i traits PHP sono simili ai moduli componibili di Ruby o ai mixins.

Perché usarli?

Il linguaggio PHP utilizza un modello di ereditarietà classico e ciò significa che si inizia con una singola classe e che fornisce un'implementazione di base. Estendi la classe base per creare classi più specializzate che ereditano l'implementazione dal genitore. Questa è chiamata gerarchia di ereditarietà ed è un modello comune utilizzato da molti linguaggi di programmazione.

Il modello di ereditarietà classico funziona abbastanza bene, tuttavia, cosa fare se due classi PHP non correlate devono mostrare un comportamento simile? Ad esempio, la classe PHP `Rivenditore` e un'altra classe PHP `Auto` sono classi molto diverse e non condividono un genitore comune nelle loro gerarchie di ereditarietà.

Tuttavia, entrambe le classi dovrebbero essere rintracciabili tramite le coordinate di latitudine e longitudine per la visualizzazione su una mappa. I traits sono stati creati esattamente per questo scopo.

Consentono implementazioni modulari che possono essere iniettate in classi altrimenti non correlate. In questo modo si incoraggia anche il riutilizzo del codice ma al primo tentativo si cerca di creare una classe genitore comune `Geolocalizzazione` che sarà estesa sia da `Rivenditore` che da `Auto`. Questa è una cattiva soluzione perché costringe due classi altrimenti non correlate a condividere un antenato comune che non appartiene naturalmente a nessuna delle gerarchie di ereditarietà.

Un'altra implementazione consiste nel creare un'interfaccia `Geolocalizzazione` che definisca i metodi necessari per implementare il comportamento di localizzazione. Le classi `Rivenditore` e `Auto` possono entrambe implementare l'interfaccia `Geolocalizzazione`. Questa è una buona soluzione che consente a ciascuna classe di mantenere la propria gerarchia di ereditarietà naturale ma richiede di duplicare lo stesso comportamento in entrambe le classi.

Questa non è una soluzione DRY, ricorda che DRY è l'acronimo di Do not Repeat Yourself (non ripetere te stesso). È considerata una buona pratica evitare la duplicazione dello stesso codice in più posizioni. Rispettando questo principio è possibile modificare il codice solo in un punto, ritrovando le modifiche ovunque.

La migliore implementazione consiste nel creare un trait Geolocalizzazione che definisca e implementi i metodi necessari. Posso quindi mescolare il trait Geolocalizzazione in entrambe le classi Rivenditore e Auto senza "inquinare" le loro gerarchie di ereditarietà naturale.

Ecco come definire un trait PHP:

```php
<?php
trait Geolocalizzazione {
 protected $indirizzo;
 protected $geocoder;
 protected $risultato;

 public function
setGeocoder(\Geocoder\GeocoderInterface $geocoder)
 {
   $this->geocoder = $geocoder;
 }

 public function setIndirizzo($indirizzo)
 {
   $this->indirizzo = $indirizzo;
 }

 public function getLatitudine(){
   if (isset($this->risultato) === false) {
    $this->geocodeIndirizzo();
   }
   return $this->risultato->getLatitudine();
 }

 public function getLongitudine()
 {
```

```
  if (isset($this->risultato) === false) {
    $this->geocodeIndirizzo();
  }
  return $this->risultato->getLongitudine();
}

protected function geocodeIndirizzo()
{
  $this->risultato = $this->geocoder->geocode($this->indirizzo);
  return true;
}
}
?>
```

Il trait definisce solo le proprietà e i metodi necessari per implementare
il comportamento, non fa nient'altro. Il nostro trait
Geolocalizzazione definisce tre proprietà di classe: un indirizzo
(stringa), un oggetto geocoder (un'istanza di \Geocoder\Geocoder
dall'eccellente componente willdurand/geocoder di William Durand) e
un oggetto risultato (un'istanza di \Geocoder\Risultato\Geocoded).

Abbiamo definito anche quattro metodi pubblici e un metodo
protected. Il metodo setGeocoder() viene utilizzato per iniettare
l'oggetto Geocoder. Il metodo setIndirizzo() viene utilizzato per
impostare un indirizzo mentre getLatitudine() e
getLongitudine() restituiscono le rispettive coordinate. Il metodo
geocodeIndirizzo() passa la stringa dell'indirizzo nell'istanza
Geocoder per recuperare il risultato del geocoder.

Come usarli

Usare un trait in PHP è facile, basta aggiungere la parola chiave use seguita dal nome del trait; all'interno di una definizione di classe PHP. Torniamo al nostro esempio, abbiamo definito il trait Geolocalizzazione. Aggiorniamo la nostra classe Rivenditore in modo che utilizzi il trait Geolocalizzazione. Per motivi di brevità, non fornisco l'implementazione completa della classe Rivenditore:

```php
<?php
class Rivenditore
{
 use Geolocalizzazione;
 // Implementazione della classe
}

?>
```

Questo è tutto ciò che dobbiamo fare. Ora ogni istanza di Rivenditore può utilizzare le proprietà e i metodi forniti da Geolocalizzazione, come mostrato:

```php
<?php
$geocoderAdapter = new
\Geocoder\HttpAdapter\CurlHttpAdapter();
$geocoderProvider = new
\Geocoder\Provider\GoogleMapsProvider($geocoderAdapter);
$geocoder = new
\Geocoder\Geocoder($geocoderProvider);
$store = new Rivenditore();
$store->setIndirizzo('Via Pippo, 12 Roma (RM)');
$store->setGeocoder($geocoder);
$latitudine = $store->getLatitudine();
$longitudine = $store->getLongitudine();
echo $latitudine, ':', $longitudine;

?>
```

Capitolo 5: Generatori

I generatori PHP sono una funzionalità sottoutilizzata ma straordinariamente utile ed introdotta in PHP 5.5.0. Penso che molti sviluppatori PHP non siano a conoscenza dei generatori perché il loro scopo non è immediatamente chiaro.

I generatori sono semplici iteratori, questo è tutto ma a differenza del tuo iteratore PHP standard, i generatori PHP non richiedono l'implementazione dell'interfaccia `Iterator` in una classe. Invece, i generatori calcolano e producono valori di iterazione su richiesta. Ciò ha profonde implicazioni per le prestazioni delle applicazioni.

Un iteratore PHP standard spesso itera su insiemi di dati precompilati in memoria. Questo è inefficiente, specialmente con set di dati grandi e formali che possono essere calcolati. Questo è il motivo per cui utilizziamo i generatori per calcolare e produrre valori al volo senza utilizzare risorse preziose.

I generatori PHP non sono una panacea per le tue esigenze di iterazione. Poiché i generatori non conoscono mai il valore dell'iterazione successiva fino a quando non viene richiesta, è impossibile mandare indietro o far avanzare rapidamente un generatore. Puoi iterare in una sola direzione cioè in avanti. Inoltre, non puoi iterare lo stesso generatore più di una volta, tuttavia, sei libero di ricostruire o clonare un generatore, se necessario.

I generatori sono facili da creare perché sono solo funzioni PHP che utilizzano la parola chiave `yield` una o più volte. A differenza delle normali funzioni PHP, i generatori non restituiscono mai un valore:

```php
<?php
function mioGeneratore() {
  yield 'valore1';
  yield 'valore2';
  yield 'valore3';
```

```php
    }
?>
```

Abbastanza semplice, vero? Quando si richiama la funzione del generatore, PHP restituisce un oggetto che appartiene alla classe `Generator` e questo oggetto può essere iterato con la funzione `foreach()`. Durante ogni iterazione, PHP chiede all'istanza di `Generator` di calcolare e fornire il valore di iterazione successivo.

Ciò che è chiaro è che il generatore mette in pausa il suo stato interno ogni volta che fornisce un valore e riprende lo stato interno quando viene richiesto il valore successivo. Il generatore continua a fermarsi e riprendere fino a quando non raggiunge la fine della sua definizione di funzione o incontra un'istruzione come `return;`.

Per invocare un generatore è sufficiente invocare:

```php
<?php
foreach (mioGeneratore() as $valore) {
  echo $valore, PHP_EOL;
}
?>
```

Ovviamente questo restituirà:

```
valore1
valore2
valore3
```

Facciamo un esempio più concreto:

```php
<?php
function creaRange($dimensione) {
  $dataset = [];
  for ($i = 0; $i < $dimensione; $i++) {
    $dataset[] = $i;
  }
  return $dataset;
```

```
}

$mioRange = creaRange(1000000);
foreach ($mioRange as $i) {
 echo $i, PHP_EOL;
}

?>
```

Questo esempio fa un cattivo uso della memoria perché il metodo creaRange() alloca un milione di interi in una matrice precalcolata. Un generatore PHP può fare la stessa cosa mentre alloca memoria per un solo intero alla volta, come segue:

```
<?php
function creaRange($dimensione) {
 for ($i = 0; $i < $dimensione; $i++) {
  yield $i;
 }
}

foreach (creaRange(1000000) as $i) {
 echo $i, PHP_EOL;
}

?>
```

Questo è un esempio creato ad hoc, tuttavia, immagina solo tutti i potenziali insiemi di dati che puoi calcolare. Le sequenze numeriche (ad esempio Fibonacci) sono ottimi candidati.

Verifica le tue competenze

1. Trova i numeri primi da 1 a 100000 attraverso iteratori e generatori; verifica in quanto tempo viene terminato ogni task con i due metodi.

2. Crea un file CSV in PHP con almeno 10 colonne e 50000 righe. Leggi questo file CSV con l'uso di un generatore, riga per riga.

Capitolo 6: Chiusure

Le chiusure e le funzioni anonime sono state introdotte in PHP 5.3.0 e sono due delle mie funzionalità PHP preferite e tra le più utilizzate. Sembrano spaventose (almeno questo pensavo quando le ho viste per la prima volta) ma in realtà sono piuttosto semplici da capire. Sono strumenti estremamente utili che ogni sviluppatore PHP dovrebbe avere nella cassetta degli attrezzi.

Una chiusura è una funzione che incapsula lo stato circostante nel momento in cui viene creata. Lo stato incapsulato continua ad esistere all'interno della chiusura quando la chiusura "vive", anche dopo che il suo ambiente originale termina. Questo è un concetto difficile da comprendere ma una volta provato sarà tutto più semplice.

Una funzione anonima è esattamente questo: una funzione senza nome. Le funzioni anonime possono essere assegnate alle variabili e passate proprio come qualsiasi altro oggetto PHP. Ma è ancora una funzione, quindi puoi invocarla e passargli argomenti. Le funzioni anonime sono particolarmente utili come callback di funzioni o metodi.

Le chiusure e le funzioni anonime sono, in teoria, cose separate, tuttavia, PHP li considera la stessa cosa. A questo punto quando dico chiusura, intendo anche funzione anonima e viceversa. Le chiusure PHP e le funzioni anonime utilizzano la stessa sintassi di una funzione ma non lasciarti ingannare perché in realtà sono oggetti camuffati da funzioni PHP.

Se controlli una chiusura PHP o una funzione anonima, scoprirai che sono istanze della classe `Closure`. Le chiusure sono considerate tipi di valore di prima classe, proprio come una stringa o un numero intero quindi sappiamo che le chiusure PHP sembrano funzioni. Non dovresti essere sorpreso, quindi, nel creare una chiusura PHP come segue:

```php
<?php
```

```php
$closure = function ($nome) {
  return sprintf('Ciao %s', $nome);
};

echo $closure("Antonio");
// Restituisce --> "Ciao Antonio"
?>
```

Come puoi vedere ho creato un oggetto di chiusura e l'ho assegnato alla variabile $closure. Sembra una funzione PHP standard: usa la stessa sintassi, accetta argomenti e restituisce un valore, tuttavia, non ha un nome.

Possiamo invocare la variabile $closure perché il valore della variabile è una chiusura e gli oggetti chiusura implementano il metodo __invoke(). PHP cerca e chiama questo metodo ogni volta che incontra una coppia di parentesi tonde ben formate () dopo il nome di una variabile.

In genere uso oggetti di chiusura PHP come callback di funzioni e metodi e molte funzioni PHP si aspettano funzioni di callback, come array_map() e preg_replace_callback(). Questa è un'opportunità perfetta per utilizzare le funzioni anonime di PHP!

Ricorda, le chiusure possono essere passate ad altre funzioni PHP come argomenti, proprio come qualsiasi altro valore. Vediamo come si usa un oggetto di chiusura come argomento di callback nella funzione array_map():

```php
<?php
$aggiungiUno = array_map(function ($numero) {
  return $numero + 1;
}, [1,2,3]);

print_r($aggiungiUno);
// Restituisce --> [2,3,4]

?>
```

Confronto di stile

OK, questo esempio non è stato così impressionante, ma ricorda, prima della chiusura gli sviluppatori PHP non avevano altra scelta che creare una funzione denominata a parte e fare riferimento a quella funzione usando il nome. Questa operazione era un po' più lenta da eseguire e separava l'implementazione di una callback dal suo utilizzo. Gli sviluppatori PHP di vecchia generazione usavano codice come questo:

```php
<?php
// Implementazione di una callback
function aggiungiUno ($numero) {
 return $numero + 1;
}

// Uso della callback definita
$numeroPiuUno = array_map('aggiungiUno', [1,2,3]);
print_r($numeroPiuUno);

?>
```

Sia chiaro che anche questo codice funziona ma non è così ordinato come l'esempio precedente. Non abbiamo bisogno di una funzione denominata `aggiungiUno()` a parte se usiamo la funzione solo una volta come callback. Le chiusure utilizzate come callback creano codice più conciso e decisamente più leggibile.

Capitolo 7: HTTP server

Sapevi che PHP ha un server web integrato a partire da PHP 5.4.0? Questa è un'altra gemma nascosta sconosciuta agli sviluppatori PHP che presumono di aver bisogno di Apache o nginx per visualizzare in anteprima le applicazioni PHP.

Non dovresti usarlo per la produzione ma il server web integrato di PHP è uno strumento perfetto per lo sviluppo locale. Uso il server web integrato di PHP ogni giorno, sia che scriva PHP o meno. Lo uso per visualizzare in anteprima le applicazioni Laravel e Slim Framework. Lo uso durante la creazione di siti Web con il framework di gestione dei contenuti Drupal. Lo uso anche per visualizzare in anteprima HTML e CSS statici se sto solo sviluppando il markup.

Ricorda, il server PHP integrato è un server web e parla HTTP, quindi, può fornire risorse statiche oltre ai file PHP. È un ottimo modo per scrivere e visualizzare in anteprima HTML localmente senza installare MAMP, WAMP o un server web pesante.

È facile avviare il server web PHP, apri la tua applicazione del terminale, vai alla directory principale dei documenti del tuo progetto ed esegui questo comando:

```
php -S localhost:4000
```

Questo comando avvia un nuovo server web PHP accessibile da localhost che è in ascolto sulla porta 4000. La directory di lavoro corrente è la radice dei documenti del server web. È ora possibile aprire il browser Web e accedere a `http://localhost:4000` per visualizzare l'anteprima dell'applicazione.

Mentre navighi nella tua applicazione all'interno del tuo browser web, ogni richiesta HTTP viene registrata come standard in modo che tu possa vedere se la tua applicazione genera risposte con errore 400 o

500.

A volte è utile accedere al server web PHP da altre macchine sulla rete locale (ad esempio, per l'anteprima sul tuo iPad o Windows locale). Per fare ciò, devi indicare al server web PHP di mettersi in ascolto su tutte le interfacce usando 0.0.0.0 invece di localhost:

```
php -S 0.0.0.0:4000
```

Quando sei pronto per fermare il server web PHP, chiudi l'applicazione terminale o premi i tasti Ctrl + C.

Configurare il server

Non è raro che un'applicazione richieda il proprio file di configurazione PHP INI, soprattutto se ha requisiti univoci per l'utilizzo della memoria, il caricamento dei file, la profilazione o la memorizzazione nella cache del bytecode. Puoi dire al server integrato di PHP di utilizzare un file INI specifico con l'opzione -c:

```
php -S localhost:8000 -c app/config/php.ini
```

È una buona idea mantenere il file INI personalizzato sotto la cartella principale dell'applicazione e, facoltativamente, controlla che la versione del file INI sia condivisa con gli altri sviluppatori del tuo team.

Il server integrato in PHP ha una pecca purtroppo, a differenza di Apache o nginx, non supporta i file .htaccess. Ciò rende difficile utilizzare i front controller comuni in molti framework PHP popolari.

Un front controller è un singolo file PHP a cui vengono inoltrate tutte le richieste HTTP (tramite file .htaccess o regole di riscrittura). Il file PHP del front controller è responsabile dell'instradamento delle richieste e della rimozione delle patch dal codice PHP appropriato. Questo è un modello comune usato da Symfony e altri framework popolari.

Il server PHP integrato mitiga questa pecca con gli script del router. Lo script del router viene eseguito prima di ogni richiesta HTTP. Se lo script del router restituisce false, viene restituito l'asset statico a cui fa riferimento l'URI della richiesta HTTP corrente. In caso contrario, l'output dello script del router viene restituito come corpo della risposta HTTP.

In altre parole, se utilizzi uno script router, stai effettivamente codificando la stessa funzionalità di un file .htaccess. Usare uno script router è facile, basta passare il percorso del file script PHP come argomento quando si avvia il server integrato PHP:

```
php -S localhost:8000 router.php
```

A volte è utile sapere se il tuo script PHP è stato fornito da un server web PHP integrato oppure da un server web tradizionale come Apache o nginx. Forse è necessario impostare intestazioni specifiche per nginx (ad esempio, `Status:`) che non dovrebbero essere impostate per il server Web PHP.

È possibile rilevare il server Web PHP con la funzione `php_sapi_name()`. Questa funzione restituisce la stringa `cli-server` se lo script corrente è stato fornito dal server PHP integrato:

```php
<?php
if (php_sapi_name() === 'cli-server') {
  // PHP web server
} else {
  // Apache, nginx o altro...
}
?>
```

Ricorda bene che il server web integrato di PHP non deve essere mai utilizzato per la produzione. È solo per lo sviluppo locale! Se utilizzi il server web integrato in PHP su una macchina di produzione, preparati ad avere molti utenti delusi e una marea di notifiche sui tempi di inattività di Pingdom.

Il server integrato funziona in modo non ottimale perché gestisce una richiesta alla volta e ogni richiesta HTTP è bloccante. La tua applicazione web si bloccherà se un file PHP deve attendere una query di database lenta o una risposta API remota. Il server integrato, inoltre, supporta solo un numero limitato di tipi MIME ed offre una riscrittura degli URL limitata con gli script del router. Avrai bisogno sicuramente di Apache o nginx per regole di riscrittura URL più avanzate.

Come hai avuto modo di vedere sino ad ora, PHP ha molte potenti funzionalità che possono migliorare le tue applicazioni. Per ogni approfondimento e per restare aggiornato sulle ultime funzionalità di PHP, visita il sito web https://www.php.net/. Sono sicuro che non vedi l'ora di iniziare ad utilizzare tutte queste divertenti funzionalità nelle tue applicazioni. Tuttavia, è importante utilizzarle correttamente e secondo gli standard della comunità PHP.

Capitolo 8: Gli standard

Esiste un numero sbalorditivo di componenti e framework PHP, esistono framework grandi come Symfony e Laravel ed esistono micro-framework come Silex e Slim. E ci sono framework legacy come CodeIgniter che sono stati costruiti molto prima che esistessero i moderni componenti PHP.

Il moderno ecosistema PHP è un vero e proprio crogiolo di codice che aiuta noi sviluppatori a creare applicazioni sorprendenti. Sfortunatamente, i vecchi framework PHP sono stati sviluppati isolatamente e non condividono il codice con altri framework PHP. Se il tuo progetto utilizza uno di questi vecchi framework PHP, sei bloccato con quel framework e devi vivere all'interno dell'ecosistema del framework.

Il framework giusto?

Questo ambiente centralizzato va bene se sei soddisfatto degli strumenti del tuo framework, tuttavia, cosa succede se si utilizza il framework CodeIgniter ma si desidera selezionare una libreria aggiuntiva dal framework Symfony? Probabilmente sei sfortunato a meno che non scrivi un adattatore specifico per il tuo progetto.

I framework creati isolatamente non sono stati progettati per comunicare con altri framework. Questo è estremamente inefficiente, sia per gli sviluppatori (la loro creatività è limitata dalla scelta del framework) che per i framework stessi (reinventano codice che già esiste altrove). Però ho buone notizie perché la comunità PHP si è evoluta da un modello di framework centralizzato a un ecosistema distribuito di componenti efficienti, interoperabili e specializzati.

Diversi sviluppatori di framework PHP hanno riconosciuto questo problema e hanno iniziato una conversazione a php|tek (una popolare conferenza PHP) nel 2009. Hanno discusso su come migliorare la comunicazione e l'efficienza tra framework. Invece di scrivere una nuova classe con alta coesione per i log, ad esempio, cosa succederebbe se un framework PHP potesse condividere una classe disaccoppiata come `monolog`?

Invece di scrivere le proprie classi di richieste e risposte HTTP, cosa succederebbe se un framework PHP potesse invece scegliere le classi di richiesta e risposta HTTP dal componente symfony/httpfoundation del Framework Symfony?

Perché questo funzioni, i framework PHP devono parlare un linguaggio comune che consenta loro di comunicare e condividere informazioni con altri framework, quindi, hanno bisogno di standard. Gli sviluppatori di framework PHP che si sono incontrati casualmente a php|tek hanno creato il PHP Framework Interop Group (PHP-FIG).

Il PHP-FIG è un gruppo di rappresentanti del framework PHP che, secondo il sito web di PHP-FIG, "parlano dei punti in comune tra i progetti e trovano modi in cui è possibile lavorare insieme".

PHP-FIG crea delle raccomandazioni che i framework PHP possono implementare volontariamente per migliorare la comunicazione e la condivisione con altri framework.

Il PHP-FIG è un gruppo auto-nominato di rappresentanti del framework e i suoi membri non sono eletti e non sono speciali in alcun modo se non per la loro volontà di migliorare la comunità PHP.

Chiunque può richiedere l'iscrizione e chiunque può inviare feedback ai consigli PHP-FIG che sono nel processo di proposta.

Le raccomandazioni PHP-FIG sono tipicamente adottate e implementate da molti dei framework PHP più grandi e popolari. Ti incoraggio vivamente a partecipare a PHP-FIG, se non altro per inviare feedback e contribuire a plasmare il futuro dei tuoi framework PHP preferiti.

È molto importante capire che PHP-FIG fornisce raccomandazioni.

Queste non sono regole, né requisiti, si tratta di suggerimenti elaborati con cura che semplificano la nostra vita come sviluppatori PHP (e autori di framework PHP).

Interoperabilità

La missione di PHP-FIG è l'interoperabilità dei framework ovvero significa lavorare insieme tramite interfacce, caricamento automatico e stili.

I framework PHP lavorano insieme tramite interfacce condivise infatti le interfacce PHP consentono ai framework di assumere quali metodi sono forniti da dipendenze di terze parti senza preoccuparsi di come le dipendenze implementino l'interfaccia. Ad esempio, un framework è felice di condividere un oggetto logger di terze parti supponendo che l'oggetto logger condiviso implementi i metodi `alert()`, `critical()`, `error()`, `warning()`, `notice()`, `info()` e `debug()`.

Il modo esatto in cui questi metodi vengono implementati è irrilevante. Ogni framework si preoccupa solo del fatto che la dipendenza di terze parti implementi questi metodi.

Le interfacce consentono agli sviluppatori PHP di creare, condividere e utilizzare componenti specializzate invece di framework monolitici.

I framework PHP funzionano bene insieme tramite il caricamento automatico. Il caricamento automatico è il processo mediante il quale una classe PHP viene automaticamente localizzata e caricata su richiesta dall'interprete PHP durante il runtime. Prima della definizione degli standard PHP, i componenti e i framework PHP implementavano i propri caricatori automatici unici utilizzando il metodo `\__autoload()` o il più recente metodo `spl_autoload_register()`.

Questo ha richiesto ad ogni sviluppatore di imparare ed utilizzare un caricatore automatico unico per ogni componente e framework. Al giorno d'oggi, la maggior parte dei moderni componenti e framework PHP sono compatibili con uno standard di caricatore automatico comune, ciò significa che possiamo combinare e abbinare più componenti PHP con un solo caricatore automatico.

I framework PHP per lavorare bene hanno bisogno di regole per lo stile del codice. Lo stile del codice determina la spaziatura, le lettere maiuscole e il posizionamento delle parentesi (tra le altre cose). Se i framework PHP concordano su uno stile di codice standard, gli sviluppatori PHP non hanno bisogno di imparare un nuovo stile ogni volta che utilizzano un nuovo framework PHP.

Al contrario, il codice del framework PHP è immediatamente familiare. Uno standard di codice abbassa anche la curva di apprendimento per i nuovi contributori del progetto, che possono dedicare più tempo a eliminare i bug e meno tempo ad imparare uno stile non familiare.

Lo stile del codice standard migliora anche i nostri progetti. Ogni sviluppatore, infatti, ha uno stile unico e questo diventa un problema quando più sviluppatori lavorano sulla stessa base di codice. Uno stile di codice standard aiuta tutti i membri del team a comprendere immediatamente la stessa base di codice indipendentemente dal suo autore.

Capitolo 9: PSR

Cos'è?

PSR è un acronimo per PHP standards recommendation (raccomandazione sugli standard PHP). Se hai letto di recente un blog relativo a PHP, probabilmente hai visto i termini PSR-1, PSR-2, PSR-3 ecc. questi sono consigli PHP-FIG. I loro nomi iniziano con PSR e finiscono con un numero.

Ogni raccomandazione PHP-FIG risolve un problema specifico che viene spesso riscontrato dalla maggior parte dei framework PHP. Invece di far risolvere continuamente gli stessi problemi, i framework possono adottare le raccomandazioni di PHP-FIG e costruire su soluzioni condivise.

PHP-FIG ha pubblicato cinque raccomandazioni:

- PSR-1: stile di codice base
- PSR-2: stile di codice rigoroso
- PSR-3: interfaccia logger
- PSR-4: caricamento automatico

Nota come le raccomandazioni di PHP-FIG coincidono perfettamente con i tre metodi di interoperabilità che ho menzionato nel capitolo precedente: interfacce, autoloading e stile del codice.

Questa non è una coincidenza, infatti, sono molto d'accordo con i consigli di PHP-FIG perché sono il fondamento del moderno ecosistema PHP.

Definiscono i mezzi con cui le componenti e i framework PHP interagiscono.

Lo ammetto, gli standard PHP non sono gli argomenti più interessanti ma sono prerequisiti per comprendere al meglio PHP.

PSR-1

Se vuoi scrivere codice PHP compatibile con gli standard della comunità, inizia con PSR-1, è lo standard PHP più semplice da usare. È così facile, probabilmente lo stai già usando senza nemmeno provarci. PSR-1 fornisce semplici linee guida facili da implementare con il minimo sforzo. Lo scopo di PSR-1 è fornire uno stile di codice di base per i framework PHP partecipanti. Devi soddisfare questi requisiti per essere compatibile con PSR-1:

- Tag PHP: devi racchiudere il tuo codice PHP con i tag `<?php ?>` o `<?= ?>`. Non devi utilizzare nessun'altra sintassi di tag PHP.

- Codifica: tutti i file PHP devono essere codificati con il set di caratteri UTF-8 senza BOM. Sembra complicato, ma il tuo editor di testo o IDE può farlo automaticamente.

- Caricamento automatico: gli spazi dei nomi e le classi PHP devono supportare lo standard del caricatore automatico PSR-4. Tutto quello che devi fare è scegliere nomi appropriati per i tuoi simboli PHP e assicurarti che i loro file di definizione si trovino nella posizione prevista.

- Nomi delle classi: devono utilizzare il formato CamelCase, questo formato è anche chiamato TitleCase. Esempi sono `SemePianta`, `TazzaCaffe` ecc.

- Nomi delle costanti: devono utilizzare tutti i caratteri maiuscoli. Possono utilizzare il carattere (_) per separare le parole, se necessario. Esempi sono `GRANDEZZA` e `NUMERO_EVENTI`.

- Nomi dei metodi: devono utilizzare il formato camelCase comune. Ciò significa che il primo carattere del nome del metodo è minuscolo e la prima lettera di ogni parola successiva nel nome del metodo è maiuscola. Esempi sono `recuperaValore`, `salutaUtente` e `scriviDocumento`.

PSR-2

Dopo aver implementato la PSR-1, il passo successivo è implementare lo standard PSR-2. Questo standard definisce ulteriormente lo stile del codice PHP con linee guida più rigorose. Lo stile del codice PSR-2 è una manna dal cielo per i framework PHP che hanno molti contributori da tutto il mondo, ognuno dei quali porta il proprio stile e le proprie preferenze. Uno stile rigoroso comune consente agli sviluppatori di scrivere codice che è facilmente e rapidamente compreso da altri contributori.

A differenza della PSR-1, la raccomandazione PSR-2 contiene linee guida più rigorose. Alcune delle linee guida della PSR-2 potrebbero non essere quelle che preferisci, tuttavia, PSR-2 è lo stile di codice preferito da molti framework PHP popolari. Non è necessario utilizzare la PSR-2 ma così facendo migliorerai drasticamente la capacità degli altri sviluppatori di leggere, utilizzare e contribuire al tuo codice PHP. Ecco le regole:

- Implementare la PSR-1: lo stile di codice PSR-2 richiede l'implementazione dello stile di codice PSR-1.

- Indentazione: questo è un argomento molto discusso che è tipicamente diviso in due campi. Il primo preferisce indentare il codice con un solo carattere di tabulazione, il secondo (e molto più interessante) preferisce indentare il codice con diversi caratteri di spazio. La raccomandazione PSR-2 dice che il codice PHP dovrebbe essere rientrato con quattro caratteri spazio.

- File e righe: i file PHP devono utilizzare terminazioni di riga (LF) Unix, devono terminare con una singola riga vuota e non devono includere un tag PHP finale ?>. Ogni riga di codice non deve superare gli 80 caratteri e, in definitiva, ogni riga di codice non deve superare i 120 caratteri. Ogni riga non deve contenere spazi vuoti finali. Sembra un sacco di lavoro, ma in realtà non lo è perché la maggior parte degli editor di codice ha già la possibilità di fare tutto questo, formattando il tuo codice con pochi tasti secondo le tue preferenze.

- Parole chiave: molti sviluppatori PHP digitano `TRUE`, `FALSE` e `NULL` in caratteri maiuscoli. Se lo fai, cerca di evitare questa pratica e usa solo caratteri minuscoli. La raccomandazione PSR-2 dice che dovresti digitare tutte le parole chiave PHP in minuscolo.

- Spazi dei nomi: ogni dichiarazione di deve essere seguita da una riga vuota. Allo stesso modo, quando importi o definisci un alias con la parola chiave `use`, devi far seguire una riga vuota dopo il blocco di istruzioni.

- Classi: come per l'indentazione, il posizionamento delle parentesi nella definizione di classe è un altro argomento che attira un acceso dibattito. Alcuni preferiscono che la parentesi di apertura risieda sulla stessa riga del nome della classe, altri preferiscono che la parentesi di apertura risieda su una nuova riga dopo il nome della classe. La raccomandazione PSR-2 afferma che la parentesi di apertura di una definizione di classe deve risiedere su una nuova riga immediatamente dopo il nome della definizione di classe. La parentesi di chiusura della definizione di classe deve risiedere su una nuova riga dopo la fine del corpo della definizione di classe. Se la tua classe estende un'altra classe o implementa un'interfaccia, le parole chiave `extends` e `implements` devono apparire sulla stessa riga del nome della classe.

- Metodi: il posizionamento delle parentesi di definizione del metodo è uguale al posizionamento delle parentesi di definizione di classe. La parentesi di apertura della definizione del metodo risiede su una nuova riga immediatamente dopo il nome del metodo. La parentesi di chiusura della definizione del metodo risiede su una nuova riga immediatamente dopo il corpo della definizione del metodo. Presta molta attenzione agli argomenti del metodo. La prima parentesi non ha uno spazio finale e l'ultima parentesi non ha uno spazio che la precede.

- Visibilità: È necessario dichiarare una visibilità per ogni proprietà e metodo di classe. La visibilità può essere pubblica, protetta o privata e determina il modo in cui una proprietà o un metodo è accessibile all'interno e all'esterno della sua classe. Gli sviluppatori PHP della vecchia scuola possono essere abituati ad anteporre alle proprietà delle classi la parola chiave `var` e a prefissare i metodi privati con il carattere underscore `_`. Dimentica questa tecnica ed utilizza una delle visibilità elencate in precedenza. Se dichiari una proprietà o un metodo di una classe come `abstract` o `final`, tali qualificatori devono apparire prima della visibilità. Se si dichiara una proprietà o un metodo come `static`, il qualificatore deve essere visualizzato dopo la visibilità.

- Strutture di controllo: questa è probabilmente la linea guida che violo più spesso. Tutte le parole chiave delle strutture di controllo devono essere seguite da un singolo carattere spazio. Una parola chiave della struttura di controllo è `if`, `elseif`, `else`, `switch`, `case`, `while`, `do while`, `for`, `foreach`, `try` o `catch`. Se la parola chiave della struttura di controllo richiede una serie di parentesi, assicurati che la prima parentesi non sia seguita da uno spazio e assicurati che l'ultima parentesi non sia preceduta da uno spazio. A differenza delle definizioni di classe e metodo, le parentesi quadre che appaiono dopo una parola chiave della struttura di controllo devono rimanere sulla stessa riga della parola chiave della struttura di controllo. La parentesi di chiusura della parola chiave della struttura di controllo deve risiedere su una nuova riga.

PSR-3

La terza raccomandazione PHP-FIG non è un insieme di linee guida come i suoi predecessori. PSR-3 è un'interfaccia e prescrive metodi che possono essere implementati dai componenti del log di PHP.

Un logger è un oggetto che scrive messaggi di varia importanza su un dato output. I messaggi scritti (o loggati) vengono utilizzati per diagnosticare, ispezionare e risolvere i problemi di funzionamento, stabilità e prestazioni dell'applicazione.

Si possono scrivere informazioni di debug in un file di testo durante lo sviluppo, statistiche sul traffico del sito Web in un database o l'invio di messaggi di diagnostica degli errori irreversibili a un amministratore del sito Web. Il componente logger PHP più popolare è monolog/monolog, creato da Jordi Boggiano.

Molti framework PHP implementano questo standard ma prima di PHP-FIG, ogni framework risolveva il logging in modo diverso, spesso con un'implementazione proprietaria. Nello spirito dell'interoperabilità e della specializzazione, motivi ricorrenti nel nuovo PHP, PHP-FIG ha stabilito l'interfaccia del logger PSR-3.

I framework che accettano logger compatibili con PSR-3 realizzano due cose importanti: i problemi di log sono delegati a terze parti e gli utenti finali possono usare il loro componente logger preferito. È una vittoria per tutti.

PSR-4

La quarta raccomandazione PHP-FIG descrive una strategia per standardizzare il caricatore automatico. Un caricatore automatico è una strategia per trovare una classe, un'interfaccia o un trait PHP e caricarlo nell'interprete PHP su richiesta, in fase di esecuzione. Le componenti e i framework PHP che supportano lo standard PSR-4 possono essere individuati e caricati nell'interprete PHP con un solo caricatore automatico.

Quante volte hai visto codice come questo all'inizio dei tuoi file PHP?

```php
<?php
include 'percorso/al/file1.php';
include 'percorso/al/file2.php';
include 'percorso/al/file3.php';
?>
```

Troppo spesso, vero? Probabilmente hai familiarità con le funzioni `require()`, `require_once()`, `include()` e `include_once()`. Queste funzioni caricano un file PHP esterno nello script corrente e funzionano meravigliosamente se hai solo pochi script PHP.

Tuttavia, cosa succede se è necessario includere un centinaio di script PHP? E se avessi bisogno di includere un migliaio di script PHP?

Le funzioni `require()` e `include()` non si adattano bene ed è per questo che i caricatori automatici PHP sono importanti. Un caricatore automatico è una strategia per trovare una classe, un'interfaccia o un tratto PHP e caricarlo nell'interprete PHP su richiesta e in fase di esecuzione, senza includere esplicitamente i file come nell'esempio precedente.

Prima che PHP-FIG presentasse la sua raccomandazione PSR-4, gli autori di componenti e framework PHP usavano le funzioni `__autoload()` e `spl_autoload_register()` per registrare strategie di caricamento automatico personalizzate.

Sfortunatamente, ogni componente e framework PHP utilizzava un caricatore automatico unico e ogni caricatore automatico utilizzava una logica diversa per individuare e caricare classi, interfacce e caratteristiche PHP. Gli sviluppatori che utilizzavano questi componenti e framework erano obbligati a richiamare il caricatore automatico di ciascun componente durante il bootstrap di un'applicazione PHP.

Personalmente uso sempre il componente del modello Twig di Sensio Labs. Senza PSR-4, tuttavia, devo leggere la documentazione di Twig e capire come registrare il suo caricatore automatico personalizzato nel file bootstrap della mia applicazione, in questo modo:

```php
<?php
require_once '/percorso/al/Twig/Autoloader.php';
Twig_Autoloader::register();
?>
```

Immagina di dover ricercare e registrare caricatori automatici unici per ogni componente PHP nella tua applicazione. PHP-FIG ha riconosciuto questo problema e ha proposto la raccomandazione del caricatore automatico PSR-4 per facilitare l'interoperabilità dei componenti.

Grazie a PSR-4, possiamo caricare automaticamente tutti i componenti PHP della nostra applicazione con un solo caricatore automatico, tutto ciò è fantastico. La maggior parte dei moderni componenti e framework PHP sono compatibili con PSR-4 pertanto se scrivi e distribuisci i tuoi componenti, assicurati che siano compatibili anche con la PSR-4! I componenti partecipanti includono Symfony, Doctrine, Monolog, Twig, Guzzle, SwiftMailer, PHPUnit, Carbon e molti altri.

Come ogni autoloader PHP, PSR-4 descrive una strategia per individuare e caricare classi, interfacce e caratteristiche PHP durante il runtime. La raccomandazione PSR-4 non richiede di modificare l'implementazione del codice, invece, PSR-4 suggerisce solo come è organizzato il codice in directory del file system e spazi dei nomi PHP.

La strategia di caricamento automatico della PSR-4 si basa sugli spazi dei nomi PHP e sulle directory del file system per individuare e caricare classi, interfacce e traits PHP. L'essenza della PSR-4 è mappare un prefisso dello spazio dei nomi di primo livello in una directory specifica del filesystem. Ad esempio, posso dire a PHP che classi, interfacce o traits sotto lo spazio dei nomi \Pippo\MioPHP vivono sotto la directory del filesystem `src/pippo`.

PHP ora sa che tutte le classi, interfacce o tratti che usano il prefisso dello spazio dei nomi \Pippo\MioPHP corrispondono alle directory e ai file sotto la directory `src/`.

La strategia di caricamento automatico della PSR-4 è la più rilevante per gli autori di componenti e framework che distribuiscono codice ad altri sviluppatori. Il codice di un componente PHP risiede sotto uno spazio dei nomi univoco del fornitore e l'autore del componente specifica quale directory del filesystem corrisponde allo spazio dei nomi del fornitore del componente, esattamente come ho dimostrato in precedenza.

Capitolo 10: Componenti

Oggi PHP si occupa sempre meno di framework monolitici e si focalizza sempre di più sulla composizione di soluzioni da componenti specializzati e interoperabili. Quando creo una nuova applicazione PHP, raramente raggiungo direttamente Laravel o Symfony, al contrario, penso a quali componenti PHP esistenti posso combinare per risolvere il mio problema.

I componenti PHP sono un nuovo concetto per molti programmatori PHP e anch'io non avevo idea dei componenti PHP fino a pochi anni fa. Istintivamente avviavo le applicazioni PHP con framework enormi come Symfony o CodeIgniter senza considerare altre opzioni.

Ho investito in un ecosistema chiuso di un unico framework e ho utilizzato solo gli strumenti che forniva. Quando il framework non forniva ciò di cui avevo bisogno, ero sfortunato e dovevo creare le funzionalità aggiuntive da solo. Era anche difficile integrare librerie personalizzate o di terze parti in framework più grandi perché non condividevano interfacce comuni.

Sono lieto di informarti che i tempi sono cambiati e non siamo più legati alle strutture monolitiche e ai loro giardini recintati da filo spinato perché i componenti ci danno una mano.

Un componente è un pacchetto di codice che aiuta a risolvere un problema specifico nella tua applicazione PHP. Ad esempio, se la tua applicazione PHP invia e riceve richieste HTTP, c'è un componente per farlo. Se la tua applicazione PHP analizza dati delimitati da virgole, è disponibile un componente PHP per farlo. Se la tua applicazione PHP ha bisogno di un modo per registrare i messaggi, c'è un componente anche per quello.

Invece di ricostruire funzionalità già risolte, utilizziamo componenti PHP già pronte e testate in modo da dedicare più tempo nel risolvere gli obiettivi più interessanti del nostro progetto. In qualsiasi mercato, ci sono prodotti buoni e prodotti scadenti e lo stesso concetto si applica ai componenti PHP. Proprio come ispezioni una mela al supermercato, puoi usare alcuni trucchi per individuare un buon componente PHP.

Cerca componenti che siano incentrate alla risoluzione di un solo problema, che siano di dimensioni compatte, cooperative e ben testate.

Un altro aspetto da non sottovalutare riguarda anche la documentazione, dovrebbe essere facile per gli sviluppatori installare, comprendere e utilizzare un componente e solo una buona documentazione rende possibile ciò.

PYTHON

Premessa

Python è un popolare linguaggio di programmazione open source utilizzato sia per programmi standalone che per applicazioni di scripting in un'ampia varietà di domini. È gratuito, portatile, potente ed è sia facile da usare che divertente da usare. I programmatori di ogni angolo dell'industria del software hanno posto l'attenzione su Python, sulla produttività degli sviluppatori e sulla qualità del software. Questi aspetti sono fondamentali e rappresentano un vantaggio strategico sia in progetti grandi che di piccole dimensioni.

Che tu sia un principiante nell'ambito della programmazione o che tu sia uno sviluppatore professionista, questo libro è progettato per portarti al passo con il linguaggio Python in modo graduale e guidato, accompagnato da esercizi svolti ed esercizi che dovrai svolgere in autonomia. Dopo aver letto questo libro, dovresti saperne abbastanza su Python per poterlo usare in qualsiasi dominio applicativo tu scelga di esplorare.

In base a ciò che vuoi realizzare, questo libro è un tutorial che enfatizza il linguaggio di Python, piuttosto che focalizzarsi sulle sue applicazioni specifiche. A causa del focus sui fondamenti, tuttavia, questo libro è in grado di presentare i fondamenti del linguaggio Python con più profondità di quanto molti programmatori vedano in altri corsi.

Il suo approccio dal basso verso l'alto e gli esempi didattici sono progettati per insegnare ai lettori le basi del linguaggio un passo alla volta. Le competenze linguistiche di base che acquisirai nel processo si applicheranno a ogni software Python che incontrerai, siano essi strumenti popolari come Django, NumPy e App Engine o altri che potrebbero far parte sia del futuro di Python che della tua carriera di programmatore.

Questo libro funge da introduzione al linguaggio e, sebbene ci siano molti modi per usare questo libro, il mio consiglio è di procedere per capitoli e contemporaneamente risolvere gli esercizi correlati proposti. In tal modo si amplifica di gran lunga l'efficacia del libro stesso.

Capitolo 1: Perché Python

Poiché hai acquistato questo libro, potresti già sapere cos'è Python e perché è uno strumento importante per la programmazione così come per la tua carriera. Se non ne sei a conoscenza, probabilmente non potrai inserire Python nel tuo CV finché non avrai imparato il linguaggio leggendo il resto di questo libro e finché non avrai realizzato qualche progetto. Ma prima di entrare nei dettagli, questo primo capitolo di questo libro introdurrà brevemente alcuni dei motivi principali alla base della popolarità di Python.

Ragioni del successo

Perché Python è così usato? Poiché oggi sono disponibili molti linguaggi di programmazione, questa è la solita prima domanda dei principianti. Dato che al momento ci sono circa 1 milione di utenti Python, non c'è davvero modo di rispondere a questa domanda con la massima accuratezza; la scelta degli strumenti di sviluppo è talvolta basata su vincoli unici o preferenze personali. I fattori principali citati dagli utenti di Python sembrano essere questi:

- Qualità del software

- Produttività degli sviluppatori

- Supporto per le librerie

- Integrazione delle componenti

- Portabilità

- Divertimento nella programmazione

Per molti, l'attenzione di Python sulla leggibilità, la coerenza e la qualità del software in generale lo distingue dagli altri strumenti nel mondo dello scripting. Il codice Python è progettato per essere leggibile e quindi riutilizzabile e manutenibile, molto più dei tradizionali linguaggi di scripting. L'uniformità del codice Python lo rende facile da capire, anche se non si tratta di codice scritto da te. Inoltre, Python ha un supporto profondo per meccanismi di riutilizzo del software più avanzati, come la programmazione orientata agli oggetti (OOP) e di funzioni.

Python aumenta la produttività degli sviluppatori rispetto a linguaggi come C, C++ e Java. Il codice Python è in genere da un terzo a un quinto in termini di dimensione dell'equivalente codice C++ o Java. Ciò significa che c'è meno testo da digitare, meno codice per cui eseguire il debug e meno codice da manutenere dopo il rilascio. I programmi Python vengono eseguiti immediatamente, senza i lunghi passaggi di compilazione e linking richiesti da altri strumenti, aumentando ulteriormente la produttività del programmatore.

La maggior parte dei programmi Python viene eseguita senza modifiche su tutte le principali piattaforme per computer. Eseguire il porting di codice Python tra Linux e Windows, ad esempio, si riduce a copiare il codice di uno script tra le macchine. Inoltre, Python offre molteplici opzioni per la codifica di interfacce utente grafiche, programmi di accesso al database, sistemi basati sul web e altro ancora. Anche le interfacce del sistema operativo, inclusa l'esecuzione dei programmi e l'elaborazione delle directory, sono portabili in Python.

Python viene fornito con un'ampia raccolta di funzionalità predefinite, note come libreria standard. Inoltre, Python può essere esteso sia con librerie interne che con una vasta raccolta di software di supporto per applicazioni di terze parti. Il dominio di terze parti di Python offre strumenti per la costruzione di siti Web, la programmazione numerica, l'accesso alle porte seriali, lo sviluppo di giochi e molto altro. L'estensione NumPy, ad esempio, è stata descritta come un equivalente gratuito e più potente del sistema di programmazione numerica Matlab.

Gli script Python possono comunicare facilmente con altre parti di un'applicazione, utilizzando una varietà di meccanismi di integrazione. Tali integrazioni consentono di utilizzare Python come strumento di personalizzazione ed estensione, infatti, il codice Python può invocare librerie C e C++, può essere invocato da programmi C e C++, può integrarsi con componenti Java e .NET, può comunicare su framework come COM e Silverlight. Oltre a questo, può interagire su reti con interfacce come SOAP, XML-RPC e CORBA.

Grazie alla facilità d'uso e al set di strumenti integrato di Python, può rendere la programmazione più un piacere che un lavoro di routine. Sebbene questo possa essere un vantaggio immateriale, il suo effetto sulla produttività è una risorsa importante. Di questi fattori, i primi due (qualità e produttività) sono probabilmente i vantaggi più interessanti per la maggior parte degli utenti Python.

Grazie a tutte queste interessanti proprietà, Python è utilizzato da diverse aziende importanti come Google, Facebook, Instagram, Spotify, Quora, Netflix, Dropbox e tante altre.

Perché non usarlo sempre?

Visto che ha tutti questi vantaggi, perché non usiamo tutti Python e invece diamo spazio anche ad altri linguaggi?

Dopo averlo usato per molti anni, ho scoperto che l'unico svantaggio significativo di Python è che, come attualmente implementato, la sua velocità di esecuzione potrebbe non essere sempre la più rapida rispetto ai linguaggi completamente compilati come C e C++. Sebbene oggigiorno sia relativamente raro, per alcune attività potrebbe rivelarsi ancora necessario essere "più vicini al ferro" utilizzando linguaggi più vicini all'architettura hardware sottostante.

In breve, le implementazioni standard di Python oggi compilano (cioè traducono) le istruzioni del codice sorgente in un formato intermedio noto come byte-code e quindi interpretano il byte-code. Esso fornisce la portabilità poiché è un formato indipendente dalla piattaforma, tuttavia, poiché Python non è normalmente compilato fino al codice macchina binario (ad esempio, istruzioni per un chip Intel), alcuni programmi verranno eseguiti più lentamente in Python rispetto ad un linguaggio completamente compilato come C.

Python, tuttavia, è stato ottimizzato numerose volte e il codice Python viene eseguito abbastanza velocemente nella maggior parte dei domini delle applicazioni. Inoltre, ogni volta che fai qualcosa di "reale" in uno script Python, come elaborare un file o costruire un'interfaccia utente grafica (GUI), il tuo programma verrà effettivamente eseguito alla velocità del linguaggio C, poiché tali attività vengono immediatamente inviate al codice C compilato all'interno dell'interprete Python.

Fondamentalmente, il guadagno di velocità in fase di sviluppo di Python è spesso molto più importante di qualsiasi perdita di velocità in esecuzione, specialmente date le prestazioni dei computer moderni. Anche alle attuali velocità della CPU, tuttavia, ci sono ancora alcuni domini che richiedono velocità di esecuzione ottimali.

Non parleremo di estensioni in questo libro ma sappi che ne esistono diverse per Python che possono aiutarti qualora ne avessi bisogno, ti basterà una ricerca su Google. Troverai una community molto vasta e pronta a darti una mano e capirai che tali estensioni forniscono un potente strumento di ottimizzazione.

Verifica la tua preparazione

1. Quali sono le sei ragioni per cui è usato Python?

2. Quali sono le aziende usano Python?

3. Quando non è consigliato usarlo?

Capitolo 2: I tipi di oggetti

Questo capitolo inizia il nostro tour del linguaggio Python. In Python, i dati assumono la forma di oggetti: oggetti incorporati (o integrati) forniti da Python oppure oggetti che creiamo utilizzando classi Python oppure strumenti di linguaggio esterni come le librerie di estensioni C. Sebbene rafforzeremo questa definizione più avanti, gli oggetti sono essenzialmente solo parti di memoria, con valori e insiemi di operazioni associate.

Come vedremo, tutto è un oggetto in uno script Python, anche i numeri semplici con valori (ad es. 99) e le relative operazioni (addizione, sottrazione e così via). Poiché gli oggetti sono anche la nozione più importante nella programmazione Python, inizieremo questo capitolo con un'indagine sui tipi di oggetti integrati in Python.

Da una prospettiva più concreta, i programmi Python possono essere scomposti in moduli, istruzioni, espressioni e oggetti, come segue:

- I programmi sono composti da moduli

- I moduli contengono istruzioni

- Le istruzioni contengono espressioni

- Le espressioni creano ed elaborano oggetti

Se hai utilizzato linguaggi a più basso livello come C o C++, sai che gran parte del tuo lavoro si concentra sull'implementazione di oggetti, noti anche come strutture di dati, per rappresentare i componenti nel dominio della tua applicazione. È necessario disporre le strutture della memoria, gestire l'allocazione della memoria, implementare le routine di ricerca e accesso e così via. Queste faccende sono noiose (e soggette a errori) e, a quanto sembra, di solito distraggono dai veri obiettivi del tuo programma.

Nei tipici programmi Python, la maggior parte di questo lavoro scompare e, poiché Python fornisce potenti tipi di oggetti come parte intrinseca del linguaggio, di solito non è necessario codificare le implementazioni degli oggetti prima di iniziare a risolvere i problemi. In effetti, a meno che tu non abbia bisogno di un'elaborazione speciale che i tipi integrati non forniscono, è quasi sempre meglio utilizzare un oggetto integrato invece di implementare il tuo.

Oggetti integrati

Gli oggetti integrati semplificano la scrittura dei programmi. Per compiti semplici, tali tipi sono spesso tutto ciò che serve per rappresentare la struttura dei domini. Poiché ottieni strumenti potenti come raccolte (elenchi) e tabelle di ricerca (dizionari) già out-of-the-box, puoi utilizzarli immediatamente. Puoi creare molto codice solo con i tipi di oggetti incorporati di Python. Per attività più complesse, potrebbe essere necessario fornire i propri oggetti utilizzando classi Python o interfacce in linguaggio C.

Tuttavia, gli oggetti integrati sono spesso più efficienti delle strutture di dati personalizzate. I tipi integrati di Python impiegano algoritmi di strutture dati già ottimizzati che vengono implementati in C per garantire una certa velocità. Sebbene tu possa scrivere da solo tipi di oggetti simili, di solito ti sarà difficile ottenere il livello di prestazioni fornito dai tipi di oggetti integrati.

Gli oggetti integrati sono una parte standard del linguaggio, infatti, in un certo senso, Python eredita sia dai linguaggi che si basano su strumenti integrati (ad esempio, LISP) sia dai linguaggi che si affidano al programmatore per fornire implementazioni di strumenti o framework propri (ad esempio, C++). Sebbene tu possa implementare tipi di oggetti univoci in Python, non è necessario farlo. In altre parole, non solo i tipi di oggetti integrati facilitano la programmazione, ma sono anche più potenti ed efficienti della maggior parte di ciò che può essere creato da zero. Indipendentemente dal fatto che si implementino nuovi tipi di oggetti, gli oggetti integrati costituiscono il nucleo di ogni programma Python.

Ecco alcuni tipi di oggetti integrati in Python:

- Number

- String

- List

- Dictionary

- Tuple

- File

- Set

- Function, module, class

Alcuni di questi tipi probabilmente sembreranno familiari se hai usato altri linguaggi; ad esempio, i numeri e le stringhe rappresentano rispettivamente valori numerici e testuali e gli oggetti `File` forniscono un'interfaccia per l'elaborazione di file memorizzati sul computer. Per alcuni lettori, tuttavia, potrebbero essere più generali e potenti di quelli a cui sei abituato. Ad esempio, scoprirai che gli elenchi e i dizionari da soli sono potenti strumenti di rappresentazione dei dati che eliminano la maggior parte del lavoro che svolgi per supportare le raccolte e la ricerca nei linguaggi di basso livello.

In breve, gli elenchi forniscono raccolte ordinate di altri oggetti, mentre i dizionari memorizzano gli oggetti per chiave; sia gli elenchi che i dizionari possono essere annidati, possono crescere e ridursi su richiesta e possono contenere oggetti di qualsiasi tipo.

Un aspetto importante da ricordare è che, una volta creato un oggetto, esso si lega al suo insieme di operazioni per sempre: è possibile eseguire solo operazioni delle stringhe su una stringa e operazioni delle liste su una lista. In termini formali, ciò significa che Python è tipizzato dinamicamente quindi tiene traccia dei tipi automaticamente ma è anche fortemente tipizzato, puoi eseguire su un oggetto solo operazioni valide per il suo tipo.

Prima di addentrarci nei dettagli, però, iniziamo dando una rapida occhiata agli oggetti principali di Python. Non aspettarti di trovare la storia completa qui: l'obiettivo di questo capitolo è solo quello di stuzzicare l'appetito e introdurre alcune idee chiave. Tuttavia, il modo migliore per iniziare è iniziare, quindi passiamo direttamente al codice.

Numeri

Se in passato hai eseguito programmi o script, alcuni dei tipi di oggetti elencati ti sembreranno familiari. Anche se non l'hai fatto, i numeri sono abbastanza semplici. Il set di oggetti principali di Python include i soliti numeri interi che non hanno parti frazionarie, numeri in virgola mobile e tipi più complessi: numeri complessi con parti immaginarie, decimali con precisione fissa, razionali con numeratore e denominatore ecc.

I numeri integrati sono sufficienti per rappresentare la maggior parte delle quantità numeriche, dalla tua età al tuo conto in banca, ma sono disponibili più tipi come componenti aggiuntivi di terze parti. I numeri in Python supportano le normali operazioni matematiche. Ad esempio, il segno più (+) esegue l'addizione, una stella (*) viene utilizzata per la moltiplicazione e due stelle (**) vengono utilizzate per l'elevamento a potenza:

```
>>> 123 + 222 # Addizione intera
345
>>> 1.5 * 4 # Moltiplicazione in virgola mobile
6.0
>>> 2 ** 20 # 2 alla potenza 100
1267650600228229401496703205376
```

Oltre alle espressioni, ci sono una manciata di utili moduli forniti con Python. I moduli sono solo pacchetti di strumenti aggiuntivi che importiamo per l'uso:

```
>>> import math
>>> math.pi
3.141592653589793
>>> math.sqrt(85)
9.219544457292887
```

Il modulo `math` contiene strumenti numerici più avanzati come funzioni, mentre il modulo random esegue la generazione di numeri casuali e le selezioni casuali:

```
>>> import random
>>> random.random()
0.7082048489415967
>>> random.choice([1, 2, 3, 4])
1
```

Finora, abbiamo utilizzato Python in modo molto simile a una semplice calcolatrice; per rendere giustizia ai suoi tipi integrati, passiamo all'esplorazione delle stringhe.

Stringhe

Le stringhe vengono utilizzate per registrare sia informazioni testuali (il tuo nome, ad esempio) che raccolte arbitrarie di byte (come il contenuto di un file di immagine). Sono il nostro primo esempio di ciò che in Python chiamiamo sequenza ovvero una raccolta ordinata in base alla posizione di altri oggetti.

Le sequenze mantengono un ordine da sinistra a destra degli elementi che contengono: i loro elementi vengono memorizzati e recuperati dalle loro posizioni relative. A rigor di termini, le stringhe sono sequenze di stringhe di un carattere; altri tipi di sequenza più generali includono elenchi e tuple, che vedremo in seguito. Come sequenze, le stringhe supportano operazioni che assumono un ordinamento posizionale tra gli elementi, ad esempio, se abbiamo una stringa di quattro caratteri codificata tra virgolette, possiamo verificarne la lunghezza con la funzione incorporata len e recuperarne i componenti con espressioni di indicizzazione:

```
>>> S = 'Spam' # Crea una stringa di 4 caratteri e
assegnale un nome
>>> len (S)   # Lunghezza
4
>>> S [0] # Il primo elemento in S, indicizzato in
base alla posizione a base zero
'S'
>>> S [1] # Il secondo elemento da sinistra
"p"
```

In Python, gli indici sono codificati come offset dalla parte anteriore, quindi iniziano da 0 e il primo elemento si trova all'indice 0, il secondo all'indice 1 e così via. Osserva come abbiamo assegnato la stringa a una variabile denominata S, ricorda che le variabili Python non devono mai essere dichiarate in anticipo.

Una variabile viene creata quando le si assegna un valore, può essere assegnato a qualsiasi tipo di oggetto e viene sostituita con il suo valore quando viene visualizzato in un'espressione. Per gli scopi di questo capitolo, è sufficiente sapere che dobbiamo assegnare un oggetto a una variabile per salvarlo per un uso successivo.

In Python, possiamo anche indicizzare al contrario ovvero dalla fine: gli indici positivi contano da sinistra e gli indici negativi contano a ritroso da destra:

```
>>> S [-1] # L'ultimo elemento dalla fine in S
'm'
>>> S [-2] # Il penultimo elemento dalla fine
'a'
```

Formalmente, un indice negativo viene semplicemente aggiunto alla lunghezza della stringa, quindi le due operazioni seguenti sono equivalenti (sebbene la prima sia più facile da codificare e meno incline ad errori):

```
>>> S [-1] # L'ultimo elemento in S
'm'
>>> S [len (S) -1] # Indicizzazione negativa, nel
modo più rigoroso
'm'
```

Nota che possiamo usare un'espressione arbitraria tra parentesi quadre, non solo un numero — ovunque Python si aspetti un valore, possiamo usare un letterale, una variabile o una qualsiasi espressione.

La sintassi di Python è completamente generale in questo modo. Oltre alla semplice indicizzazione posizionale, le sequenze supportano anche una forma più generale di indicizzazione nota come slicing, che è un modo per estrarre un'intera sezione (slice) in un unico passaggio. Ad esempio:

```
>>> S # Una stringa di 4 caratteri
"Spam"
>>> S [1: 3] # Parte di S dagli offset 1 a 2 (non 3)
```

```
"pa"
```

Probabilmente il modo più semplice per pensare alle sezioni è che sono un modo per estrarre un'intera colonna da una stringa. La loro forma generale, X [I: J], significa "dammi tutto in X dall'offset I fino all'offset J escluso". Il risultato viene restituito in un nuovo oggetto.

La seconda delle operazioni precedenti, ad esempio, ci fornisce tutti i caratteri nella stringa S dagli offset 1 a 2 (cioè da 1 a 3 - 1) come una nuova stringa. L'effetto è quello di suddividere i due caratteri al centro.

Infine, come sequenze, le stringhe supportano anche la concatenazione con il segno + (unendo due stringhe in una nuova stringa) e la ripetizione (creando una nuova stringa ripetendone un'altra):

```
>>> S
'Spam'
>>> S + 'xyz' # Concatenazione
'Spamxyz'
>>> S # S è rimasto invariato
'Spam'
>>> S * 8 # Ripetizione
'SpamSpamSpamSpamSpamSpamSpamSpam'
```

Nota che il segno più (+) assume diversi significati per oggetti diversi: addizione per i numeri e concatenazione per le stringhe. Questa è una proprietà generale di Python che chiameremo polimorfismo, in sintesi, il significato di un'operazione dipende dagli oggetti su cui si opera. Questa proprietà del polimorfismo spiega gran parte della concisione e della flessibilità del codice Python.

Poiché i tipi non sono vincolati, un'operazione codificata in Python può funzionare normalmente su molti tipi diversi di oggetti automaticamente, purché supportino un'interfaccia compatibile (come l'operazione + in questo caso).

Verifica la tua preparazione

1. Nomina quattro dei principali tipi di dati in Python.

2. Perché sono detti tipi di dati "core"?

Capitolo 3: Strutture dati

Liste

L'oggetto liste (o elenco) in Python è la sequenza più generale fornita dal linguaggio. Le liste sono raccolte ordinate in base alla posizione di oggetti tipizzati arbitrariamente e non hanno dimensioni fisse. Sono anche modificabili, infatti, a differenza delle stringhe, le liste possono essere modificate per posizione tramite assegnazione a offset e una varietà di metodi. Di conseguenza, forniscono uno strumento molto flessibile per rappresentare raccolte arbitrarie: elenchi di file in una cartella, dipendenti di un'azienda, messaggi di posta elettronica nella posta in arrivo e così via.

Poiché sono sequenze, le liste supportano tutte le operazioni di sequenza che abbiamo discusso per le stringhe; l'unica differenza è che i risultati di solito sono elenchi anziché stringhe. Ad esempio, dato un elenco di tre elementi:

```
>>> L = [123, 'spam', 1.23] # Un elenco di tre
oggetti di tipo diverso
>>> len (L) # Numero di elementi nell'elenco
3
```

possiamo utilizzare gli indici, sezionare e così via, proprio come per le stringhe:

```
>>> L [0] # Indicizzazione per posizione
123
>>> L [: - 1] # Se si seziona una lista ne viene
restituita una nuova
[123, 'spam']
>>> L + [4, 5, 6] # Concatenazione / ripetizione
creano nuovi elenchi
[123, 'spam', 1.23, 4, 5, 6]
>>> L * 2
[123, 'spam', 1.23, 123 , 'spam', 1.23]
```

```
>>> L # Non stiamo cambiando l'elenco originale
[123, 'spam', 1.23]
```

Gli elenchi di Python possono ricordare gli array di altri linguaggi, ma tendono ad essere più potenti. Per prima cosa, non hanno vincoli sul tipo: l'elenco che abbiamo appena visto, ad esempio, contiene tre oggetti di tipi completamente diversi (un intero, una stringa e un numero in virgola mobile).

Inoltre, gli elenchi non hanno dimensioni fisse, cioè, possono crescere e ridursi su richiesta, in risposta ad operazioni specifiche dell'elenco:

```
>>> L.append ('NI') # aggiungo un oggetto alla fine
dell'elenco
>>> L
[123, 'spam', 1.23, 'NI']
>>> L.pop (2) # elimina un elemento al centro e
restituisce l'elemento eliminato
1.23
>>> L
[123, 'spam', ' NI ']
```

Qui, il metodo append della lista espande le dimensioni della lista e inserisce un elemento alla fine; il metodo pop rimuove un elemento ad un dato offset, causando la riduzione dell'elenco. Altri metodi inseriscono un elemento in una posizione arbitraria (insert), rimuovono un dato elemento per valore (remove), aggiungono più elementi alla fine (extend) e così via. Poiché gli elenchi sono modificabili, la maggior parte dei metodi di elenco cambia l'oggetto elenco in posizione, invece di crearne uno nuovo:

```
>>> M = ['bb', 'aa', 'cc']
>>> M.sort()
>>> M
['aa', 'bb', 'cc']
>>> M.reverse()
>>> M
['cc', 'bb', 'aa']
```

Il metodo `sort` dell'elenco, ad esempio, ordina l'elenco in modo crescente per impostazione predefinita e `reverse` lo inverte: in entrambi i casi, i metodi modificano l'elenco in modo diretto.

Una caratteristica interessante dei tipi di dati principali di Python è che supportano la nidificazione arbitraria: possiamo nidificarli in qualsiasi combinazione e in profondità. Ad esempio, possiamo avere un elenco che contiene un dizionario, che contiene un altro elenco e così via. Un'applicazione immediata di questa caratteristica è la rappresentazione di matrici, o "array multidimensionali" in Python. Un elenco con elenchi annidati farà il lavoro si presenterà in questo modo:

```
>>> M = [[1, 2, 3],  # Una matrice 3 x 3
         [4, 5, 6],
         [7, 8, 9]]
>>> M
[[1, 2, 3], [4, 5, 6], [7, 8, 9]]
```

Qui abbiamo codificato un elenco che contiene altri tre elenchi. L'effetto è quello di rappresentare una matrice di numeri 3 × 3 (righe x colonne). È possibile accedere a tale struttura in vari modi:

```
>>> M [1]  # Ottieni la riga 2
[4, 5, 6]
>>> M [1] [2]  # Ottieni la riga 2, quindi ottieni
l'elemento in posizione 2 all'interno della riga
6
```

La prima operazione qui recupera l'intera seconda riga e la seconda recupera il terzo elemento all'interno di quella riga (da sinistra verso destra). Mettendo insieme le operazioni sugli indici è possibile scorrere sempre più in profondità nella struttura di oggetti annidati.

Dizionari

I dizionari Python sono qualcosa di completamente diverso: non sono affatto sequenze ma sono invece conosciute come mappings (o mappature). Le mappature sono raccolte di altri oggetti ma memorizzano gli oggetti per chiave invece che per posizione.

In effetti, le mappature non mantengono alcun ordine affidabile da sinistra a destra; mappano semplicemente le chiavi ai valori associati. Anche i dizionari, che sono l'unico tipo di mappatura nell'insieme di oggetti principali di Python, sono mutabili: come gli elenchi, possono essere modificati in posizione e possono crescere e ridursi su richiesta.

Inoltre, come gli elenchi, sono uno strumento flessibile per rappresentare le raccolte, ma le loro chiavi sono più adatte quando gli elementi di una raccolta sono denominati o etichettati, ad esempio i campi di un record di database.

Quando scritti come letterali, i dizionari sono codificati tra parentesi graffe e sono costituiti da una serie di coppie "chiave: valore". I dizionari sono utili ogni volta che abbiamo bisogno di associare un insieme di valori a chiavi, ad esempio per descrivere le proprietà di qualcosa. Considera il seguente dizionario composto da tre voci (con le chiavi "cibo", "quantita" e "colore"):

```
>>> D = {'cibo': 'Carne poco cotta',' quantita': 1,'
color ':' rosa'}
```

Possiamo indicizzare questo dizionario in base alle chiavi per recuperare o modificare i valori associati. L'operazione di indice del dizionario utilizza la stessa sintassi di quella utilizzata per le sequenze, ma l'elemento tra parentesi quadre è una chiave, non una posizione relativa:

```
>>> D ['cibo'] # Recupera il valore della chiave
```

```
'cibo'
'Carne poco cotta'
>>> D ['quantita'] + = 1 # Aggiungi 1 al valore
'quantita'
>>> D
{'colore': 'rosa', 'cibo': 'Carne poco cotta',
'quantita': 2}
```

Sebbene sia usata la forma letterale delle parentesi graffe, forse è più comune vedere dizionari costruiti in modi diversi (è raro conoscere tutti i dati del programma prima che il programma venga eseguito).

Il codice seguente, ad esempio, inizia con un dizionario vuoto e lo riempie una chiave alla volta. A differenza delle assegnazioni fuori limite negli elenchi, che sono vietate, le assegnazioni di nuove chiavi del dizionario creano quelle chiavi:

```
>>> D = {}
>>> D ['nome'] = 'Antonio' # Crea chiavi per
assegnazione
>>> D ['lavoro'] = 'ingegnere'
>>> D ['eta'] = 30
>>> D {'eta': 30, 'lavoro': 'ingegnere', 'nome':
'Antonio' }
>>> print (D ['nome'])
'Antonio'
```

In questo caso, stiamo effettivamente usando le chiavi del dizionario come nomi di campo in un record che descrive una persona. In altre applicazioni, i dizionari possono essere utilizzati anche per sostituire le operazioni di ricerca: l'indicizzazione di un dizionario per chiave è spesso il modo più veloce per codificare una ricerca in Python.

Supponiamo, però, che le informazioni siano più complesse. Forse abbiamo bisogno di registrare un nome e un cognome, insieme a più titoli per il lavoro. Questo porta a un'altra applicazione della nidificazione degli oggetti di Python.

Il seguente dizionario, codificato tutto in una volta come letterale, acquisisce informazioni più strutturate:

```
>>> rec = {'identita': {'nome': 'Antonio', 'cognome':
'Rossi'}, 'lavoro': ['ingegnere', 'sviluppatore'],
'eta': 30}
```

Anche in questo caso abbiamo un dizionario a tre chiavi in alto (chiavi "identita", "lavoro" e "eta"), ma i valori sono diventati più complessi: un dizionario annidato per l'identità per supportare più parti e un elenco annidato per i lavori per supportare più ruoli ed espansioni future.

Possiamo accedere ai componenti di questa struttura come abbiamo fatto in precedenza per la nostra matrice basata su liste, ma questa volta la maggior parte degli indici sono chiavi di dizionario, non posizioni di una lista:

```
>>> rec ['identita'] # 'identita' è un dizionario
annidato
{'cognome': 'Rossi','nome':'Antonio'}
>>> rec ['identita']['nome'] # Indicizza il
dizionario annidato
'Antonio'
>>> rec ['lavoro'] # 'lavoro' è un elenco annidato
[ 'ingegnere', 'sviluppatore']
>>> rec ['lavoro'] [- 1] # Indicizza l'elenco
annidato
'sviluppatore'
>>> rec ['lavoro'].append('leader') # Espandi la
descrizione del lavoro di Antonio in posizione
>>> rec
{'eta': 30, 'lavoro': ['ingegnere', 'sviluppatore',
'leader'],'identita': {'nome': 'Antonio', 'cognome':
'Rossi'}}
```

Nota come l'ultima operazione qui espande l'elenco dei lavori annidati: poiché l'elenco dei lavori è una parte di memoria separata dal dizionario che lo contiene, può crescere e ridursi liberamente. La vera ragione per mostrarti questo esempio è dimostrare la flessibilità dei principali tipi di dati in Python. Come puoi vedere, l'annidamento ci consente di rappresentare informazioni complesse in modo facile e diretto. La costruzione di una struttura simile in un linguaggio di basso livello come il C sarebbe più noiosa e richiederebbe molto più codice: dovremmo disporre e dichiarare strutture, array, compilare valori, collegare tutto insieme e così via.

In Python, questo è del tutto automatico: l'esecuzione crea per noi l'intera struttura di oggetti annidati. In effetti, questo è uno dei principali vantaggi dei linguaggi di scripting come Python. Altrettanto importante, in un linguaggio di basso livello è l'attenzione nel ripulire tutto lo spazio occupato dall'oggetto quando non ne abbiamo più bisogno. In Python, quando perdiamo l'ultimo riferimento all'oggetto, assegnando la sua variabile a qualcos'altro, per esempio, tutto lo spazio di memoria occupato dalla struttura di quell'oggetto viene automaticamente ripulito per noi:

```
>>> rec = 0 # Ora lo spazio dell'oggetto viene
recuperato automaticamente
```

Tecnicamente parlando, Python ha una funzionalità nota come garbage collection che ripulisce la memoria inutilizzata durante l'esecuzione del programma e ti esonera dal dover gestire tali dettagli nel tuo codice.

Tuple

L'oggetto tupla è più o meno come un elenco che non può essere modificato: le tuple sono sequenze come elenchi ma sono immutabili, come le stringhe. Funzionalmente, vengono utilizzate per rappresentare raccolte fisse di elementi: i mesi del calendario, ad esempio.

Sintatticamente, sono normalmente codificati tra parentesi tonde al posto delle parentesi quadre e supportano tipi arbitrari, annidamenti arbitrari e le consuete operazioni di sequenza: >>> T = (1, 2, 3, 4) # Una tupla di 4 elementi

```
>>> len (T) # Lunghezza
4
>>> T + (5, 6) # Concatenazione
(1, 2, 3, 4, 5, 6)
>>> T [0] # Indicizzazione
1
```

Anche le tuple hanno metodi richiamabili e specifici per tipo ma non così tanti come gli elenchi:

```
>>> T.index(4) # 4 appare all'offset 3
3
>>> T.count(4) # 4 appare una volta
1
```

La distinzione principale per le tuple è che non possono essere modificate una volta create infatti sono sequenze immutabili (le tuple di un elemento come quella di seguito richiedono una virgola finale):

```
>>> T [0] = 2 # Le tuple sono immutabili...
```

In caso di modifica di un valore avremmo questo errore: TypeError: 'tuple' object does not support item assignment.

```
>>> T = (2,) + T [1:]  # Crea una nuova tupla per un
nuovo valore
>>> T
(2, 2, 3, 4)
```

Come elenchi e dizionari, le tuple supportano tipi misti e annidamenti ma non crescono e non si riducono in termini di dimensioni perché sono immutabili:

```
>>> T = 'spam', 3.0, [11, 22, 33]
>>> T [1]
3.0
>>> T[2][1]
22
```

Considerate le loro specifiche, perché usare le tuple? Ha senso avere un tipo che è come un elenco, ma supporta meno operazioni? In realtà, le tuple non sono usate così spesso come le liste, ma la loro immutabilità è il punto centrale.

Se si utilizza una raccolta di oggetti in un programma come elenco, è possibile modificarlo ovunque; se si usa una tupla, non è possibile. Le tuple forniscono una sorta di vincolo di integrità che è conveniente nei programmi molto grandi.

Verifica la tua preparazione

1. Cosa vuol dire immutabile e quali tipi di dati lo sono?

2. Cos'è una mappatura? E' possibile usarla per descrivere le componenti di un'automobile?

3. Scrivi un programma che utilizzi i tipi di dati appropriati per descrivere la tua stanza.

Capitolo 4: File e Set

File

Gli oggetti `File` sono l'interfaccia principale del codice Python per i file esterni presenti sul tuo computer. Possono essere utilizzati per leggere e scrivere testo, clip audio, documenti Excel, messaggi di posta elettronica e qualsiasi altra cosa che ti capita di memorizzare sulla tua macchina. I `File` sono un tipo di base, ma sono qualcosa di strano: non esiste una sintassi letterale specifica per crearli. Piuttosto, per creare un oggetto file, bisogna invocare la funzione incorporata `open`, passando nome file esterno e modalità di elaborazione come stringhe.

Ad esempio, per creare un file di output di testo, devi passare il suo nome e la stringa della modalità di elaborazione `'w'` per scrivere i dati:

```
>>> f = open ('data.txt', 'w') # Crea un nuovo file
in modalità output ('w' indica write)
>>> f.write ('Hello \n') # Scrive stringhe di
caratteri
6
>>> f.write ('world \n') # Restituisce il numero di
elementi scritti
6
>>> f.close () # Scarica il buffer di output su disco
```

Questo codice crea un file nella directory corrente e vi scrive del testo (il nome del file può essere il percorso completo della directory se è necessario accedere a un file posizionato altrove sul tuo computer).

Per rileggere ciò che hai appena scritto, riapri il file in modalità di elaborazione `'r'`, per leggere l'input di testo: questa è l'impostazione predefinita se ometti la modalità nella funzione.

Il contenuto di un file è sempre una stringa nel tuo script, indipendentemente dal tipo di dati che il file contiene:

```
>>> f = open ('data.txt') # 'r' (lettura) è la
modalità di elaborazione predefinita
>>> text = f.read() # Legge l'intero file in una
stringa
>>> text
'Hello \nworld \n'
>>> print (text) # print interpreta i caratteri di
controllo (\n)
Hello
world
>>> text.split() # Il contenuto del file è sempre una
stringa
['Hello', 'world']
```

Altri metodi per oggetti File supportano funzionalità aggiuntive, ad esempio, ci sono più modi di leggere e scrivere (read accetta una dimensione massima di byte / carattere come valore opzionale, readline legge una riga alla volta).

In realtà, il modo migliore per leggere un file è non leggerlo affatto: i file forniscono un iteratore che legge automaticamente riga per riga nei cicli for e in altri contesti:

```
>>> for riga in open('data.txt'): print (riga)
```

Prova ad eseguire questi comandi se vuoi subito una rapida anteprima, così come puoi eseguire una chiamata a dir su qualsiasi file aperto oppure help su uno qualsiasi dei nomi di metodi restituiti da dir:

```
>>> dir(f) [... 'buffer', 'close', 'closed',
'detach', 'encoding', 'errors', 'fileno', 'flush',
'isatty', 'line_buffering', 'mode', 'name',
'newlines', 'read', 'readable', 'readline',
'readlines', 'seek', 'seekable', 'tell', 'truncate',
'writable', 'write', 'writelines']
>>>help(f.seek)
```

...prova e vedrai...

Set

Da Python 2.4 è stato introdotto un nuovo tipo di raccolta, i `Set`, una raccolta non ordinata di oggetti unici e immutabili che supporta operazioni corrispondenti alla teoria matematica degli insiemi. Per definizione, un elemento appare solo una volta in un set, indipendentemente da quante volte viene aggiunto. Di conseguenza, i set hanno una varietà di applicazioni, specialmente nel lavoro numerico e incentrato sul database.

Poiché gli insiemi sono raccolte di altri oggetti, condividono alcuni comportamenti con oggetti come elenchi e dizionari. Ad esempio, i set sono iterabili, possono crescere e ridursi su richiesta e possono contenere una varietà di tipi di oggetti. Come vedremo, un insieme si comporta in modo molto simile alle chiavi di un dizionario senza valore ma supporta operazioni extra.

Tuttavia, poiché gli insiemi non sono ordinati e non associano le chiavi ai valori, non sono né sequenze né mappature; sono una categoria di tipo a sé stante. Inoltre, poiché gli insiemi sono fondamentalmente di natura matematica, esploreremo qui l'utilità di base degli oggetti dell'insieme di Python.

In Python 3.X e 2.7 (deprecata ma ancora usata in molti sistemi), è possibile definire i set nei seguenti modi:

```
set ([1, 2, 3, 4])
{1, 2, 3, 4}
```

Questa sintassi ha senso, dato che gli insiemi sono essenzialmente come i dizionari ma senza valore e, poiché gli elementi di un insieme sono non ordinati, unici e immutabili, gli elementi si comportano in modo molto simile alle chiavi di un dizionario. Questa somiglianza operativa è ancora più sorprendente dato che gli elenchi di chiavi del dizionario sono *viste*, che supportano un comportamento simile a un insieme come intersezioni e unioni.

In tutte le versioni di Python, la sintassi `set` è ancora richiesta per creare insiemi vuoti e per costruire insiemi da oggetti iterabili esistenti.

Giochiamo un po' con gli insiemi:

```
>>> set([1, 2, 3, 4])
{1, 2, 3, 4}
>>> set('spam') # Aggiungi tutti gli elementi in un
iteratore
{'s', 'a', 'p', 'm'}
>>> {1, 2, 3, 4} # Sintassi alternativa
{1, 2, 3, 4}
>>> S = {'s', 'p', 'a', 'm'}
>>> S
{'s', 'a', 'p', 'm'}
>>> S.add('alot')
>>> S
{'s', 'a', 'p', 'alot', 'm'}
```

Trattandosi di insiemi, è possibile creare l'intersezione, l'unione e la differenza tra insiemi:

```
>>> S1 = {1, 2, 3, 4}
>>> S1 & {1, 3} # Intersezione
{1, 3}
>>> {1, 5, 3, 6} | S1 # Unione
{1, 2, 3, 4, 5, 6}
>>> S1 - {1, 3, 4} # Differenza
{2}
>>> S1> {1, 3} # Superset
True
```

Verifica la tua preparazione

1. Qual è l'impostazione predefinita per la modalità di elaborazione di un file per la funzione open?

2. Scrivi uno script che crei un nuovo file di output chiamato prova.txt contenente la stringa "Questo è il mio primo file". Quindi scrivi un altro script che apra prova.txt, legga e stampi il suo contenuto in almeno due modi diversi. Esegui i tuoi due script dalla riga di comando del sistema. Il nuovo file viene visualizzato nella directory in cui hai eseguito gli script? Cosa succede se aggiungi un percorso di directory diverso al nome del file passato per la funzione open?

Capitolo 5: Funzioni e moduli

Funzioni

In termini semplici, una funzione raggruppa un insieme di istruzioni in modo che possano essere eseguite più di una volta in un programma: una procedura impacchettata ed invocata per nome.

Le funzioni possono anche calcolare un risultato e permetterci di specificare i parametri che servono come input della funzione, tali valori possono differire ogni volta che il codice viene eseguito. Codificare un'operazione come una funzione la rende uno strumento generalmente utile, che possiamo usare in una varietà di contesti diversi.

Fondamentalmente, le funzioni sono l'alternativa alla programmazione copia e incolla: invece di avere più copie ridondanti del codice, possiamo scomporlo in un'unica funzione. Così facendo riduciamo radicalmente il nostro lavoro futuro: se l'operazione deve essere modificata in un secondo momento, abbiamo solo una copia da aggiornare della funzione e non diverse copie sparse nel programma.

Le funzioni sono anche la struttura di programma più basilare che Python fornisce per massimizzare il riutilizzo del codice e ci portano alle nozioni più ampie di progettazione del software. Come vedremo, le funzioni ci consentono di suddividere sistemi complessi in parti gestibili, scomponendo i problemi. Implementando ogni parte come una funzione, la rendiamo sia riutilizzabile che più facile da codificare.

Prima di entrare nei dettagli, stabiliamo un quadro chiaro di cosa trattano le funzioni. Le funzioni sono un metodo di strutturazione del programma quasi universale. Potresti averle già incontrate prima in altri linguaggi, dove potrebbero essere stati chiamate subroutine o procedure.

Come nella maggior parte dei linguaggi di programmazione, le funzioni Python sono il modo più semplice per impacchettare la logica che potresti voler usare in più di un posto e più di una volta. Fino ad ora, tutto il codice che abbiamo scritto è stato eseguito immediatamente, le funzioni ci consentono di raggruppare e generalizzare il codice da utilizzare arbitrariamente diverse volte in seguito.

Poiché ci consentono di codificare un'operazione in un unico posto e di usarla dove necessario, le funzioni Python sono lo strumento di factoring più basilare nel linguaggio: ci consentono di ridurre la ridondanza del codice nei nostri programmi e quindi ridurre lo sforzo di manutenzione.

Facciamo un esempio, per fare una pizza da zero, dovresti iniziare mescolando l'impasto, stenderlo, aggiungere i condimenti, cuocerlo e così via. Se stai programmando un robot che faccia la pizza, le funzioni potrebbero aiutare a dividere il compito generale di "fare la pizza" in blocchi, una funzione per ogni attività dell'intero processo.

È più facile implementare le attività più piccole isolatamente rispetto ad implementare l'intero processo in una sola volta. In generale, le funzioni riguardano la procedura: come fare qualcosa, piuttosto che "per cosa la stai facendo".

Come vedrai, le funzioni non implicano molta nuova sintassi, ma ci portano ad alcune idee di programmazione più grandi ed importanti.

Scriviamo un primo esempio reale per dimostrare le basi. Come vedrai, ci sono due fasi per una funzione: una definizione (la `def` che crea una funzione) e una chiamata (espressione che dice a Python di eseguire il corpo della funzione).

Ecco una definizione digitata in modo interattivo che definisce una funzione chiamata `moltiplica`, che restituisce il prodotto dei suoi due argomenti:

```
>>> def moltiplica (x, y): # Crea e assegna funzione
... return x * y # Corpo da eseguire quando invocata
```

Quando Python raggiunge ed esegue questo `def`, crea un nuovo oggetto funzione che impacchetta il codice della funzione e assegna l'oggetto al nome `moltiplica`. In genere, tale istruzione è codificata in un file di modulo e viene eseguita quando il file allegato viene importato; per qualcosa di così piccolo, però, la shell interattiva è sufficiente.

L'istruzione `def` crea una funzione ma non la invoca. Dopo che `def` è stato eseguito, puoi chiamare (eseguire o invocare) la funzione nel tuo programma aggiungendo parentesi dopo il nome della funzione. Le parentesi possono opzionalmente contenere uno o più argomenti da passare (assegnare) ai nomi nell'intestazione della funzione:

```
>>> moltiplica (2, 4) # Argomenti tra parentesi
8
```

Questa espressione passa due argomenti a `moltiplica`. Come accennato in precedenza, gli argomenti vengono passati per assegnazione, quindi in questo caso al nome `x` nell'intestazione della funzione viene assegnato il valore 2, a `y` viene assegnato il valore 4 e il corpo della funzione viene eseguito. Per questa funzione, il corpo è solo un'istruzione `return` che restituisce il risultato come valore dell'espressione di chiamata.

L'oggetto restituito è stato stampato qui in modo interattivo (come nella maggior parte dei linguaggi, 2 * 4 è 8 in Python) ma se avessimo bisogno di usarlo in seguito potremmo invece assegnarlo a una variabile. Ad esempio:

```
>>> x = moltiplica(3.14, 4) # Salva l'oggetto
risultato
>>> x
12.56
```

Ora, guarda cosa succede quando la funzione viene chiamata una terza volta, con tipi di oggetti diversi passati in input:

```
>>> moltiplica('Ni', 4) # Le funzioni sono "senza
tipo"
'NiNiNiNi'
```

Questa volta, la nostra funzione assume un significato completamente diverso. In questa terza chiamata, una stringa e un numero intero vengono passati a `x` e `y`, al posto dei due numeri. Ricorda che * funziona sia su numeri che su sequenze; poiché non dichiariamo mai i tipi di variabili, argomenti o valori restituiti in Python, possiamo usare `moltiplica` per moltiplicare numeri o ripetere stringhe.

In altre parole, `moltiplica` funziona in base a ciò che gli passiamo. Questa è un'idea fondamentale in Python (e forse la chiave per usare bene tale linguaggio).

Moduli

Un modulo Python è l'unità di organizzazione del programma di livello più alto, che impacchetta codice e dati del programma per il riutilizzo e fornisce *namespace* autosufficienti che riducono al minimo i conflitti di nomi di variabili tra i programmi. In termini concreti, i moduli corrispondono tipicamente ai file di programma Python.

Ogni file è un modulo e i moduli importano altri moduli per utilizzare i nomi che definiscono. I moduli potrebbero anche corrispondere a estensioni codificate in linguaggi esterni come C, Java o C# e persino a directory nelle importazioni di pacchetti. I moduli vengono elaborati con due istruzioni e una funzione importante:

- `import`: consente a un client di recuperare un modulo nel suo insieme
- `from`: consente ai client di recuperare nomi particolari da un modulo
- `imp.reload`: fornisce un modo per ricaricare il codice di un modulo senza fermare l'esecuzione di Python.

Esaminiamo le basi dei moduli per offrire uno sguardo generale al ruolo dei moduli nella struttura generale del programma. Poiché i moduli e le classi sono in realtà solo namespace glorificati, qui formalizzeremo anche i concetti del namespace (o spazio dei nomi).

Perché utilizzare i moduli? In breve, i moduli forniscono un modo semplice per organizzare i componenti in un sistema fungendo da pacchetti autonomi di variabili, noti come namespace. Tutti i nomi definiti al livello superiore di un modulo diventano attributi dell'oggetto modulo importato.

I moduli di Python ci consentono di collegare singoli file in un software più ampio. Più specificamente, i moduli hanno almeno tre ruoli: riutilizzo del codice, partizionamento del namespace e implementazione di servizi o dati condivisi.

I moduli, infatti, consentono di salvare il codice all'interno di file in modo permanente. A differenza del codice digitato al prompt interattivo di Python, che scompare quando termina la sessione, il codice nei file del modulo è persistente: può essere ricaricato e rieseguito tutte le volte che è necessario.

Altrettanto importante, i moduli sono un luogo per definire i nomi, noti come attributi, a cui possono fare riferimento più client esterni. Se utilizzato correttamente, supporta un design di programma modulare che raggruppa le funzionalità in unità riutilizzabili.

I moduli sono anche l'unità di organizzazione del programma di livello più alto in Python e, sebbene siano fondamentalmente solo pacchetti di nomi, essi sono anche autonomi: non è mai possibile vedere un nome in un altro file, a meno che non si importi esplicitamente quel file. Questo aiuta ad evitare conflitti di nomi tra i programmi e, in effetti, non puoi evitare questa caratteristica: tutto "vive" in un modulo, sia il codice che esegui sia gli oggetti che crei sono sempre implicitamente racchiusi nei moduli. Per questo motivo, i moduli sono strumenti naturali per raggruppare le componenti di un sistema.

Da un punto di vista operativo, i moduli sono utili anche per implementare componenti condivise in un sistema, che richiedono quindi solo una singola copia. Ad esempio, se è necessario fornire un oggetto globale utilizzato da più di una funzione o file, è possibile codificarlo in un modulo che può quindi essere importato da molti client.

Finora in questo libro, ho addolcito parte della complessità nelle mie descrizioni dei programmi Python. In pratica, i programmi di solito coinvolgono più di un file. Tranne gli script più semplici, i vostri programmi assumeranno la forma di sistemi a più file. Anche se riesci a cavartela con la codifica di un singolo file da solo, quasi sicuramente finirai per utilizzare file esterni che qualcun altro ha già scritto per te.

Python promuove una struttura di programma modulare che raggruppa le funzionalità in unità coerenti e riutilizzabili, in modi naturali e quasi automatici.

Come strutturare un programma? A un livello base, un programma Python è costituito da file di testo contenenti istruzioni Python, con un file principale di primo livello e zero o più file supplementari noti come moduli. Il file di primo livello (noto anche come script) contiene il flusso principale di controllo del programma: questo è il file che esegui per avviare l'applicazione.

I file del modulo sono librerie di strumenti che servono per raccogliere i componenti utilizzati dal file di primo livello e possibilmente altrove. I file di primo livello utilizzano strumenti definiti nei file di modulo, mentre i moduli utilizzano strumenti definiti in altri moduli.

Sebbene siano anche file di codice, i file dei moduli generalmente non fanno nulla quando vengono eseguiti direttamente; piuttosto, definiscono strumenti destinati all'uso in altri file. Un file importa un modulo per ottenere l'accesso agli strumenti che definisce, noti come attributi: nomi di variabili associati a oggetti come le funzioni. Infine, importiamo i moduli e accediamo ai loro attributi per utilizzare i loro strumenti.

Supponiamo di avere la struttura di un programma Python composto da tre file: a.py, b.py e c.py. Il file a.py viene scelto come file di primo livello; sarà un semplice file di testo di istruzioni, che viene eseguito dall'alto verso il basso quando viene lanciato.

I file b.py e c.py sono moduli; semplici file di testo di istruzioni ma di solito non vengono avviati direttamente. I moduli vengono normalmente importati da altri file che desiderano utilizzare gli strumenti definiti dai moduli. Ad esempio, supponiamo che il file b.py definisca una funzione chiamata spam, per uso esterno. In questo caso, `b.py` conterrà un'istruzione `def` di Python per generare la funzione, che potrai successivamente eseguire passando zero o più valori tra parentesi dopo il nome della funzione:

```
def spam(text):  # File b.py
    print(text, 'spam')
```

Ora, supponiamo che `a.py` voglia usare `spam`. A tal fine, potrebbe contenere istruzioni Python come le seguenti:

```
import b  # File a.py
b.spam('questo è')  # Stampa "questo è spam"
```

La prima di queste, un'istruzione `import` Python, fornisce al file `a.py` accesso a tutto ciò che è definito dal codice di primo livello nel file `b.py`. Il codice `import b` significa più o meno: carica il file `b.py` (a meno che non sia già caricato) e dammi l'accesso a tutti i suoi attributi tramite il nome `b`.

Per soddisfare tali obiettivi, le istruzioni `import` vengono eseguite e caricano altri file su richiesta. Più formalmente, in Python, il collegamento di moduli tra file non viene risolto finché tali istruzioni per l'importazione non vengono eseguite in fase di esecuzione; il loro effetto finale è quello di assegnare nomi di modulo - variabili semplici come `b` - agli oggetti modulo caricati.

Infatti, il nome del modulo utilizzato in un'istruzione di importazione ha due scopi: identifica il file esterno da caricare ma diventa anche una variabile assegnata al modulo caricato. Allo stesso modo, anche gli oggetti definiti da un modulo vengono creati in fase di run-time, mentre l'importazione è in esecuzione: `import` esegue letteralmente le istruzioni nel file di destinazione una alla volta per creare il suo contenuto.

Lungo il percorso, ogni nome assegnato al livello superiore del file diventa un attributo del modulo, accessibile agli "importatori". Ad esempio, la seconda delle istruzioni in a.py chiama la funzione spam definita nel modulo b, creata eseguendo l'istruzione def durante l'importazione, utilizzando la notazione dell'attributo oggetto. Il codice b.spam significa: recupera il valore del nome spam che risiede all'interno dell'oggetto b.

Questa è una funzione richiamabile nel nostro esempio, quindi passiamo una stringa tra parentesi ("questo è"). Se digiti effettivamente questi file, li salvi ed esegui a.py, verrà stampata la frase "questo è spam".

Anche la nozione di importazione è completamente generale in Python infatti qualsiasi file può importare strumenti da qualsiasi altro file. Ad esempio, il file a.py può importare b.py per chiamare la sua funzione ma b.py potrebbe anche importare c.py per sfruttare diversi strumenti definiti in quest'ultimo.

Le catene di importazione possono andare in profondità quanto vuoi: ad esempio, il modulo a può importare b, che può importare c, che può importare di nuovo b, e così via. Oltre a servire come struttura organizzativa più elevata, i moduli sono anche il più alto livello di riutilizzo del codice in Python. La codifica dei componenti nei file dei moduli li rende utili nel programma originale e in qualsiasi altro programma che potresti scrivere in seguito.

Ad esempio, se dopo aver codificato il programma precedente scopriamo che la funzione b.spam è uno strumento generico, possiamo riutilizzarlo in un programma completamente diverso; tutto quello che dobbiamo fare è importare di nuovo il file b.py nell'altro programma.

Verifica la tua preparazione

1. Scrivi un programma che conti le righe ed i caratteri in un file. Con il tuo editor di testo, codifica un modulo Python chiamato `miomodulo.py` che esporta: una funzione `contaRighe(nomeFile)` che legge un file di input e conta il numero di righe in esso, una funzione `contaCaratteri(nomeFile)` che legge un file di input e conta il numero di caratteri in esso ed una funzione `test(nomeFile)` che invoca entrambe le funzioni di conteggio con un dato nome di file come input. Tutte e tre le funzioni dovrebbero aspettarsi che venga passata una stringa come nome del file. Ogni funzione non dovrebbe essere più lunga di due o tre righe. Successivamente, prova il tuo modulo in modo interattivo, utilizzando `import` per recuperare le tue funzioni.

Capitolo 6: OOP

Classi

Finora in questo libro abbiamo utilizzato genericamente il termine "oggetto". In realtà, il codice scritto fino a questo punto è stato basato su oggetti: abbiamo passato oggetti ai nostri script, li abbiamo usati nelle espressioni, chiamato i loro metodi e così via. Affinché il nostro codice si qualifichi come veramente orientato agli oggetti (OOP), tuttavia, i nostri oggetti dovranno generalmente partecipare anche a qualcosa chiamato gerarchia di ereditarietà.

Le classi sono il principale strumento di programmazione orientata agli oggetti (OOP) di Python, quindi in questa parte del libro esamineremo anche le basi dell'OOP. OOP offre un modo di programmazione diverso e spesso più efficace, in cui prendiamo in considerazione il codice per ridurre al minimo la ridondanza e scriviamo nuovi programmi personalizzando il codice esistente invece di modificarlo all'origine.

In Python, le classi vengono create con una nuova istruzione: `class`. Come vedrai, gli oggetti definiti con le classi possono assomigliare molto ai tipi incorporati che abbiamo studiato in precedenza nel libro. Le classi, tuttavia, sono progettate per creare e gestire nuovi oggetti e supportare l'ereditarietà, un meccanismo di personalizzazione e riutilizzo del codice al di sopra e al di là di qualsiasi cosa vista finora.

Una nota in anticipo: in Python, l'OOP è del tutto facoltativo e non è necessario utilizzare le classi. È possibile svolgere molto lavoro con costrutti più semplici come funzioni o anche semplice codice di script di primo livello. Tuttavia, come vedrai in questa parte del libro, le classi risultano essere uno degli strumenti più utili forniti da Python. Se usate bene, le classi possono effettivamente ridurre drasticamente i tempi di sviluppo.

Sono impiegate in strumenti Python molto popolari come l'API GUI di tkinter, quindi la maggior parte dei programmatori Python troverà utile almeno una conoscenza pratica delle nozioni di base della classe.

Perché usare le classi? In termini semplici, le classi sono solo un modo per definire nuovi tipi di cose, che riflettono oggetti reali nel dominio di un programma. Ad esempio, supponiamo di implementare quell'ipotetico robot per la pizza che abbiamo usato come esempio nei capitoli precedenti. Se lo implementiamo usando le classi, possiamo modellare più della sua struttura e delle relazioni del mondo reale.

Due aspetti dell'OOP si dimostrano utili in questo caso: ereditarietà e composizione.

I robot per la produzione di pizza sono tipi di robot, quindi possiedono le solite proprietà dei robot. In termini OOP, diciamo che "ereditano" proprietà dalla categoria generale di tutti i robot e queste proprietà comuni devono essere implementate solo una volta per il caso generale e possono essere riutilizzate da parte o completamente da tutti i tipi di robot che potremmo costruire in futuro.

I robot per la pizza sono in realtà raccolte di componenti che lavorano insieme come una squadra. Ad esempio, affinché il nostro robot abbia successo, potrebbero essere necessarie delle "braccia" per stendere l'impasto, motori per manovrare la pala nel forno e così via. Nel linguaggio OOP, il nostro robot è un esempio di composizione cioè contiene altri oggetti che attiva per eseguire le sue azioni.

Ogni componente potrebbe essere codificata come una classe, che definisce il proprio comportamento e le proprie relazioni.

Idee generali dell'OOP come ereditarietà e composizione si applicano a qualsiasi software che può essere scomposto in un insieme di oggetti. Ad esempio, nei tipici sistemi GUI, le interfacce sono scritte come raccolte di widget (pulsanti, etichette e così via) che vengono tutti disegnati quando viene disegnato il loro contenitore (composizione). Potremmo essere in grado di scrivere i nostri widget personalizzati -

pulsanti con caratteri particolari, etichette con nuovi schemi di colori ecc. - che sono versioni specializzate di dispositivi di interfaccia più generali (ereditarietà).

Da una prospettiva di programmazione più concreta, le classi sono unità di programma Python, proprio come funzioni e moduli.

In effetti, le classi definiscono anche nuovi namespace, proprio come i moduli. Tuttavia, rispetto ad altre unità di programma che abbiamo già visto, le classi hanno tre distinzioni fondamentali che le rendono più utili quando si tratta di costruire nuovi oggetti:

- istanze multiple
- personalizzazione tramite ereditarietà
- overloading degli operatori

Le classi sono essenzialmente delle fabbriche per la generazione di uno o più oggetti. Ogni volta che chiamiamo una classe, generiamo un nuovo oggetto con namespace distinto. Ogni oggetto generato da una classe ha accesso agli attributi della classe stessa e ottiene un proprio namespace per i dati, pertanto, le classi offrono una soluzione di programmazione completa.

Le classi supportano le nozioni di eredità OOP, infatti, possiamo estendere una classe ridefinendo i suoi attributi al di fuori della classe stessa in nuovi componenti software codificati come sottoclassi. Più in generale, le classi possono creare gerarchie di namespace, che definiscono i nomi che devono essere utilizzati dagli oggetti creati dalle classi nella gerarchia. Questo supporta comportamenti personalizzabili in modo più diretto rispetto ad altri strumenti.

Fornendo metodi di protocollo speciali, le classi possono definire oggetti che rispondono al tipo di operazioni che abbiamo visto al lavoro sui tipi incorporati. Ad esempio, gli oggetti creati con le classi possono essere suddivisi, concatenati, indicizzati e così via. Python fornisce degli *hook* che le classi possono usare per intercettare e implementare qualsiasi operazione di tipo integrata.

Alla sua base, il meccanismo di OOP in Python è riconducibile ad un argomento speciale nelle funzioni (per ricevere l'oggetto di una chiamata) e alla ricerca di attributi di ereditarietà (per supportare la programmazione tramite personalizzazione). Oltre a questo, il modello OOP è in gran parte costituito da funzioni che alla fine elaborano tipi integrati.

Sebbene non sia radicalmente nuovo, tuttavia, OOP aggiunge un ulteriore livello di struttura che supporta una programmazione migliore rispetto ai modelli procedurali tipici. Insieme agli strumenti funzionali che abbiamo incontrato in precedenza, rappresenta un importante passo di astrazione rispetto all'hardware del computer che ci aiuta a creare programmi più complessi.

Verifica la tua preparazione

1. Su cosa si basa la programmazione OOP?

2. Quali sono le caratteristiche di una classe? In cosa si differenzia dalle strutture esaminate in precedenza?

Capitolo 7: Iteratori

Al fine di poter iterare (o ciclare) su una serie di elementi è
fondamentale conoscere e saper usare gli iteratori. In realtà,
il ciclo `for` risulta essere molto generico e versatile: funziona
su qualsiasi oggetto iterabile. Il concetto di "oggetti iterabili"
è relativamente recente in Python ma è arrivato a permeare
il design del linguaggio.

È essenzialmente una generalizzazione della nozione di
sequenze: un oggetto è considerato iterabile se è una
sequenza memorizzata fisicamente o un oggetto che
produce un risultato alla volta nel contesto di uno strumento
di iterazione come un ciclo `for`. In un certo senso, gli oggetti
iterabili includono sia sequenze fisiche che sequenze virtuali
calcolate a richiesta.

```
>>> for x in [1, 2, 3, 4]: print(x ** 2, end=' ')
... 1 4 9 16
>>> for x in (1, 2, 3, 4): print(x ** 3, end=' ')
... 1 8 27 64
>>> for x in 'spam': print(x * 2, end=' ')
... ss pp aa mm
```

Oltre ai file e alle sequenze fisiche come gli elenchi, anche
altri tipi hanno iteratori utili. Il modo classico per scorrere le
chiavi di un dizionario, ad esempio, è il seguente:

```
>>> D = {'a':1, 'b':2, 'c':3}
```

```
>>> for chiave in D:
... print(chiave, D[chiave])
a 1
b 2
c 3
```

Anche le stringhe sono oggetti iterabili, contengono una sequenza di caratteri:

```
>>> for carattere in "prova":
... print(carattere)
p
r
o
v
a
```

Con l'istruzione break possiamo interrompere il ciclo anticipatamente, come si evince dall'esempio:

```
>>> for ruolo in ['dev', 'dev-ops', 'leader']:
... if (ruolo == 'dev-ops'): break
...print(ruolo)

dev
```

Come vedi l'istruzione break interrompe il ciclo al secondo elemento quindi non si procede alla valutazione della stringa 'leader'.

Verifica la tua preparazione

1. Crea una funzione che restituisca la somma dei numeri da 1 a 5.

2. Crea una funzione che, data una lista, restituisca la somma di tutti i numeri pari.

CSS

Premessa

I fogli di stile a cascata, in breve CSS, ti offrono un controllo creativo sul layout e sul design delle tue pagine web. Con i CSS, rendere il testo del tuo sito con titoli accattivanti, così come bordi e sfondi, è solo l'inizio. Puoi anche organizzare le immagini con precisione, creare colonne e banner ed evidenziare i tuoi collegamenti con effetti di dinamici. Puoi persino rendere gli elementi in dissolvenza in entrata o in uscita, spostare oggetti nella pagina o fare in modo che un pulsante cambi lentamente i colori quando un utente ci passa il mouse sopra.

Tutto ciò è piuttosto complicato, vero? Al contrario! L'idea alla base dei CSS è di semplificare il processo di styling delle pagine web.

Ricorda che CSS è un linguaggio di stile e lo usi per fare in modo che HTML, il linguaggio fondamentale di tutte le pagine web, abbia un bell'aspetto. Bene, si spera che utilizzerai i CSS per rendere le tue pagine web più che belle. Dopo aver letto questo libro, sarai in grado di rendere le tue pagine web belle, funzionali e facili da usare.

Pensa all'HTML come alla struttura di base dei tuoi contenuti e al CSS come a un designer che prende il tuo semplice HTML e lo arricchisce con un carattere di fantasia, un bordo con angoli arrotondati o uno sfondo rosso brillante. Ma prima di iniziare a conoscere i CSS, è necessario comprendere l'HTML quindi questo libro presume che tu abbia già una certa conoscenza di HTML.

Forse hai creato uno o due siti (o almeno una o due pagine) e hai una certa familiarità con il mare di tag - `<html>`, `<p>`, `<h1>`, `<table>` - che compongono il markup ipertestuale Linguaggio.

CSS non può esistere senza HTML quindi devi sapere come creare una pagina web utilizzando HTML di base. Se in passato hai utilizzato HTML per creare pagine web, ma ritieni che la tua conoscenza sia un po' arrugginita, ti consiglio di risolverare il libro di HTML.

Per creare pagine web composte da HTML e CSS, non serve altro che un editor di testo di base come Blocco note (Windows) o TextEdit (Mac) ma dopo aver digitato alcune centinaia di righe di HTML e CSS, potresti provare un programma più adatto a lavorare con le pagine web. Ecco alcuni programmi comuni, alcuni gratuiti ed alcuni che puoi acquistare. Ci sono molti programmi gratuiti là fuori per modificare pagine web e fogli di stile. Se stai ancora utilizzando Blocco note o TextEdit, prova uno di questi:

- Brackets (Windows, Mac, Linux). Guidato da Adobe, questo editor di testo gratuito e open source dispone di molti strumenti per lavorare con HTML e CSS. È scritto appositamente per web designer e sviluppatori.

- Atom (Windows, Mac, Linux). Un altro editor di testo gratuito e open source creato dalle persone dietro GitHub, il popolare sito di condivisione e collaborazione di codice. Come Brackets, questo nuovo editor di testo è rivolto agli sviluppatori web.

- jEdit (Windows, Mac, Linux). Questo editor di testo gratuito basato su Java funziona su tutti i computer e include molte funzionalità che potresti trovare negli editor di testo commerciali, come l'evidenziazione della sintassi per CSS. • Notepad++ (Windows). Molte persone giurano fedeltà a questo veloce editor di testo. Ha anche funzionalità integrate che lo rendono ideale per la scrittura di HTML e CSS, come l'evidenziazione della sintassi, tag con codifica a colori e parole chiave speciali per semplificare l'identificazione degli elementi HTML e CSS della pagina.

I programmi di sviluppo di siti Web commerciali vanno da editor di testo poco costosi a strumenti di costruzione di siti Web completi con tutti gli strumenti più avanzati:

- EditPlus (Windows) è un editor di testo economico che include evidenziazione della sintassi, FTP, completamento automatico e altre funzioni per risparmiare il polso.

- skEdit (Mac) è un editor di pagine web poco costoso, completo di FTP / SFTP, suggerimenti sul codice e altre utili funzioni.

- Coda2 (Mac) è un toolkit di sviluppo web completo. Include un editor di testo, un'anteprima della pagina, FTP / SFTP e strumenti CSScreating grafici per la creazione di CSS.

- Sublime Text (Mac, Windows, Linux) è un potente editor di testo amato da molti programmatori web. Lo troverai spesso nelle società di web design.

- Dreamweaver (Mac e Windows) è un editor visivo di pagine web. Ti consente di vedere come appare la tua pagina in un browser web. Il programma include anche un potente editor di testo e ottimi strumenti di creazione e gestione CSS.

Capitolo 1: Le basi

CSS non è niente senza HTML. L'HTML fornisce alle pagine web contenuti e una struttura significativa e, sebbene possa non essere carino da solo, il Web non esisterebbe senza di esso, quindi, per ottenere il massimo dalla tua formazione CSS, devi sapere come scrivere HTML per creare una base solida e ben costruita.

Questo capitolo introduce le basi del CSS e mostra come scrivere HTML migliore e compatibile con i CSS. La buona notizia è che quando usi CSS in tutto il tuo sito, l'HTML diventa effettivamente più facile da scrivere. Non è necessario provare a trasformare del codice HTML con un design che non gli appartiene. CSS offre la maggior parte della progettazione grafica che probabilmente vorrai usare e le pagine HTML scritte per funzionare con CSS sono più facili da creare, poiché richiedono meno codice da scrivere. Queste pagine saranno anche più veloci da scaricare: un aspetto molto importante per i visitatori del tuo sito.

L'HTML fornisce le basi per ogni pagina che incontri sul Web. Quando aggiungi CSS, l'HTML diventa più semplice, perché non è necessario utilizzare tag HTML (come il vecchio tag `<font>`) per controllare l'aspetto di una pagina web, tutto quel lavoro è per CSS.

Ma prima di passare ai CSS, ecco una rapida panoramica del passato (e del presente) dell'HTML. Tutto sembrava funzionare bene quando un gruppo di scienziati ha creato il Web per condividere la loro documentazione tecnica, nessuno ha interpellato dei grafici. Tutto ciò che gli scienziati avevano bisogno di fare con HTML era strutturare le informazioni per una facile comprensione.

Ad esempio, il tag `<h1>` indica un titolo importante, mentre il tag `<h2>` rappresenta un'intestazione minore, di solito un sottotitolo del tag `<h1>`. Un altro preferito, il tag `<ol>` (elenco ordinato), crea un elenco numerato per cose come "I 10 veicoli più comprati del 2021" ma non appena persone diverse dagli scienziati hanno iniziato a utilizzare HTML, hanno voluto che le loro pagine web avessero un bell'aspetto.

Così i web designer hanno iniziato a utilizzare i tag per controllare l'aspetto piuttosto che le informazioni sulla struttura. Ad esempio, puoi utilizzare il tag `<blockquote>` (destinato a materiale citato da un'altra fonte) su qualsiasi testo per indentarlo un po'. Puoi utilizzare i tag di intestazione per rendere il testo più grande e più accattivante, indipendentemente dal fatto che funzioni come intestazione.

In una soluzione alternativa ancora più elaborata, i designer hanno imparato a utilizzare il tag `<table>` per creare colonne di testo e posizionare accuratamente immagini e testo su una pagina. Sfortunatamente, poiché il tag aveva lo scopo di visualizzare dati simili a fogli di lavoro (risultati di ricerca, orari dei treni e così via), i progettisti dovevano essere creativi utilizzando il tag `<table>` in modi insoliti, a volte annidando una tabella all'interno di una tabella all'interno di un'altra per dare un bell'aspetto alle loro pagine.

Nel frattempo, i produttori di browser hanno introdotto nuovi tag e attributi allo scopo specifico di migliorare l'aspetto di una pagina. Il tag `<font>`, ad esempio, ti consente di specificare un colore del carattere, un carattere tipografico e una delle sette diverse dimensioni. Infine, quando i designer non potevano ottenere esattamente ciò che volevano, spesso ricorrevano all'uso della grafica.

Ad esempio, per creare un'immagine di grandi dimensioni e layout esatti per gli elementi della pagina Web, hanno iniziato a suddividere i file Photoshop in file più piccoli per ricomporli all'interno delle tabelle per ricreare il design originale. Sebbene tutte le tecniche precedenti (utilizzo dei tag in modo creativo, sfruttamento degli attributi dei tag specifici del design e uso estensivo della grafica) forniscano il controllo del design sulle pagine, aggiungono anche molto codice HTML. Più codice rende il tuo sito più difficile da costruire e molto più lento per i tuoi visitatori.

Indipendentemente dal contenuto della tua pagina web, che sia il calendario della stagione di pesca, le indicazioni stradali per raggiungere l'IKEA o le immagini della festa di compleanno di tuo figlio, il design della pagina fa la differenza. Un buon design migliora il messaggio del tuo sito, aiuta i visitatori a trovare ciò che stanno cercando e determina come il resto del mondo vede il tuo sito web.

Ecco perché i web designer sono passati attraverso le contorsioni descritte nella sezione precedente per forzare l'HTML ad avere un bell'aspetto. Assumendosi questi compiti di progettazione, CSS consente all'HTML di tornare a fare ciò che sa fare meglio: strutturare il contenuto.

L'uso dell'HTML per controllare l'aspetto del testo e di altri elementi della pagina web è obsoleto. Non preoccuparti se il tag HTML <h1> è troppo grande per i tuoi gusti o gli elenchi puntati non sono spaziati correttamente. Puoi occupartene in seguito usando CSS, invece, pensa all'HTML come a un metodo per aggiungere una struttura al contenuto che desideri sul Web. Usa HTML per organizzare i tuoi contenuti e CSS per renderli fantastici.

Capitolo 2: Pensa nel modo giusto

Se sei un principiante nel web design, potresti aver bisogno di alcuni suggerimenti utili per usare HTML (e per evitare le tecniche HTML ben pensate ma obsolete). Oppure, se crei pagine web da un po' di tempo, potresti aver preso alcune cattive abitudini che faresti meglio a dimenticare. Il resto di questo capitolo ti introduce ad alcune abitudini di scrittura in HTML che ti renderanno orgoglioso del tuo lavoro e ti aiuteranno ad ottenere il massimo dal CSS.

HTML aggiunge significato al testo dividendolo logicamente e identificando il ruolo che svolge nella pagina: Ad esempio, il tag <h1> è l'introduzione più importante al contenuto di una pagina. Altre intestazioni ti consentono di dividere il contenuto in sezioni meno importanti ma correlate. Proprio come questo libro, una pagina web necessita di una struttura logica. Ogni capitolo di questo libro ha un titolo e diverse sezioni che, a loro volta, contengono sottosezioni più piccole.

Immagina quanto sarebbe difficile leggere queste pagine se le parole cadessero insieme come un unico e lungo paragrafo. L'HTML fornisce molti altri tag oltre alle intestazioni per contrassegnare il contenuto e identificarne il ruolo. (Dopo tutto, la M in HTML sta per markup.)

Tra i più popolari ci sono il tag <p> per i paragrafi di testo e il tag <ul> per la creazione di elenchi puntati (non numerati). I tag meno conosciuti possono indicare tipi di contenuti molto specifici, come <abbr> per le abbreviazioni e <code> per il codice del computer. Quando scrivi HTML per CSS, usa un tag che si avvicinino il più possibile al ruolo che il contenuto gioca nella pagina, non al modo in cui appare. Ad esempio, un mucchio di link in una barra di navigazione non è realmente un titolo e non è un normale paragrafo di testo.

È più simile a un elenco puntato di opzioni, quindi il tag <ul> è una buona scelta. Se stai pensando: "Ma gli elementi in un elenco puntato sono impilati verticalmente uno sopra l'altro e voglio una barra di navigazione orizzontale in cui ogni link si trova accanto al link precedente", non preoccuparti. Con CSS puoi convertire un elenco verticale di link in un'elegante barra di navigazione orizzontale.

Il variegato assortimento di tag HTML non copre l'ampia gamma di contenuti che probabilmente avrai su una pagina web. Certo, `<code>` è ottimo per contrassegnare il codice di un programma per computer, ma la maggior parte delle persone troverebbe un tag `<recipe>` più pratico, peccato che non esista. Fortunatamente, HTML fornisce diversi tag "strutturali" che consentono di identificare e raggruppare meglio i contenuti e, nel processo, fornisce un supporto che consente di allegare stili CSS a diversi elementi della pagina.

HTML5 ha introdotto una gamma molto più ampia di tag che ti consentono di raggruppare contenuti che svolgono una particolare funzione, come il tag `<footer>`, che puoi utilizzare per raggruppare informazioni supplementari come un avviso di copyright, informazioni di contatto o un elenco di risorse.

I tag `<div>` e `<span>` sono stati utilizzati per gran parte della vita del Web. Sono stati tradizionalmente utilizzati per organizzare e raggruppare contenuti che non si prestano del tutto ad altri tag HTML. Pensa a loro come a vasi vuoti che riempi di contenuto. Un `div` è un blocco, il che significa che ha un'interruzione di riga prima e dopo, mentre `span` appare in linea, come parte di un paragrafo. Altrimenti, `div` e `span` non hanno proprietà visive intrinseche, quindi puoi utilizzare CSS per farli apparire come preferisci.

Il tag `<div>` indica qualsiasi blocco discreto di contenuto, molto simile a un paragrafo o a un titolo ma più spesso viene utilizzato per raggruppare un numero qualsiasi di altri elementi, quindi puoi inserire un titolo, un gruppo di paragrafi e un elenco puntato all'interno di un singolo blocco `<div>`. Il tag `<div>` è un ottimo modo per suddividere una pagina in aree logiche, come banner, piè di pagina, barra laterale e così via. Utilizzando CSS, è possibile posizionare in seguito ciascuna area per creare un layout di pagina sofisticati.

Il tag `<span>` viene utilizzato per gli elementi inline: parole o frasi che compaiono all'interno di un paragrafo o un'intestazione più grande. Trattalo come gli altri tag HTML in linea, come il tag `<a>` (per aggiungere un collegamento a un testo in un paragrafo) o il tag `<strong>` (per enfatizzare una parola in un paragrafo). Ad esempio, potresti utilizzare un tag `<span>` per indicare il nome di un'azienda, quindi utilizzare CSS per evidenziare il nome utilizzando un carattere, un colore e così via diversi.

Questi tag sono usati frequentemente nelle pagine web ricche di CSS e in questo libro imparerai come utilizzarli in combinazione con CSS per ottenere il controllo creativo sulle tue pagine web.

Cosa dimenticare

I CSS ti consentono di scrivere HTML più semplice per una grande ragione: ci sono molti vecchi tag HTML che dovresti dimenticare (se li stai ancora utilizzando). Il tag `<font>` è l'esempio più lampante. Il suo unico scopo è aggiungere un colore, una dimensione e un carattere al testo. Non fa nulla per rendere più comprensibile la struttura della pagina.

Ecco un elenco di tag e attributi che puoi facilmente sostituire con CSS:

- Dimentica `<font>` per controllare la visualizzazione del testo. I CSS fanno un lavoro molto migliore con il testo.

- Non utilizzare i tag `<b>` e `<i>` per enfatizzare il testo. Se desideri che il testo sia davvero enfatizzato, utilizza il tag `<strong>`, che i browser normalmente visualizzano in grassetto. In alternativa, usa il tag `<em>` che i browser visualizzano in corsivo. Puoi usare CSS per rendere qualsiasi testo su una pagina in corsivo, grassetto o entrambi. Mentre HTML 4 ha cercato di eliminare gradualmente i tag `<b>` e `<i>`, HTML5 li ha ripristinati. In HTML5 il tag `<b>` ha lo scopo di rendere il testo in grassetto senza aggiungere alcun significato a quel testo (cioè, vuoi solo che il testo sia in grassetto ma non vuoi che le persone trattino quel testo in modo significativo). Allo stesso modo, il tag `<i>` viene utilizzato per mettere in corsivo il testo, ma non per enfatizzarne il significato.

- Ignora il tag `<table>` per il layout di pagina. Utilizza le tabelle solo per visualizzare informazioni come fogli di lavoro, pianificazioni e grafici. Come vedrai, puoi fare tutto il tuo layout con CSS usando molto meno tempo e codice rispetto al tag `table`.

- Non abusare del tag `<br>`. Se sei cresciuto utilizzando questo tag per inserire un'interruzione di riga senza creare un nuovo paragrafo, allora sei pronto per una sorpresa. I browser inseriscono automaticamente, e talvolta in modo esasperante, un po' di spazio tra i paragrafi, anche tra le intestazioni e i tag `<p>`. In passato, i progettisti utilizzavano soluzioni alternative elaborate per evitare la spaziatura dei paragrafi che non desideravano, come sostituire un singolo tag `<p>` con un mucchio di interruzioni di riga e utilizzando un tag `<font>` per far sembrare la prima riga del paragrafo un titolo.

Utilizzando i controlli per il margine di CSS, puoi facilmente impostare la quantità di spazio che vuoi vedere tra paragrafi, intestazioni e altri elementi a livello di blocco. Come regola generale, l'aggiunta di attributi ai tag che impostano colori, bordi, immagini di sfondo o allineamento, inclusi gli attributi che consentono di formattare i colori, è puro HTML della vecchia scuola. Per tutto questo è preferibile usare CSS per controllare il posizionamento del testo, i bordi, gli sfondi e l'allineamento dell'immagine.

Capitolo 3: Come funziona

Anche i siti web più complessi e belli, iniziano con un unico stile CSS. Man mano che aggiungi più stili e fogli di stile, puoi sviluppare siti Web che ispirano i designer e stupiscono i visitatori. Che tu sia un principiante CSS o un samurai dei fogli di stile, devi obbedire ad alcune regole di base su come creare stili e fogli di stile. In questo capitolo, inizierai dal punto di partenza, imparando le basi per creare e utilizzare stili e fogli di stile.

Un unico stile che definisce l'aspetto di un elemento su una pagina è piuttosto semplice. È essenzialmente solo una regola che dice a un browser web come formattare qualcosa su una pagina web: trasforma un titolo in blu, disegna un bordo rosso attorno a una foto o crea un riquadro della barra laterale di 150 pixel per contenere un elenco di link. Se uno stile potesse parlare, direbbe qualcosa del tipo: "Ehi Browser, falla sembrare così".

Uno stile è, infatti, composto da due parti: l'elemento della pagina web che il browser formatta (il selettore) e le istruzioni di formattazione reali (il blocco di dichiarazione). Ad esempio, un selettore può essere un titolo, un paragrafo di testo, una foto e così via. I blocchi di dichiarazione possono trasformare il testo in blu, aggiungere un bordo rosso attorno a un paragrafo, posizionare la foto al centro della pagina: le possibilità sono infinite.

Ovviamente, gli stili CSS non possono comunicare in un inglese come vorremmo perché hanno la loro lingua. Ad esempio, per impostare un colore e una dimensione del carattere standard per tutti i paragrafi di una pagina web, dovresti scrivere quanto segue:

```
p { color: red; font-size: 1.5em; }
```

Questo stile dice semplicemente: "Rendi il testo in tutti i paragrafi, contrassegnato con tag <p>, rosso e alto 1.5 em". (un em è un'unità di misura basata sulla dimensione del testo normale di un browser.) Anche uno stile semplice come questo esempio contiene diversi componenti:

- **Selettore.** Come descritto in precedenza, il selettore indica a un browser Web quale o quali elementi di una pagina applicare lo stile, ad esempio un titolo, un paragrafo, un'immagine o un collegamento. In questo caso il selettore fa in modo che i browser web formattino tutti i tag <p> usando le direzioni di formattazione in questo stile. Con l'ampia gamma di selettori offerti da CSS e un po' di creatività, sarai in grado di individuare qualsiasi elemento su una pagina e formattarlo nel modo desiderato.

- **Blocco dichiarazione.** Il codice che segue il selettore include tutte le opzioni di formattazione che si desidera applicare al selettore. Il blocco inizia con una parentesi graffa di apertura ({) e termina con una parentesi graffa di chiusura (}).

- **Dichiarazione.** Tra le parentesi graffe di apertura e chiusura di un blocco di dichiarazione, si aggiungono una o più dichiarazioni o istruzioni di formattazione. Ogni dichiarazione ha due parti: una proprietà e un valore. I due punti separano il nome della proprietà e il suo valore e l'intera dichiarazione termina con un punto e virgola.

- **Proprietà.** CSS offre una vasta gamma di opzioni di formattazione, chiamate proprietà. Una proprietà è una parola, o poche parole separate da un trattino, che indica un certo effetto di stile. La maggior parte delle proprietà ha nomi semplici come font, margin e color. Ad esempio, la proprietà `background-color` imposta un colore di sfondo. Imparerai a conoscere una gran quantità di proprietà CSS in questo libro. È necessario aggiungere i due punti dopo il nome della proprietà per separarlo dal valore

- **Valore**. Puoi esprimere il tuo genio creativo assegnando un valore a una proprietà CSS, ad esempio creando uno sfondo blu, rosso, viola o beige. Diverse proprietà CSS richiedono specifici tipi di valori: un colore (come il `red` o `#FF0000`), una lunghezza (come `18px`, `200%` o `5em`), un URL (come `immagini/sfondo.gif`) o una parola chiave specifica (come `top`, `center`, `bottom` ecc.)

Non è necessario scrivere uno stile su una singola riga, come mostrato prima. Molti stili hanno più proprietà di formattazione, quindi puoi renderli più facili da leggere suddividendoli in più righe. Ad esempio, potresti voler mettere il selettore e la parentesi graffa di apertura sulla prima riga, ogni dichiarazione sulla propria riga e la parentesi graffa di chiusura da sola sull'ultima riga, in questo modo:

```
p {
  color: red;
  font-size: 1.5em;
}
```

I browser Web ignorano gli spazi e i tab, quindi sentiti libero di aggiungerli per rendere il tuo CSS più leggibile.

Ad esempio, è utile indentare le proprietà, con una tabulazione o un paio di spazi, per separare visibilmente il selettore dalle dichiarazioni, rendendo più facile capire il loro ruolo. Inoltre, l'inserimento di uno spazio tra i due punti e il valore della proprietà è facoltativo ma aumenta la leggibilità dello stile. In effetti, puoi mettere tutto lo spazio bianco tra i due che desideri. Ad esempio, `color: red`, `color:    red` `e color:    red` funzionano tutti allo stesso modo.

Capitolo 4: Interno o esterno?

Ovviamente, un'unica regola non trasformerà una pagina web in un'opera d'arte. Può rendere rossi i tuoi paragrafi ma per infondere nei tuoi siti web un design eccezionale, hai bisogno di molti stili diversi. Una raccolta di stili CSS comprende un foglio di stile.

Un foglio di stile può essere di due tipi: interno o esterno, a seconda che le informazioni sullo stile si trovino nella pagina web stessa o in un file separato collegato alla pagina web.

La maggior parte delle volte, i fogli di stile esterni sono la miglior strada da percorrere poiché rendono più semplice la creazione di pagine Web e l'aggiornamento dei siti Web più veloce. Un foglio di stile esterno raccoglie tutte le informazioni sullo stile in un unico file che poi colleghi a una pagina web grazie ad una sola riga di codice.

Puoi allegare lo stesso foglio di stile esterno a ogni pagina del tuo sito web, fornendo un design unificato e coerente. Questo metodo rende più facile anche un completo rifacimento del sito, come modificare un singolo file di testo. Sul lato utente, i fogli di stile esterni aiutano le pagine web a caricarsi più velocemente infatti quando utilizzi un foglio di stile esterno, le tue pagine web possono contenere solo HTML di base, nessun tag `<font>` e nessun codice di stile CSS interno.

Inoltre, quando un browser web scarica un foglio di stile esterno, memorizza il file sul computer del visitatore (in una cartella dietro le quinte chiamata cache) per un rapido accesso. Quando il visitatore passa ad altre pagine del sito che utilizzano lo stesso foglio di stile esterno, non è necessario che il browser scarichi di nuovo il foglio di stile. Il browser scarica semplicemente il file HTML richiesto ed estrae il foglio di stile esterno dalla sua cache con un notevole risparmio di tempo per il download.

La cache di un browser aumenta notevolmente la velocità di

navigazione per gli utenti del Web infatti ogni volta che la cache scarica e memorizza un file utilizzato di frequente, come un file CSS esterno o un'immagine, risparmia tempo e dati. Invece di scaricare di nuovo la volta successiva lo stesso file, il browser può focalizzarsi solo sulla pagina da visualizzare.

Tuttavia, ciò che è buono per i tuoi visitatori non è sempre buono per te poiché il browser Web memorizza nella cache e riusa i file CSS esterni scaricati pertanto è possibile inciampare mentre si lavora alla progettazione del sito.

Supponi di lavorare su una pagina che utilizza un foglio di stile esterno e di visualizzare l'anteprima della pagina in un browser. Qualcosa non sembra corretto, quindi torni al tuo editor web e modifichi il file CSS esterno. Quando torni al browser web e ricarichi la pagina, la modifica appena apportata non viene visualizzata! Sei appena stato catturato dalla cache. Quando ricarichi una pagina web, i browser non sempre ricaricano il foglio di stile esterno, quindi potresti non vedere l'ultima e migliore versione dei tuoi stili.

Per aggirare questo problema, puoi forzare il ricaricamento di una pagina (che ricarica anche tutti i file collegati) premendo il tasto Ctrl e facendo clic sul pulsante Ricarica del browser; Ctrl + F5 funziona anche per Chrome e Internet Explorer; Ctrl + Maiusc + R è la scorciatoia da tastiera di Firefox e Ctrl + R funziona sia per Safari che per Chrome per Mac.

Fogli di stile interni

Un foglio di stile interno, al contrario, è una raccolta di stili che fa parte del codice della pagina web. Viene sempre visualizzato tra i tag HTML `<style>` di apertura e di chiusura nella parte `<head>` della pagina. Ecco un esempio:

```
<html>
<head>
 <style>
 h1 {
   color: #FF7643;
   font-family: Arial;
 }
 p {
   color: red;
   font-size: 1.5em;
 }
 </style>
</head>

<body>
<!-- Resto della pagina... -->
```

Il tag `<style>` è HTML, non CSS e il suo compito è dire al browser web che le informazioni contenute nei tag sono codice CSS e non HTML. Creare un foglio di stile interno è semplice come digitare uno o più stili tra i tag `<style>`. I fogli di stile interni sono facili da aggiungere a una pagina web e forniscono una spinta visiva immediata al tuo HTML ma non sono il metodo più efficiente per progettare un intero sito web composto da molte pagine web.

Per prima cosa, devi copiare e incollare il foglio di stile interno in ogni pagina del tuo sito, un compito che richiede del tempo e che aggiunge codice che consuma larghezza di banda a ciascuna pagina.

Ma i fogli di stile interni sono ancora più una seccatura quando vuoi aggiornare l'aspetto di un sito. Ad esempio, supponi di voler modificare il tag `<h1>`, che originariamente era grande, verde e in grassetto. Ora vuoi un carattere piccolo e blu nel carattere Courier. Utilizzando fogli di stile interni, dovresti modificare ogni pagina. Chi ha tutto quel tempo? Fortunatamente, esiste una soluzione semplice a questo dilemma: fogli di stile esterni.

Fogli di stile esterni

Un foglio di stile esterno non è altro che un file di testo contenente tutte le tue regole CSS. Non contiene mai codice HTML quindi non includere il tag `<style>` in un file di foglio di stile esterno.

Inoltre, devi far terminare sempre il nome del file con l'estensione `.css`. Puoi nominare il file come preferisci, ma vale la pena essere descrittivo, usa `global.css`, `sito.css` o semplicemente `stili.css`, ad esempio, per indicare un foglio di stile usato da ogni pagina del sito, oppure usa `form.css` per nominare un file contenente gli stili usati per far sembrare bello un modulo web.

Una volta creato un foglio di stile esterno, è necessario collegarlo alla pagina web che si desidera formattare. Per farlo, utilizza il tag HTML `<link>` in questo modo:

```
<link rel = "stylesheet" href = "css/stili.css">
```

Il tag `<link>` ha due attributi obbligatori:

- `rel = "stylesheet"` indica il tipo di collegamento: in questo caso, un collegamento a un foglio di stile.

- `href` punta alla posizione del file CSS esterno sul sito. Il valore di questa proprietà è un URL e varia a seconda di dove conservi il file CSS. Funziona allo stesso modo dell'attributo `src` che usi quando aggiungi un'immagine a una pagina o dell'attributo `href` di un link che punta a un'altra pagina.

Capitolo 5: Il mio stile

Questo capitolo ti guiderà attraverso i passaggi di base per l'aggiunta di stili inline, la scrittura di regole CSS e la creazione di fogli di stile interni ed esterni. Lavorerai su vari design CSS, da semplici elementi di design a layout di pagine web abilitati per CSS completi. Avvia il tuo software preferito per l'elaborazione di pagine web, che si tratti di un semplice editor di testo come Blocco note o TextEdit o di un editor più completo come Sublime Text, Atom o Dreamweaver.

Creazione di uno stile inline

Quando digiti una regola CSS direttamente nell'HTML di una pagina, stai creando uno stile inline (in linea). Gli stili in linea non offrono nessuno dei vantaggi di risparmio di tempo e larghezza di banda dei fogli di stile esterni quindi i professionisti non li usano quasi mai. Tuttavia, se devi assolutamente cambiare lo stile su un singolo elemento su una singola pagina, allora potresti voler ricorrere a uno stile in linea. (Ad esempio, quando si creano messaggi di posta elettronica in formato HTML, è meglio utilizzare gli stili in linea. Questo è l'unico modo per far funzionare i CSS in Gmail, per prima cosa.)

L'importante è posizionare con attenzione lo stile all'interno del tag che desideri formattare. Ecco un esempio che ti mostra esattamente come farlo:

1. Crea il tuo file `index.html` con HTML5 in modo che contenga un paio di intestazioni diverse, alcuni paragrafi e un avviso di copyright all'interno di un tag `<address>`. Inizia a creare uno stile in linea per il tag `<h1>`.

2. Fai clic all'interno del tag di apertura `<h1>` e digita `style="color:#6A94CC;"`. Il tag dovrebbe avere questo aspetto: `<h1 style = "color: #6A94CC;">` L'attributo di stile è HTML, non CSS, quindi utilizza il segno di uguale e racchiudi tutto il codice CSS tra virgolette, infatti, solo ciò che è all'interno delle virgolette è codice CSS. In questo caso, hai aggiunto una proprietà denominata `color`, che influisce sul colore del testo e hai impostato tale proprietà su #6A94CC, un codice esadecimale per definire un colore che è blu. I due punti

separano il nome della proprietà dal valore della proprietà desiderato, come già visto.

3. Apri la pagina `index.html` in un browser web. Molti editor HTML includono anche una funzione "Anteprima nel browser" che, con una semplice scorciatoia da tastiera o un'opzione di menu, apre la pagina in un browser web. Vale la pena controllare la documentazione del programma per vedere se include questa funzione per risparmiare tempo. Quando visualizzi la pagina in un browser, il titolo è ora blu. Gli stili in linea possono includere più di una proprietà CSS quindi aggiungiamo un'altra proprietà.

4. Torna all'editor HTML, fai clic dopo il punto e virgola che segue #6A94CC, quindi digita `font-size: 3em;`. Il punto e virgola separa due diverse impostazioni di proprietà quindi il tag `<h1>` dovrebbe essere simile al seguente:

```
<h1 style = "color: # 6A94CC; font-size: 3em;">
```

5. Visualizza l'anteprima della pagina in un browser web. Ad esempio, fai clic sul pulsante Ricarica della finestra del browser (ma assicurati di aver prima salvato il file HTML). Il titolo ora sarà molto più grande e così hai avuto un assaggio di quanto siano laboriosi gli stili in linea. Per rendere tutti i titoli `<h1>` di una pagina simili a questo potrebbero volerci giorni per aggiungere tutto questo codice ai file HTML.

6. Torna all'editor di pagina ed eliminare l'intera proprietà dello stile, che riporta il tag di intestazione al suo normale `<h1>`.

Fogli di stile interni

Un approccio migliore rispetto agli stili in linea consiste nell'utilizzare un foglio di stile che contiene più regole CSS per controllare più elementi di una pagina. In questa sezione creerai uno stile che influisce su tutti i titoli di primo livello in un colpo solo. Questa singola regola formatta automaticamente ogni tag <h1> sulla pagina.

1. Con il file index.html aperto nel tuo editor di testo, fai clic direttamente dopo il tag di chiusura </title> quindi premi Invio e digita <style>. Il tag di apertura <style> indica l'inizio del foglio di stile ed è sempre una buona idea chiudere un tag subito dopo aver digitato il tag di apertura, poiché è così facile dimenticare questo passaggio una volta che si è passati alla scrittura del CSS. In questo caso, chiudi il tag <style> con </style> prima di aggiungere qualsiasi CSS.

2. Ora aggiungerai un selettore CSS che segna l'inizio del tuo primo stile.

3. Fai clic tra i tag di apertura e di chiusura <style> e digita h1 {. L'h1 indica il tag a cui il browser web deve applicare lo stile e la parentesi graffa di apertura segna l'inizio delle proprietà CSS per questo stile. In altre parole, dice: "Le cose divertenti vengono subito dopo di me". Come per i tag di chiusura, è una buona idea digitare la parentesi graffa di chiusura di uno stile prima di aggiungere effettivamente qualsiasi proprietà di stile.

4. Premi due volte Invio e digita una singola parentesi graffa di chiusura }. In qualità di partner della parentesi graffa di apertura che hai digitato nell'ultimo passaggio, il compito di

questa parentesi graffa è di dire al browser web: "Questa particolare regola CSS finisce qui". Ora è tempo per le cose divertenti.

5. Fai clic sulla riga vuota tra le due parentesi graffe. Premi il tasto Tab e digita `color: #6A94CC;`. Hai digitato la stessa proprietà di stile della versione inline. Il punto e virgola finale segna la fine della dichiarazione di proprietà.

6. Premi nuovamente Invio e aggiungi due proprietà aggiuntive, in questo modo: `font-size: 3em; margin: 0;` Assicurati di non lasciare il punto e virgola alla fine di ogni riga; in caso contrario, il CSS non verrà visualizzato correttamente in nessun browser. Ciascuna di queste proprietà aggiunge un diverso effetto visivo al titolo. Il primo assegna una dimensione e un carattere al testo mentre il secondo rimuove lo spazio intorno al titolo. Congratulazioni, hai appena creato un foglio di stile interno. Il codice che hai aggiunto dovrebbe assomigliare al seguente:

```
<title>La mia pagina</title>
<style>
h1 {
  color: #6A94CC;
  font-size: 3em;
  margin: 0;
}
</style>
</head>
```

7. Salva la pagina e visualizzane l'anteprima in un browser web.

8. Nel tuo editor, fai clic dopo la parentesi graffa di chiusura dello stile h1 appena creato, premi Invio, quindi aggiungi la seguente regola:

```
p {
  font-size: 1.25em;
  color: #616161;
  line-height: 150%;
  margin-top: 10px;
  margin-left: 60px;
}
```

Questa regola formatta ogni paragrafo della pagina. Non preoccuparti troppo in questo momento di ciò che sta facendo ciascuna di queste proprietà CSS; li vedremo in seguito o puoi capirlo modificandone i valori. Per ora, esercitati a digitare correttamente il codice e fatti un'idea di come aggiungere CSS a una pagina.

9. Visualizza l'anteprima della pagina in un browser. La pagina sta iniziando a prendere forma e puoi vedere in quale direzione stilistica è diretta la pagina.

Il processo su cui hai appena lavorato è CSS in poche parole: inizia con una pagina HTML, aggiungi un foglio di stile e crea regole CSS per rendere la pagina eccezionale. Nella parte successiva, vedrai come lavorare in modo più efficiente, utilizzando fogli di stile esterni.

Fogli di stile esterni

Poiché raggruppa tutti i tuoi stili nella parte superiore della pagina, un foglio di stile interno è molto più facile da creare e manutenere rispetto allo stile in linea che hai creato poche pagine fa. Inoltre, un foglio di stile interno ti consente di formattare un numero qualsiasi di istanze di un tag su una pagina, come ogni tag <p>, digitando una semplice regola.

Ma un foglio di stile esterno migliora ulteriormente la situazione: può memorizzare tutti gli stili di un intero sito web. La modifica di uno stile nel foglio di stile esterno aggiorna l'intero sito. In questa sezione, prenderai gli stili che hai creato nella sezione precedente e li inserirai in un foglio di stile esterno.

1. Nel tuo editor di testo, crea un nuovo file e salvalo come styles.css nella stessa cartella della pagina web su cui hai lavorato. I file dei fogli di stile esterni terminano con l'estensione .css. Il nome file styles.css indica che gli stili contenuti nel file si applicano a tutto il sito. (Ma puoi usare qualsiasi nome di file, purché termini con l'estensione .css.)

2. Digita la seguente regola nel file styles.css:

```
html {
  padding-top: 25px;
  background-image: url(immagini/sfondo.png);
}
```

Questa regola si applica al tag <html>, il tag che circonda tutti gli altri tag HTML sulla pagina. La proprietà padding-top aggiunge spazio tra la parte superiore del tag e il contenuto che va al suo interno. In altre parole, ciò che hai appena digitato aggiungerà 25 pixel di spazio tra la parte superiore della finestra del browser e il contenuto della pagina. L'immagine di sfondo aggiunge un file grafico allo sfondo della pagina. La proprietà CSS `background-image` può visualizzare l'elemento grafico in molti modi diversi: in questo caso, l'elemento grafico si affiancherà senza interruzioni da sinistra a destra e dall'alto verso il basso, coprendo l'intera finestra del browser.

3. Aggiungi una seconda regola nel file `styles.css`:

```
body {
  width: 80%;
  padding: 20px;
  margin: 0 auto;
  border-radius: 10px;
  box-shadow: 10px 10px 10px rgba(0,0,0,.5);
  background-color: #E1EDEB;
}
```

Questa regola si applica al tag `<body>`, il tag che mantiene tutto il contenuto visibile in una finestra del browser web. Ci sono molte cose diverse in questo stile ma, in poche parole, questo stile crea una casella per il contenuto della pagina che è l'80 percento della larghezza della finestra del browser, ha un po' di spazio all'interno che sposta il testo dal bordo della casella (questa è la proprietà `padding`) e centra il box sulla pagina (questa è la proprietà `margin`). Infine, il contenitore assume un colore di sfondo azzurro e un'ombra esterna trasparente. Invece di ricreare il lavoro che hai fatto in precedenza, copia semplicemente gli stili che hai creato nella sezione precedente e incollali in questo foglio di stile.

4. Apri la pagina `index.html` su cui stai lavorando e copia tutto il testo all'interno dei tag `<style>`.

5. Copia le informazioni sullo stile nello stesso modo in cui copi il testo. Un foglio di stile esterno non contiene mai HTML: ecco perché non hai copiato i tag `<style>`.

6. Salva `styles.css`. Ora devi solo ripulire il tuo vecchio file e collegare il nuovo foglio di stile.

7. Torna al file `index.html` nel tuo editor di testo ed elimina i tag `<style>` e tutte le regole CSS che hai digitato in precedenza. Non hai più bisogno di questi stili, poiché si trovano nel foglio di stile esterno che stai per allegare. Un'idea importante è che puoi utilizzare quasi tutti i font che desideri in una pagina web, anche quelli che i tuoi utenti non hanno installato sui propri computer, semplicemente fornendo un collegamento a quel file di font. Esistono molti modi diversi per utilizzare i caratteri web, ma in questo esempio utilizzerai il servizio di font web di Google.

8. Nello spazio in cui si trovavano gli stili (tra il tag `</title>` di chiusura e il tag `</head>` di chiusura), digita quanto segue:

```
<link
href='http://fonts.googleapis.com/css?family=Va
rela+Round' rel='stylesheet'>
```

Ancora una volta, non preoccuparti dei dettagli. Tutto quello che devi sapere per ora è che quando un browser web incontra questo collegamento, scarica un font chiamato Varela Round da un server di Google e i tuoi stili CSS possono usarlo liberamente. Successivamente, ti collegherai al foglio di stile esterno che hai creato in precedenza.

9. Dopo il tag `<link>` aggiunto nel passaggio precedente, digita:

```
<link href="styles.css" rel="stylesheet">
```

Il tag `<link>` specifica la posizione del foglio di stile esterno. L'attributo `rel` indica semplicemente al browser che si sta collegando a un foglio di stile.

10. Salva il file e visualizzalo in anteprima in un browser web. Vedrai gli stessi stili di testo per i tag `<h1>` e `<p>` che hai creato nel

foglio di stile interno. Inoltre, ora è presente uno sfondo (l'immagine di sfondo che hai applicato al tag `<html>`), nonché un riquadro blu-verdastro di colore chiaro. Quella casella è il tag `<body>` e la sua larghezza è l'80 percento di quella della finestra del browser. Prova a ridimensionare la finestra del browser e nota che anche la casella cambia larghezza. C'è anche un'ombra su questo contenitore; puoi vedere attraverso l'ombra verso lo sfondo. Questo grazie a un tipo di colore speciale, il colore `rgba`, che include un'impostazione di trasparenza. Nota anche che gli angoli del box sono arrotondati, grazie alla proprietà `border-radius`. Ora utilizzerai il carattere web a cui ti sei collegato al passaggio 8.

11. Nell'editor di testo, torna al file `styles.css`. Per lo stile h1, aggiungi le seguenti due righe:

```
font-family: 'Varela Round', 'Arial Black',
serif;
font-weight: normal;
```

Lo stile finale dovrebbe apparire così:

```
h1 {
  font-family: 'Varela Round', 'Arial Black',
serif;
  font-weight: normal;
  color: #6A94CC;
  font-size: 3em;
  margin: 0;
}
```

Se visualizzi ora l'anteprima della pagina, vedrai il nuovo carattere, Varela Round, per il titolo. Per dimostrare quanto può essere utile mantenere i tuoi stili nel loro file esterno, allegherai il foglio di stile ad un'altra pagina web.

12. Crea un nuovo file denominato `pagina2.html`. Questa pagina deve contenere alcuni degli stessi tag HTML (h1, h2, p e così via) dell'altra pagina web su cui hai lavorato.

13. Fai clic dopo il tag di chiusura `</title>` e premi Invio. Ora ti collegherai sia al font web che al foglio di stile esterno.

14. Digita gli stessi tag `<link>` che hai inserito nei passaggi 8 e 9. Il codice della pagina web dovrebbe essere simile a questo:

```
<title>Pagina 2</title>
 <link
href='http://fonts.googleapis.com/css?family=Va
rela+Round' rel='stylesheet'>
 <link href="styles.css" rel="stylesheet">
</head>
```

15. Salva la pagina e visualizza l'anteprima in un browser web. Ta-da! Solo due righe di codice aggiunte alla pagina web sono sufficienti per trasformarne istantaneamente l'aspetto. Per dimostrare quanto sia facile aggiornare un foglio di stile esterno, lo farai modificando uno stile e aggiungendone un altro.

16. Apri il file `styles.css` e aggiungi la famiglia di caratteri della dichiarazione CSS: `"Palatino Linotype", Baskerville, serif;` all'inizio dello stile p. Il codice dovrebbe assomigliare a questo:

```
p {
 font-family: "Palatino Linotype", Baskerville,
serif;
 font-size: 1.25em;
 color: #616161;
 line-height: 150%;
```

```
  margin-top: 10px;
  margin-left: 60px;
}
```

In questo caso, non stai utilizzando un carattere web, ma ti affidi al fatto che il visitatore del sito abbia già uno dei caratteri elencati sulla sua macchina. Successivamente, crea una nuova regola per il tag <h2>.

17. Fai clic alla fine della chiusura dello stile p }, premi Invio e aggiungi la seguente regola:

```
h2 {
  color: #B1967C;
  font-family: 'Varela Round', 'Arial Black',
serif;
  font-weight: normal;
  font-size: 2.2em;
  border-bottom: 2px white solid;
  background: url(immagini/icona.png) no-repeat
10px 10px;
  padding: 0 0 2px 60px;
  margin: 0;
}
```

Alcune di queste proprietà CSS le hai già incontrate, alcuni sono nuove, come la proprietà border-bottom per l'aggiunta di una riga sotto il titolo. E alcune, come la proprietà background, forniscono una scorciatoia per combinare diverse proprietà diverse, in questo caso l'immagine di sfondo e la ripetizione dello sfondo, in una singola proprietà. Gli stili che hai creato finora influiscono principalmente sui tag (h1, h2 e p) e influiscono su ogni istanza di tali tag. In altre parole, lo stile p che hai creato formatta ogni singolo paragrafo della pagina. Se vuoi scegliere come target un solo paragrafo, devi usare un diverso tipo di stile.

18. Aggiungi la seguente regola:

```
.intro {
  color: #666666;
```

```
font-family: 'Varela Round', Helvetica, sans-
serif;
 font-size: 1.2em;
 margin-left: 0;
 margin-bottom: 25px;
}
```

Se visualizzi l'anteprima della pagina index.html in un browser web, vedrai che questo nuovo stile non ha alcun effetto... per ora. Questo tipo di stile utilizza un selettore di classe, che formatta solo i tag specifici a cui si applica la classe. Affinché questo nuovo stile funzioni, è necessario modificare un po' di HTML.

19. Salva il file styles.css e passa al file index.html nell'editor di testo. Individua il tag di apertura <p> dopo il tag <h1> e aggiungi class = "intro" in modo che il tag di apertura abbia questo aspetto: <p class = "intro"> Non è necessario aggiungere un punto prima della parola intro come hai fatto quando hai creato lo stile nel passaggio 18 (perché si tratta di una classe). Ripeti questo passaggio per il file pagina2.html, in altre parole aggiungi class = "intro" al primo tag <p> su quella pagina.

20. Salva tutti i file e visualizza in anteprima i file index.html e pagina2.html in un browser web. Nota che l'aspetto di entrambe le pagine cambia, in base alle semplici modifiche apportate al file CSS. Chiudi gli occhi e immagina che il tuo sito web abbia mille pagine. Hai un'ultima modifica da apportare: se guardi la parte inferiore della pagina nel tuo browser, vedrai l'avviso di copyright. È un po' piccolo e non è allineato con i paragrafi precedenti. Inoltre, sarebbe migliore se condividesse

la stessa formattazione degli altri paragrafi. Divertiti a modificarlo come hai imparato.

21. Chiudi il file `styles.css` e ricarica il file `index.html` nel tuo browser web. Per ulteriore pratica, dedica qualche minuto a giocare con il file `styles.css`. Prova valori diversi per le proprietà del foglio di stile. Ad esempio, prova un numero diverso per la proprietà `width` del `body` o prova diversi numeri per le dimensioni del carattere.

Capitolo 6: Identificare lo stile

Ogni stile CSS ha due parti fondamentali: un selettore e un blocco di dichiarazione. Il blocco di dichiarazione contiene le proprietà di formattazione - colore del testo, dimensione del carattere e così via – fin qui tutto bene. La capacità di concentrare lo stile su elementi specifici risiede in quei primi pochi caratteri all'inizio di ogni regola: il selettore.

Dicendo ai CSS cosa vuoi che formattare, il selettore ti dà il pieno controllo dell'aspetto della tua pagina. Se ti piacciono le regole generali, puoi utilizzare un selettore che si applica a più elementi in una pagina contemporaneamente. Ma se sei un po' più orientato ai dettagli, altri selettori ti consentono di individuare un elemento specifico o una raccolta di elementi simili. I selettori CSS ti danno molta potenza; questo capitolo mostra come usarli.

I selettori utilizzati per definire particolari tag HTML sono chiamati selettori di tipo o elemento. Sono strumenti di styling estremamente efficienti, poiché si applicano a ogni occorrenza di quel tag su una pagina web. Con loro, puoi apportare modifiche di design a una pagina con uno sforzo minimo. Ad esempio, quando vuoi formattare ogni paragrafo di testo su una pagina, usando lo stesso carattere, colore e dimensione, crei semplicemente uno stile usando `p` (per riferirsi al tag `<p>`) come selettore.

In sostanza, un selettore di tipo ridefinisce il modo in cui un browser visualizza un particolare tag. Prima del CSS, per formattare il testo, dovevi racchiudere quel testo in un tag `<font>`.

Per aggiungere lo stesso aspetto a ogni paragrafo di una pagina, spesso dovevi usare più volte il tag `<font>`. Questo processo richiedeva molto lavoro e richiedeva molto HTML, rendendo le pagine più lente da scaricare e più dispendiose in termini di tempo per l'aggiornamento.

Con i selettori di tipo, in realtà non devi fare nulla per l'HTML: crea semplicemente la regola CSS e lascia che il browser faccia il resto.

I selettori di tipo sono facili da individuare in una regola CSS, poiché hanno lo stesso identico nome del tag che definiscono: `p`, `h1`, `table`, `img` e così via. I selettori di tipo hanno i loro svantaggi, tuttavia, se desideri che alcuni paragrafi abbiano un aspetto diverso dagli altri?

Un semplice selettore di tipo non funziona in questo caso, poiché non fornisce informazioni sufficienti per un browser web per identificare la differenza tra i tag `<p>` che desideri evidenziare in viola, grassetto e con caratteri grandi dai tag `<p>` che desideri con un testo normale e nero. Fortunatamente, i CSS forniscono diversi modi per risolvere questo problema: il metodo più semplice è chiamato selettore di classe.

Quando vuoi dare a uno o più elementi un aspetto diverso dai tag correlati sulla pagina, ad esempio dare a una o due immagini su una pagina un bordo rosso lasciando la maggior parte delle altre immagini prive di stile, puoi utilizzare un selettore di classe. Se hai familiarità con gli stili nei programmi di elaborazione testi come Microsoft Word, i selettori di classe ti sembreranno familiari.

Si crea un selettore di classe assegnandogli un nome e quindi applicandolo solo ai tag HTML che si desidera formattare. Ad esempio, puoi creare uno stile di classe denominato `.copyright` e quindi applicarlo solo a un paragrafo contenente informazioni sul copyright, senza influire su altri paragrafi.

I selettori di classe ti consentono anche di individuare un elemento esatto, indipendentemente dal suo tag. Supponi di voler formattare una o due parole all'interno di un paragrafo, ad esempio. In questo caso, non vuoi che l'intero tag `<p>` sia interessato, ma solo una singola frase al suo interno. Puoi usare un selettore di classe per indicare solo quelle parole. Puoi persino utilizzare un selettore di classe per applicare la stessa formattazione a più elementi con tag HTML diversi. Ad esempio, puoi dare a un paragrafo e a un'intestazione di secondo livello lo stesso stile, magari un colore e un carattere che hai selezionato per evidenziare informazioni speciali.

A differenza dei selettori di tipo, che ti limitano ai tag HTML esistenti nella pagina, puoi creare tutti i selettori di classe che desideri e metterli dove vuoi. Probabilmente hai notato il punto con cui inizia il nome di ogni selezionatore di classe, ad esempio `.copyright` e `.speciale`. È una delle poche regole da tenere a mente quando si nomina una classe:

- Tutti i nomi dei selettori di classe devono iniziare con un punto. È così che i browser web individuano un selettore di classe nel foglio di stile.

- CSS consente solo lettere, numeri, trattini e trattini bassi nei nomi delle classi.

- Dopo il punto, il nome deve sempre iniziare con una lettera. Ad esempio, `.1icona` non è un nome di classe valido, ma `.icona1` lo è. Puoi avere classi denominate `.copy-right` e `.banner_immagine`, ma non `.-Banner` o `._un_banner`.

- I nomi delle classi fanno distinzione tra maiuscole e minuscole. Ad esempio, CSS tratta `.SIDEBAR` e `.sidebar` come due classi differenti. A parte il nome, crei stili di classe esattamente come gli stili di tag. Dopo il nome della classe, basta semplicemente inserire un blocco di dichiarazione contenente tutto lo stile che desideri:

```
.speciale {
color:#FF0000;
font-family:"Monotype Corsiva";
}
```

Poiché i selettori di tipo si applicano a tutti i tag su una pagina web, devi semplicemente definirli nel tuo foglio di stile: i tag HTML che li fanno funzionare sono già presenti.

La libertà extra che ottieni con gli stili di classe, però, ha bisogno di un po' più di lavoro. L'utilizzo dei selettori di classe è un processo in due fasi.

Dopo aver creato una regola di classe, devi quindi indicare dove desideri applicare quella formattazione. Per fare ciò, aggiungi un attributo `class` al tag HTML che desideri applicare allo stile. Supponiamo che tu crei una classe `.speciale` che utilizzerai per evidenziare particolari elementi della pagina.

Per aggiungere questo stile a un paragrafo, aggiungi un attributo `class` al tag `<p>`, in questo modo: `<p class = "special">`

Quando un browser web incontra questo tag, sa di applicare le regole di formattazione contenute nello stile `.speciale` al paragrafo. Puoi anche applicare la formattazione della classe solo a una parte di un paragrafo o di un'intestazione aggiungendo un tag `<span>`. Ad esempio, per evidenziare solo una parola in un paragrafo utilizzando lo stile `.speciale`, potresti scrivere:

```
<p>Benvenuto al <span class="special">Caffé
Pippo</span>, un bar alquanto speciale.</p>
```

Dopo aver creato uno stile di classe, puoi applicarlo a quasi tutti i tag della pagina. In effetti, puoi applicare la stessa classe a tag diversi, quindi puoi creare uno stile `.speciale` con un carattere e un colore specifici e applicarlo ai tag `<h2>`, `<p>` e `<ul>`.

Un tag, più classi

Non solo puoi applicare la stessa classe a tag diversi, ma puoi anche applicare più classi allo stesso tag. Sebbene possa sembrare del lavoro extra creare più classi e aggiungere più nomi di classi allo stesso tag, è un approccio comune. Ecco un esempio di quando potresti applicare più classi allo stesso tag.

Immagina di progettare un'interfaccia per gestire il carrello degli acquisti di un utente. L'interfaccia richiede una varietà di pulsanti, ognuno dei quali fa qualcosa di diverso. Un pulsante può essere utilizzato per eliminare un prodotto dal carrello, un altro pulsante per aggiungere un articolo e un terzo pulsante per modificare la quantità. Essendo un buon designer, vuoi che i pulsanti condividano alcune somiglianze, come angoli arrotondati e lo stesso font, ma hanno anche il loro aspetto: rosso per il pulsante Elimina, verde per il pulsante Aggiungi e così via.

Per ottenere coerenza e unicità, puoi creare due classi. Una classe verrà applicata a tutti i pulsanti e le altre classi verranno applicate a determinati tipi di pulsanti.

Per iniziare, dovresti creare una classe `.btn`: `.btn {`

```
border-radius: 5px;
font-family: Arial, Helvetica, serif;
font-size: .8 em;
}
```

Quindi potresti creare classi aggiuntive per ogni tipo di pulsante:

```
.elimina {
 background-color: red;
}
.aggiungi {
 background-color: green;
}
```

```
.modifica {
  background-color: grey;
}
```

Applicando più di una classe a un tag, puoi combinare gli stili e creare sia una coerenza tra i pulsanti che un aspetto unico per ogni tipo di pulsante:

```
<button class="btn aggiungi">Aggiungi</button>
<button class="btn elimina">Elimina</button>
<button class="btn modifica">Modifica</button>
```

I browser web e HTML non hanno problemi a gestire più classi applicate a un singolo elemento. Nel tag HTML, aggiungi semplicemente l'attributo class e, per il valore, aggiungi ogni nome di classe, separato da uno spazio. Il browser combinerà le proprietà delle varie classi e applicherà il set finale combinato di stili all'elemento. Quindi, nell'esempio corrente, tutti i pulsanti avranno angoli arrotondati e utilizzeranno il carattere Arial a .8em.

Tuttavia, il pulsante Aggiungi sarà verde, il pulsante Elimina rosso e il pulsante Modifica grigio. Il vantaggio di questo approccio è che se decidi che i pulsanti non debbano più avere angoli arrotondati o che debbano usare un carattere diverso, devi solo cambiare lo stile .btn per aggiornare l'aspetto di ciascuno dei pulsanti. Allo stesso modo, se decidi che il pulsante Modifica deve essere giallo anziché grigio, la modifica dello stile .modifica avrà effetto solo su quel pulsante e su nessuno degli altri.

Capitolo 7: Specifici o generici?

Specifici

CSS riserva il selettore ID per identificare una parte univoca di una pagina, come un banner, una barra di navigazione o l'area del contenuto principale. Proprio come con un selettore di classe, crei un ID assegnandogli un nome in CSS, quindi lo applichi aggiungendo l'ID al codice HTML della tua pagina. Allora qual è la differenza?

I selettori di ID hanno alcuni usi specifici nelle pagine web molto lunghe o basate su JavaScript. In caso contrario, sono pochi i motivi validi per utilizzare gli ID rispetto alle classi. Sebbene i web designer non utilizzino i selettori di ID come una volta, è bene sapere cosa sono e come funzionano.

Se decidi di utilizzare un selettore di ID, crearne uno è facile. Proprio come un punto indica il nome di un selettore di classe, un simbolo cancelletto (#) identifica uno stile tramite ID.

Questo esempio fornisce un colore di sfondo e una larghezza e altezza per l'elemento:

```
#banner {
 background: #CC0000;
 height: 300px;
 width: 720px;
}
```

L'applicazione di un ID in HTML è simile all'applicazione di classi ma utilizza un attributo diverso denominato, abbastanza logicamente, id. Ad esempio, per applicare lo stile sopra a un tag <div>, dovresti scrivere questo HTML: <div id = "banner">

Allo stesso modo, per indicare che l'ultimo paragrafo di una pagina è l'unico avviso di copyright di quella pagina, puoi creare uno stile ID chiamato `#copyright` e aggiungerlo al tag di quel paragrafo: `<p id = "copyright">`

Generici

A volte hai bisogno di un modo rapido per applicare la stessa formattazione a diversi elementi diversi. Ad esempio, forse desideri che tutte le intestazioni di una pagina condividano lo stesso colore e carattere. Creare uno stile separato per ogni intestazione - h1, h2, h3, h4 e così via - è troppo faticoso e se in seguito desideri cambiare il colore di tutte le intestazioni, hai sei stili diversi da aggiornare.

Un approccio migliore consiste nell'usare un selettore di gruppo. I selettori di gruppo consentono di applicare uno stile a più selettori contemporaneamente. Per lavorare con i selettori come gruppo, crea semplicemente un elenco di selettori separati da virgole. Quindi, per modellare tutti i tag di intestazione con lo stesso colore, puoi creare la seguente regola:

```
h1, h2, h3, h4, h5, h6 {
   color: #F1CD33;
}
```

Questo esempio consiste solo di selettori di tipo ma è possibile utilizzare qualsiasi selettore valido (o combinazione di tipi di selettore) in un selettore di gruppo. Ad esempio, ecco un selettore di gruppo che applica lo stesso colore del carattere al tag <h1>, al tag <p>, a qualsiasi tag con lo stile della classe .copyright e al tag con l'ID #banner:

```
h1, p, .copyright, #banner { color: #F1CD33; }
```

Pensa a un selettore di gruppo come scorciatoia per applicare le stesse proprietà di stile a diversi elementi di pagina. CSS offre anche una sorta di selettore di gruppo totale: il selettore universale. Un asterisco (*) è un'abbreviazione universale del selettore per selezionare ogni singolo tag.

Ad esempio, supponi di voler visualizzare tutti i tag sulla tua pagina in grassetto. Il tuo selettore di gruppo potrebbe essere simile al seguente:

```
a, p, img, h1, h2, h3, h4, h5 ... {
  font-weight: bold;
}
```

L'asterisco, tuttavia, è un modo molto più breve per dire ai CSS di selezionare tutti i tag HTML sulla pagina:

```
* {font-weight: bold; }
```

Puoi persino utilizzare il selettore universale come parte di un selettore discendente, in modo da poter applicare uno stile a tutti i tag che discendono da un particolare elemento della pagina. Ad esempio, `.banner *` seleziona ogni tag all'interno dell'elemento della pagina a cui hai applicato la classe `banner`.

Poiché il selettore universale non specifica alcun tipo particolare di tag, è difficile prevedere il suo effetto sul valore di pagine di un intero sito web composte da una varietà di tag HTML diversi. Per formattare molti diversi elementi della pagina, i guru delle pagine web si affidano all'ereditarietà, una caratteristica CSS, tuttavia, alcuni web designer utilizzano il selettore universale come un modo per rimuovere tutto lo spazio attorno agli elementi a livello di blocco.

Per esempio, puoi aggiungere spazio attorno a un elemento utilizzando la proprietà CSS `margin` e aggiungere spazio tra il bordo di un elemento e il contenuto all'interno utilizzando la proprietà `padding`. I browser aggiungono automaticamente quantità variabili di spazio per tag diversi, quindi un modo per iniziare con una pagina pulita e rimuovere tutto lo spazio intorno ai tag è il seguente:

```
* {
 padding: 0;
 margin: 0;
}
```

Capitolo 8: Pseudo-classi ed elementi

A volte è necessario selezionare parti di una pagina web che non hanno tag di per sé ma sono comunque facili da identificare, come la prima riga di un paragrafo o un collegamento quando ci si sposta il mouse sopra. I CSS ti danno una manciata di selettori per questi effetti: pseudo-classi e pseudo-elementi.

Affrontiamo questo argomento per i collegamenti (link) infatti quattro pseudo-classi consentono di formattare i collegamenti in quattro stati diversi in base a come un visitatore ha interagito con quel collegamento. Identificano quando un collegamento si trova in uno dei seguenti quattro stati:

- a:link seleziona qualsiasi collegamento che il tuo utente non ha ancora visitato, quando il mouse non passa sopra o non fa clic su di esso. Questo stile è il tuo normale collegamento web inutilizzato.

- a:visited è un collegamento su cui il tuo utente ha fatto clic in precedenza, in base alla cronologia del browser web. Puoi definire lo stile di questo tipo di collegamento in modo diverso rispetto a un normale collegamento per dire al tuo visitatore: "Ehi, ci sei già stato qui!"

- a:hover consente di modificare l'aspetto di un collegamento quando il visitatore passa il mouse su di esso. Gli effetti di rollover che puoi creare non sono solo per divertimento ma possono fornire un utile feedback visivo per i pulsanti su una barra di navigazione. Puoi anche usare la pseudo-classe :hover su elementi diversi dai link. Ad esempio, puoi usarlo per evidenziare il testo in un `<p>` o `<div>` quando i tuoi utenti passano il mouse su di esso. In tal caso, invece di utilizzare `a:hover` (che è per i collegamenti) per aggiungere un effetto hover, puoi creare uno stile denominato `p:hover` per creare un effetto specifico quando qualcuno passa il mouse su un paragrafo. Se desideri solo applicare uno stile ai tag con una classe specifica di evidenziazione, crea uno stile denominato `.evidenzia:hover`.

- `a:active` consente di determinare l'aspetto di un collegamento quando l'utente fa clic. In altre parole, copre quel breve intervallo in cui qualcuno preme il pulsante del mouse, prima di rilasciarlo.

Le linee guida CSS definiscono diversi potenti selettori di pseudo-classi e pseudo-elementi oltre a quelli trattati finora. Il supporto per questi selettori in tutti i browser tranne i più vecchi è molto buono.

La pseudo-classe `:focus` funziona in modo molto simile alla pseudo-classe `:hover`. Mentre `:hover` si applica quando un utente posiziona il mouse su un collegamento, `:focus` si applica quando il visitatore fa qualcosa per indicare la sua attenzione a un elemento di una pagina web, di solito facendo clic o facendo clic su di esso.

Nel gergo della programmazione, quando un visitatore fa clic in una casella di testo su un modulo Web, si concentra (focus) su quella casella di testo. Quel clic è l'unico indizio di un web designer su dove il visitatore sta concentrando la sua attenzione.

Il selettore `:focus` è principalmente utile per fornire un feedback ai tuoi utenti, perciò di solito è usato per cambiare il colore di sfondo di una casella di testo per indicare dove sta digitando del testo l'utente.

Questo stile, ad esempio, aggiunge un colore giallo chiaro a qualsiasi casella di testo in cui un visitatore fa clic o quando clicca su Tab e focalizza l'attenzione qui:

```
input:focus {
  background-color: #FFFFCC;
}
```

Il selettore `:focus` si applica solo mentre l'elemento è selezionato. Quando un visitatore preme su Tab in un altro campo di testo o fa clic in un altro punto della pagina, allontana il focus e le proprietà CSS dalla casella di testo.

Lo pseudo-elemento `:before` fa qualcosa che nessun altro selettore può fare: ti permette di aggiungere contenuto prima di un dato elemento. Ad esempio, supponi di voler inserire "SUGGERITO!" prima di alcuni paragrafi per farli risaltare. Invece di digitare quel testo nell'HTML della tua pagina, puoi lasciare che il selettore `:before` lo faccia per te.

Questo approccio non solo salva il codice ma, anche se decidi di cambiare il messaggio, puoi cambiare ogni pagina del tuo sito con una rapida modifica al tuo foglio di stile. (Lo svantaggio è che questo messaggio speciale è invisibile ai browser che non capiscono CSS o non capiscono il selettore `:before`.).

Esattamente come il selettore `:before`, lo pseudo-elemento `:after` aggiunge il contenuto generato, ma dopo l'elemento e non prima. È possibile utilizzare questo selettore, ad esempio, per aggiungere virgolette di chiusura (") dopo un testo che fa parte di una citazione.

Java

Premessa

Questo libro riguarda il linguaggio e l'ambiente di programmazione Java. Che tu sia uno sviluppatore di software o semplicemente qualcuno che utilizza Internet nella tua vita quotidiana, hai senza dubbio sentito parlare di Java. La sua introduzione è stata uno degli sviluppi più interessanti nella storia del web e le applicazioni Java hanno alimentato gran parte della crescita del business su Internet.

Java è, probabilmente, il linguaggio di programmazione più popolare al mondo, utilizzato da milioni di sviluppatori su quasi tutti i tipi di computer immaginabili. Java ha superato linguaggi come C++ e Visual Basic in termini di domanda degli sviluppatori ed è diventato di fatto il linguaggio per certi tipi di sviluppo, specialmente per i servizi basati sul web.

La maggior parte delle università ora utilizza Java nei loro corsi introduttivi insieme ad altri importanti linguaggi moderni e forse stai usando questo libro proprio per questo scopo!

Questo libro fornisce una base sui fondamenti di Java. Abbiamo tentato di essere all'altezza del suo nome mappando il linguaggio Java e le sue librerie di classi, tecniche di programmazione e idiomi. Approfondiremo le aree di interesse e vedremo almeno alcuni argomenti popolari.

Quando possibile, forniamo esempi convincenti, realistici e divertenti ed evitiamo la semplice enunciazione di teoria che porta ad una perdita di attenzione da parte di chi legge. Gli esempi saranno anche semplici, ma suggeriscono cosa si può fare.

Non svilupperemo una fantastica "app killer" in queste pagine, ma speriamo di darvi un punto di partenza per molte ore di sperimentazione e programmazione, in modo da ispirarti a sviluppare una app con quello che hai appreso.

Questo libro è per professionisti informatici, studenti, tecnici e hacker. È per tutti coloro che hanno bisogno di esperienza pratica con il linguaggio Java con un occhio alla creazione di applicazioni reali. Questo libro potrebbe anche essere considerato un corso intensivo di programmazione orientata agli oggetti e man mano che impari a conoscere Java, imparerai anche un approccio pratico e potente allo sviluppo del software, iniziando con una profonda comprensione dei fondamenti di Java e delle sue API.

In superficie, Java assomiglia a C o C++, quindi avrai un piccolo vantaggio nell'utilizzo di questo libro se hai una certa esperienza con uno di questi linguaggi. Se non li hai mai usati, non preoccuparti. Non fare troppe somiglianze sintattiche tra Java e C o C++. Per molti aspetti, Java si comporta come linguaggi più dinamici come Smalltalk e Lisp.

La conoscenza di un altro linguaggio di programmazione orientato agli oggetti dovrebbe sicuramente aiutare, anche se potresti dover cambiare alcune idee o dimenticare alcune abitudini, infatti, Java è notevolmente più semplice di linguaggi come C++ e Smalltalk. Se impari bene da esempi concisi e sperimentazioni personali, pensiamo che questo libro ti piacerà.

Capitolo 1: Perché Java?

Le sfide più grandi e le opportunità più entusiasmanti per gli sviluppatori di software oggi risiedono nello sfruttare la potenza delle reti. Le applicazioni create oggi, qualunque sia l'ambito o il pubblico previsto, quasi certamente funzioneranno su macchine collegate da una rete globale di risorse di elaborazione.

La crescente importanza delle reti sta ponendo nuove richieste agli strumenti esistenti e sta alimentando la domanda di un elenco in rapida crescita di tipi di applicazioni completamente nuovi. Vogliamo un software che funzioni in modo coerente, ovunque e su qualsiasi piattaforma e che funzioni bene con altre applicazioni. Vogliamo applicazioni dinamiche che traggano vantaggio da un mondo connesso, in grado di accedere a fonti di informazioni disparate e distribuite. Vogliamo un software realmente distribuito che possa essere esteso e aggiornato senza problemi. Vogliamo applicazioni intelligenti che possano vagare per la Rete per noi, scovare informazioni e fungere da emissari elettronici.

Sappiamo da tempo che tipo di software vogliamo, ma è solo negli ultimi anni che abbiamo iniziato a ottenerlo. Il problema, storicamente, è stato che gli strumenti per costruire queste applicazioni non sono stati all'altezza. I requisiti di velocità e portabilità sono stati, per la maggior parte, mutuamente esclusivi e la sicurezza è stata ampiamente ignorata o fraintesa.

In passato, i linguaggi veramente portatili erano ingombranti, interpretati e lenti. Questi linguaggi erano popolari tanto per la loro funzionalità di alto livello quanto per la loro portabilità. Alcuni linguaggi di solito fornivano velocità legandosi a piattaforme particolari, quindi soddisfacevano il problema della portabilità solo a metà.

Java è un linguaggio moderno che affronta tutti e tre questi fronti:

portabilità, velocità e sicurezza. Questo è il motivo per cui rimane dominante nel mondo della programmazione da più di due decenni dopo la sua introduzione. Il linguaggio di programmazione Java, sviluppato presso Sun Microsystems sotto la guida dei luminari della rete James Gosling e Bill Joy, è stato progettato per essere un linguaggio di programmazione indipendente dalla macchina, abbastanza sicuro per attraversare le reti e abbastanza potente da sostituire il codice eseguibile nativo.

Java ha affrontato le questioni viste fin qui e ha svolto un ruolo da protagonista nella crescita di Internet, portandola al punto in cui siamo oggi. Inizialmente, la maggior parte dell'entusiasmo per Java era incentrato sulle sue capacità di creare applicazioni integrate per il web, chiamate applet. Ma all'inizio, le applet e altre applicazioni GUI lato client scritte in Java erano limitate. Oggi, Java ha Swing che è un sofisticato toolkit per la creazione di interfacce utente grafiche.

Questo sviluppo ha consentito a Java di diventare una piattaforma praticabile per lo sviluppo di software applicativo lato client tradizionale, sebbene siano entrati molti altri contendenti in questo campo. Di ancor più importanza, tuttavia, Java è diventata fondamentale per applicazioni e servizi web basati sul web. Queste applicazioni utilizzano tecnologie tra cui Servlet API Java, servizi Web Java e molti popolari server e framework basati su Java, sia commerciali che open source. La portabilità e la velocità di Java lo rendono la piattaforma ideale per le moderne applicazioni aziendali. I server Java in esecuzione su piattaforme Linux open source sono al centro del mondo finanziario e degli affari di oggi.

Questo libro ti mostrerà come utilizzare Java per eseguire attività di programmazione nel mondo reale. Nei prossimi capitoli tratteremo diversi temi, cercando di fornire tutte le informazioni di cui hai bisogno in questo momento.

Capitolo 2: Come funziona?

Java è sia un linguaggio compilato che interpretato. Il codice sorgente Java viene trasformato in semplici istruzioni binarie, proprio come il normale codice macchina del microprocessore. Tuttavia, mentre il codice sorgente C o C++ è ridotto a istruzioni native per un particolare modello di processore, il sorgente Java è compilato in un formato universale: istruzioni per una macchina virtuale (VM).

Il bytecode Java compilato viene eseguito da un interprete di runtime Java. Il sistema runtime esegue tutte le normali attività di un processore hardware, ma lo fa in un ambiente virtuale sicuro. Esegue un set di istruzioni basato su stack e gestisce la memoria come un sistema operativo. Crea e manipola tipi di dati primitivi, carica e richiama blocchi di codice a cui si è fatto riferimento di recente. Ancora più importante, fa tutto questo in conformità con una specifica rigorosamente definita che può essere implementata da chiunque desideri produrre una macchina virtuale conforme a Java. Insieme, la macchina virtuale e la definizione del linguaggio forniscono una specifica completa. Non ci sono funzioni del linguaggio Java di base lasciate indefinite o dipendenti dall'implementazione. Ad esempio, Java specifica le dimensioni e le proprietà matematiche di tutti i suoi tipi di dati primitivi piuttosto che lasciar decidere ciò all'implementazione della piattaforma.

L'interprete Java è relativamente leggero e piccolo; può essere implementato in qualsiasi forma sia desiderabile per una particolare piattaforma. L'interprete può essere eseguito come un'applicazione separata o può essere incorporato in un altro software, come un browser web. Tutto ciò significa che il codice Java è implicitamente portabile. Lo stesso bytecode dell'applicazione Java può essere eseguito su qualsiasi piattaforma che fornisce un ambiente di runtime Java. Non devi produrre versioni alternative della tua applicazione per piattaforme diverse e non devi distribuire il codice sorgente agli utenti finali.

Le classi

L'unità fondamentale del codice Java è la classe. Come in altri linguaggi orientati agli oggetti, le classi sono delle componenti dell'applicazione che contengono codice e dati eseguibili. Le classi Java compilate sono distribuite in un formato binario universale che contiene il bytecode Java e altre informazioni sulla classe. Le classi possono essere gestite in modo discreto e archiviate in file o archivi locali o su un server di rete. Le classi vengono individuate e caricate dinamicamente in fase di esecuzione in quanto sono necessarie per un'applicazione.

Oltre al sistema runtime specifico della piattaforma, Java ha un numero di classi fondamentali che contengono metodi dipendenti dall'architettura. Questi metodi nativi fungono da gateway tra la Java Virtual Machine e il mondo reale. Sono implementati in un linguaggio compilato in modo nativo sulla piattaforma host e forniscono un accesso di basso livello a risorse come la rete, il sistema a finestre e il file system host. La stragrande maggioranza di Java, tuttavia, è scritta in Java stesso, avviata con queste primitive di base, ed è quindi portabile. Ciò include strumenti Java fondamentali come il compilatore Java, il networking e le librerie GUI, che sono anche scritte in Java e sono quindi disponibili su tutte le piattaforme Java esattamente allo stesso modo senza necessità di effettuare un porting.

Storicamente, gli interpreti sono stati considerati lenti ma Java non è un linguaggio interpretato in modo classico. Oltre a compilare il codice sorgente fino al bytecode portabile, Java è stato progettato con cura in modo che le implementazioni software del sistema a runtime possano ulteriormente ottimizzare le loro prestazioni compilando al volo il bytecode in codice macchina nativo. Questa tecnica è chiamata just-in-time (JIT) o compilazione dinamica. Con la compilazione JIT, il codice Java può essere eseguito velocemente come il codice nativo e mantenere la sua trasportabilità e sicurezza.

Questo è un punto spesso frainteso tra coloro che vogliono confrontare le prestazioni dei linguaggi di programmazione. C'è solo un punto a sfavore per le prestazioni Java: il controllo dei limiti dell'array. Tutto il resto può essere ottimizzato per il codice nativo proprio come può essere fatto con un linguaggio compilato staticamente. Oltre a ciò, il linguaggio Java include più informazioni strutturali rispetto a molti altri linguaggi, fornendo più tipi di ottimizzazioni. Ricorda inoltre che queste ottimizzazioni possono essere effettuate in fase di esecuzione, tenendo conto del comportamento e delle caratteristiche dell'applicazione effettiva. Cosa si può fare in fase di compilazione che non può essere fatto meglio in fase di runtime? Bene, c'è un compromesso: il tempo.

Il problema con una compilazione JIT tradizionale è che l'ottimizzazione del codice richiede tempo, quindi un compilatore JIT può produrre risultati decenti, ma potrebbe subire una latenza significativa per l'avvio dell'applicazione. Questo in genere non è un problema per le applicazioni lato server, ma è un problema serio per il software e le applicazioni lato client che vengono eseguite su dispositivi più piccoli con capacità limitata. Per risolvere questo problema, la tecnologia del compilatore di Java, chiamata HotSpot, utilizza un trucco chiamato compilazione adattiva. Se guardi come i programmi impiegano effettivamente il loro tempo, scoprirai che spendono quasi tutto il loro tempo eseguendo una parte relativamente piccola del codice più volte.

Il pezzo di codice che viene eseguito ripetutamente può essere solo una piccola parte del programma totale, ma il suo comportamento determina le prestazioni complessive del programma. La compilazione adattiva consente inoltre al runtime Java di sfruttare nuovi tipi di ottimizzazioni che semplicemente non possono essere eseguite in un linguaggio compilato staticamente, da qui l'affermazione che il codice Java può essere eseguito più velocemente di C / C++ in alcuni casi.

Per trarre vantaggio da questo fatto, è stato creato HotSpot che sembra un normale interprete di bytecode Java ma con una differenza: misura (profila) il codice mentre è in esecuzione per vedere quali parti vengono eseguite ripetutamente. Nel momento in cui sa quali parti del codice sono cruciali per le prestazioni, HotSpot compila quelle sezioni in codice macchina nativo ed ottimale. Poiché compila solo una piccola parte del programma in codice macchina, può permettersi il tempo necessario per ottimizzare quelle parti. Il resto del programma potrebbe non aver bisogno di essere compilato affatto, ma solo interpretato, risparmiando memoria e tempo. Infatti, la Java VM può essere eseguita in una delle due modalità: client e server, che determinano se enfatizzare l'avvio rapido e la conservazione della memoria o le prestazioni. A partire da Java 9, puoi anche utilizzare la compilazione Ahead-of-Time (AOT) se è necessario ridurre al minimo il tempo di avvio dell'applicazione è davvero importante.

Una domanda naturale da porsi a questo punto è: perché buttare via tutte queste buone informazioni sulla profilazione ogni volta che un'applicazione termina? Ebbene, Sun ha parzialmente affrontato questo argomento con il rilascio di Java 5.0 attraverso l'uso di classi condivise di sola lettura che vengono memorizzate in modo persistente in una forma ottimizzata. Ciò ha ridotto significativamente sia il tempo di avvio che il sovraccarico dell'esecuzione di molte applicazioni Java su una determinata macchina. La tecnologia per farlo è complessa, ma l'idea è semplice: ottimizzare le parti del programma che devono essere eseguite in modo rapido e non preoccuparsi del resto.

Capitolo 3: Installazione

Sebbene sia possibile scrivere, compilare ed eseguire applicazioni Java con nient'altro che il Java Development Kit (OpenJDK) open source di Oracle e un semplice editor di testo (ad esempio Vi, Blocco note, ecc.), oggi la stragrande maggioranza del codice Java è scritta con il vantaggio di un ambiente di sviluppo integrato (IDE).

I vantaggi dell'utilizzo di un IDE includono una visualizzazione all-in-one del codice sorgente Java con evidenziazione della sintassi, guida alla navigazione, controllo del codice sorgente, documentazione integrata, creazione, refactoring e distribuzione, tutto a portata di mano. Pertanto, eviteremo di trattare la riga di comando e inizieremo con un IDE popolare e gratuito: IntelliJ IDEA CE (Community Edition).

Se sei contrario all'uso di un IDE, sentiti libero di usare i comandi della riga di comando `javac miaApplicazione.java` per la compilazione e `java miaApplicazione` per eseguire i prossimi esempi. IntelliJ IDEA richiede l'installazione di Java e questo libro copre le funzionalità del linguaggio Java 11 (con alcune menzioni di cose nuove in 12 e 13), quindi sebbene gli esempi in questo capitolo funzioneranno con le versioni precedenti, è meglio avere JDK 11 installato per garantire che tutti gli esempi nel libro vengano compilati.

Puoi controllare quale versione, se presente, hai installato digitando `java -version` nella riga di comando. Se Java non è presente o se è una versione precedente a JDK 11, ti consigliamo di scaricare l'ultima versione dalla pagina di download di OpenJDK di Oracle. Tutto ciò che è richiesto per gli esempi in questo libro è il JDK di base, che è la prima opzione nell'angolo in alto a sinistra della pagina di download.

IntelliJ IDEA è un IDE disponibile su jetbrains.com. Ai fini di questo libro e per iniziare con Java in generale, è sufficiente la Community Edition. Il download è un programma di installazione eseguibile o un archivio compresso: `.exe` per Windows, `.dmg` per macOS e `.tar.gz` su Linux. Fai doppio clic per scompattare ed eseguire il programma di installazione, l'installazione guidata è davvero completa e consente di personalizzare l'installazione.

Installare la JDK

È bene sapere che sei libero di scaricare ed utilizzare il JDK ufficiale e commerciale di Oracle per uso personale. Le versioni disponibili nella pagina di download di Oracle includono la versione più recente e la versione di supporto a lungo termine più recente (13 e 11, rispettivamente, al momento della stesura di questo libro) con collegamenti a versioni precedenti se hai bisogno di compatibilità. Se prevedi di utilizzare Java in qualsiasi capacità commerciale o condivisa, tuttavia, Oracle JDK ora viene fornito con termini di licenza rigidi (e a pagamento). Per questo e altri motivi più filosofici, usiamo principalmente OpenJDK.

Purtroppo, questa versione open source non include programmi di installazione per le diverse piattaforme. Se desideri una configurazione semplice e sei soddisfatto di una delle versioni di supporto a lungo termine come Java 8 o Java 11, dai un'occhiata ad altre distribuzioni OpenJDK.

Per coloro che desiderano l'ultima versione e non si preoccupano di un po' di lavoro di configurazione, diamo un'occhiata ai passaggi tipici richiesti per l'installazione di OpenJDK su ciascuna delle principali piattaforme.

Linux

Il file che scarichi per Linux è un file tar compresso (tar.gz) e può essere decompresso in una directory a tua scelta. Utilizzando l'app per il terminale, passa alla directory in cui hai scaricato il file ed esegui i seguenti comandi per installare e verificare Java:

```
~$ cd Downloads
~/Downloads$ sudo tar tvf openjdk-13.0.1_linux-x64_bin.tar.gz \
 --directory /usr/lib/jvm
...
jdk-13.0.1/lib/src.zip
jdk-13.0.1/lib/tzdb.dat
jdk-13.0.1/release
~/Downloads$ /usr/lib/jvm/jdk-13.0.1/bin/java -version
openjdk version "13.0.1" 2019-10-15
OpenJDK Runtime Environment (build 13.0.1+9)
OpenJDK 64-Bit Server VM (build 13.0.1+9, mixed mode,
sharing)
```

Dopo aver estratto i file, è possibile configurare il terminale per utilizzare quell'ambiente impostando le variabili JAVA_HOME e PATH. Testeremo la configurazione controllando la versione del compilatore Java, javac:

```
~/Downloads$ cd
~$ export JAVA_HOME=/usr/lib/jvm/jdk-13.0.1
~$ export PATH=$PATH:$JAVA_HOME/bin
~$ javac -version
javac 13.0.1
```

Ti consigliamo di rendere permanenti quelle modifiche a JAVA_HOME e PATH aggiornando gli script di avvio o rc per la tua shell. Ad esempio, potresti aggiungere entrambe le righe proprio come abbiamo usato nel terminale al tuo file .bashrc. Vale anche la pena notare che molte distribuzioni Linux rendono disponibili alcune versioni di Java tramite i loro particolari gestori di pacchetti. Una semplice ricerca online ti aiuterà a vedere se ci sono meccanismi alternativi da usare che potrebbero adattarsi meglio alla tua distribuzione.

MacOS

Per gli utenti su sistemi macOS, l'installazione di OpenJDK è abbastanza simile al processo Linux: scarica l'archivio binario tar.gz e scompattalo nel posto giusto. A differenza di Linux, "il posto giusto" è abbastanza specifico. Utilizzando l'app Terminale (nella cartella Applicazioni → Utilità) puoi decomprimere e riposizionare la cartella OpenJDK in questo modo:

```
~ $ cd Downloads
Downloads $ tar xf openjdk-13.0.1_osx-x64_bin.tar.gz
Downloads $ sudo mv jdk-13.0.1.jdk
/Library/Java/JavaVirtualMachines/
```

Il comando `sudo` consente agli utenti amministratori di eseguire azioni speciali normalmente riservate al "super utente" (la "s" e la "u" sono acronimi di super user). Ti verrà chiesta la tua password e, dopo aver cambiato cartella, imposta la variabile d'ambiente `JAVA_HOME`. Il comando `java` incluso con macOS è un wrapper che ora dovrebbe essere in grado di individuare la tua installazione.

```
Downloads $ cd ~
~ $ export \
 JAVA_HOME=/Library/Java/JavaVirtualMachines/jdk-
13.0.1.jdk/Contents/Home
~ $ java -version
openjdk version "13.0.1" 2019-10-15
OpenJDK Runtime Environment (build 13.0.1+9)
OpenJDK 64-Bit Server VM (build 13.0.1+9, mixed mode,
sharing)
```

Come con Linux, vorrai aggiungere quella riga `JAVA_HOME` a un file di avvio appropriato (come il file `.bash_profile` nella tua directory home) se lavorerai con Java dalla riga di comando. Per gli utenti su macOS 10.15 (Catalina) e presumibilmente versioni successive, potresti incontrare un po' di problemi in più durante l'installazione di Java e il test. A causa dei cambiamenti in macOS, Oracle non ha ancora certificato Java per Catalina.

Ovviamente puoi ancora eseguire Java sui sistemi Catalina ma le applicazioni più avanzate potrebbero qualche riscontrare bug.

Windows

I sistemi Windows condividono molti degli stessi concetti dei sistemi Unix anche se l'interfaccia utente per lavorare con questi concetti è diversa. Scarica l'archivio OpenJDK per Windows: dovrebbe essere un file ZIP anziché un file `tar.gz`. Decomprimi il file di download e spostalo in una cartella appropriata. Come con Linux, "appropriato" dipende davvero da te, noi abbiamo creato una cartella Java nella cartella `C:\Programmi` per contenere questa (e le future) versioni.

Una volta che la cartella JDK è a posto, dovrai impostare alcune variabili d'ambiente, proprio come con macOS e Linux. Il percorso più rapido per le impostazioni delle variabili è cercare in "ambiente" in Windows 10 e selezionare la voce del pannello di controllo intitolata "Modifica le variabili di ambiente del sistema". Da qui puoi creare una nuova voce per la variabile `JAVA_HOME` e aggiornare la voce `Path` per Java.

Per `JAVA_HOME`, crea una nuova variabile e impostala nella cartella in cui hai installato questo particolare JDK. Con `JAVA_HOME` impostato, ora puoi aggiungere una voce alla variabile `Path` in modo che Windows sappia dove cercare gli strumenti `java` e `javac`. Fai puntare questo valore alla cartella `bin` in cui è stato installato Java. Per utilizzare il valore `JAVA_HOME` nel percorso, racchiuderlo tra i segni di percentuale (`%JAVA_HOME%`).

Non puoi utilizzare una vera e propria riga di comando in Windows, ma l'applicazione del prompt dei comandi ha lo stesso scopo delle app del terminale in macOS o Linux. Apri il programma del prompt dei comandi e controlla la versione di Java.

```
C:\Users\User>java -version
java version "13.0.1" 2019-10-15
Java(TM) SE Runtime Environment (build 13.0.1+9)
Java HotSpot(TM) 64-Bit Server VM (build 13.0.1+9,
mixed mode, sharing)
```

```
C:\Users\User>
```

Puoi continuare a utilizzare il prompt dei comandi, ovviamente, ma ora sei libero di indirizzare altre applicazioni come IntelliJ IDEA alla cartella dove hai installato il tuo JDK e lavorare semplicemente con l'IDE.

Capitolo 4: Prima applicazione

Prima di immergerci in discussioni sul linguaggio Java, voglio darti un assaggio con un codice funzionante. In questo capitolo, costruiremo una piccola applicazione amichevole che illustra molti dei concetti usati in tutto il libro. Cogliamo l'occasione per introdurre le caratteristiche generali del linguaggio e delle applicazioni Java.

Questo capitolo serve anche come una breve introduzione agli aspetti orientati agli oggetti di Java. Se questi concetti sono nuovi per te, speriamo che incontrarli qui in Java per la prima volta sia un'esperienza semplice e piacevole. Se hai lavorato con un altro ambiente di programmazione orientato agli oggetti, dovresti apprezzare in particolare la semplicità e l'eleganza di Java.

Questo capitolo ha il solo scopo di darti una visione del linguaggio Java e un'idea di come viene utilizzato. Non possiamo sottolineare abbastanza l'importanza di sperimentare quando impari nuovi concetti qui e in tutto il libro. Non limitarti a leggere gli esempi: eseguili.

Configurare l'IDE

La prima volta che esegui IDEA, ti verrà chiesto di selezionare un'area di lavoro. Questa è di solito una directory root o di primo livello per contenere i nuovi progetti creati all'interno di IntelliJ IDEA. La posizione predefinita varia a seconda della piattaforma. Se l'impostazione predefinita va bene, usala; altrimenti sentiti libero di scegliere una cartella diversa e fai clic su OK. Creeremo un progetto per contenere tutti i nostri esempi. Selezionare File → Nuovo → Progetto Java dal menu dell'applicazione e digita "Imparo Java" nel campo "Nome progetto" nella parte superiore della finestra di dialogo.

Assicurati che la versione di JRE sia impostata sulla versione 11 o successiva e fai clic su Avanti in basso. Scegli il modello `Command Line App` che include una classe Java minima con un metodo `main()` che può essere eseguito. I prossimi capitoli approfondiranno molto più in dettaglio la struttura dei programmi Java e i comandi e le istruzioni che è possibile inserire in tali programmi.

Dopo aver selezionato il modello fai clic su Avanti e infine, devi fornire un nome e una posizione per il tuo progetto. Abbiamo scelto il nome CiaoJava ma quel nome non è speciale. IDEA suggerirà una posizione in base al nome del progetto e alla cartella dei progetti IDEA predefinita ma è possibile utilizzare il pulsante con i puntini di sospensione ("...") per scegliere una cartella diversa sul computer.

Quando questi due campi sono compilati, fai clic su Fine e congratulazioni! Ora hai un programma Java o quasi. È necessario aggiungere una riga di codice per stampare qualcosa sullo schermo. All'interno delle parentesi graffe dopo la riga `public static void main (String [] args)`, aggiungi questa riga:

```
System.out.println("Hello World!");
```

Eseguiremo questo esempio in seguito e lo espanderemo per dargli un tocco in più. I prossimi capitoli presenteranno esempi più interessanti che mettono insieme sempre più elementi di Java. Questi passaggi iniziali sono buoni per iniziare a prendere confidenza con Java e con IntelliJ IDEA.

Eseguire il progetto

Partire dal semplice template fornito da IDEA dovrebbe lasciare poco spazio agli errori e consentirti di eseguire il tuo primo programma. Nota che la classe `Main` elencata sotto la cartella `src` nella struttura del progetto a sinistra ha un piccolo pulsante verde "play" vicino la sua icona. Questa aggiunta indica che IDEA capisce come eseguire il metodo `main()` in questa classe.

Prova a fare clic sul pulsante nella barra degli strumenti in alto e vedrai il tuo messaggio "Hello World!" nella scheda "Run" nella parte inferiore dell'editor. Complimenti, ora hai anche eseguito il tuo primo programma Java.

Capitolo 5: Struttura del programma

Nella tradizione dei testi di programmazione, si inizia sempre con "Hello World", ma dato che si tratta di Java creiamo "Hello Java". Aggiungeremo qualche funzionalità e introdurremo nuovi concetti lungo il percorso ma iniziamo con la versione minimalista:

```
public class HelloJava {
 public static void main( String[] args ) {
  System.out.println("Hello, Java!");
 }
 }
```

Questo programma a cinque righe dichiara una classe chiamata `HelloJava` e un metodo chiamato `main()`. Usa un metodo predefinito chiamato `println()` per scrivere del testo come output.

Questo è un programma a riga di comando, il che significa che viene eseguito in una shell o in una finestra DOS e vi stampa il suo output. Se hai utilizzato il modello Hello World di IDEA, potresti notare che è stato scelto il nome Main per la classe. Non c'è niente di sbagliato, ma nomi più descrittivi torneranno utili quando inizi a costruire programmi più complessi. In futuro, proveremo a utilizzare nomi validi nei nostri esempi.

Indipendentemente dal nome della classe, questo approccio è un po' vecchia scuola per i nostri gusti, quindi prima di andare oltre, daremo a HelloJava una GUI. Non preoccuparti ancora del codice; torneremo per le spiegazioni tra un momento.

Al posto della riga contenente il metodo `println()`, useremo un oggetto `JFrame` per mettere una finestra sullo schermo. Possiamo iniziare sostituendo la riga `println` con le seguenti tre righe:

```
JFrame frame = new JFrame("Hello, Java!" );
frame.setSize( 300, 300 );
```

```
frame.setVisible( true );
```

Questo snippet crea un oggetto JFrame con il titolo "Hello, Java!", un JFrame è semplicemente una finestra grafica. Per visualizzarla, configuriamo semplicemente le sue dimensioni sullo schermo utilizzando il metodo `setSize()` e la rendiamo visibile chiamando il metodo `setVisible()`. Se ci fermassimo qui, vedremmo una finestra vuota sullo schermo con il nostro "`Hello, Java!`" come titolo.

Vorremmo che il nostro messaggio fosse all'interno della finestra, non solo nella parte superiore. Per mettere qualcosa nella finestra, abbiamo bisogno di un altro paio di righe.

Il seguente esempio aggiunge un oggetto JLabel per visualizzare il testo centrato nella nostra finestra. La riga di importazione aggiuntiva in alto è necessaria per indicare a Java dove trovare le classi JFrame e JLabel (le definizioni degli oggetti JFrame e JLabel che stiamo utilizzando).

```java
import javax.swing.*;
 public class HelloJava {
 public static void main( String[] args ) {
   JFrame frame = new JFrame( "Hello, Java!" );
   JLabel label = new JLabel("Hello, Java!",
JLabel.CENTER );
   frame.add(label);
   frame.setSize( 300, 300 );
   frame.setVisible( true );
 }
}
```

Adesso puoi eseguire il programma come fatto in precedenza e ancora congratulazioni, hai eseguito la tua seconda applicazione Java! Prenditi un momento per ammirarla nel bagliore del tuo monitor.

Tieni presente che quando fai clic sulla casella di chiusura della finestra, la finestra scompare ma il programma è ancora in esecuzione. Per arrestare l'applicazione Java in IDEA, fai clic sul pulsante quadrato rosso a destra del pulsante che hai utilizzato per eseguire il programma. Se stai eseguendo l'esempio sulla riga di comando, digita Ctrl-C.

Nota che nulla ti impedisce di eseguire più di un'istanza (copia) dell'applicazione alla volta. HelloJava potrebbe essere un piccolo programma, ma c'è un bel po' di cose che esegue dietro le quinte e quelle poche righe rappresentano solo la punta di un iceberg. Ciò che si trova sotto la superficie sono i livelli di funzionalità forniti dal linguaggio Java e dalle sue librerie Swing.

Detto questo, diamo ora un'occhiata a cosa sta succedendo nel nostro primo esempio.

Classi

Le classi sono gli elementi costitutivi fondamentali della maggior parte dei linguaggi orientati agli oggetti. Una classe è un gruppo di elementi di dati con funzioni associate che possono eseguire operazioni su tali dati. Gli elementi di dati in una classe sono chiamati variabili, o talvolta campi; in Java, le funzioni sono chiamate metodi.

I vantaggi principali di un linguaggio orientato agli oggetti sono l'associazione tra dati e funzionalità nelle unità di classe e la capacità delle classi di incapsulare o nascondere i dettagli, liberando lo sviluppatore dalla preoccupazione per i dettagli di basso livello. In un'applicazione, una classe potrebbe rappresentare qualcosa di concreto, come un pulsante su uno schermo o le informazioni in un foglio di calcolo oppure potrebbe essere qualcosa di più astratto, come un algoritmo di ordinamento o forse una caratteristica di un personaggio di un videogioco. Una classe che rappresenta un foglio di lavoro potrebbe, ad esempio, avere variabili che rappresentano i valori delle sue singole celle e metodi che eseguono operazioni su tali celle, come "cancella una riga" o "calcola valori".

La nostra classe HelloJava è un'intera applicazione Java in una singola classe. Definisce un solo metodo, main(), che contiene il corpo del nostro programma. È questo metodo `main()` che viene chiamato per primo all'avvio dell'applicazione. Ciò che è etichettato con `String []` `args` ci permette di passare gli argomenti della riga di comando all'applicazione.

Infine, sebbene questa versione di HelloJava non definisca alcuna variabile come parte della sua classe, utilizza due variabili, `frame` e `label`, all'interno del suo metodo `main()`. Presto avremo anche altro da dire sulle variabili.

main()

Come abbiamo visto quando abbiamo eseguito il nostro esempio, eseguire un'applicazione Java significa scegliere una particolare classe e passare il suo nome come argomento alla Java virtual machine. Quando l'abbiamo fatto, il comando `java` ha cercato nella nostra classe HelloJava per vedere se conteneva il metodo speciale chiamato `main()` della forma giusta. Lo ha trovato e così è stato eseguito.

Se non fosse stato lì, avremmo ricevuto un messaggio di errore. Il metodo `main()` è il punto di ingresso per le applicazioni. Ogni applicazione Java standalone include almeno una classe con un metodo `main()` che esegue le azioni necessarie per avviare il resto del programma. Il nostro metodo `main()` imposta una finestra (un JFrame) per contenere l'output visivo della classe HelloJava.

In questo momento, sta facendo tutto il lavoro nell'applicazione ma in un'applicazione orientata agli oggetti, normalmente deleghiamo le responsabilità a molte classi diverse. Nella prossima incarnazione del nostro esempio, eseguiremo proprio una tale suddivisione, creando una seconda classe, e vedremo che man mano che l'esempio si evolve successivamente, il metodo `main()` rimane più o meno lo stesso, semplicemente tenendo la procedura di avvio.

Esaminiamo rapidamente il nostro metodo `main()`, solo così sappiamo cosa fa. Innanzitutto, `main()` crea un JFrame, la finestra che conterrà il nostro esempio:

```
JFrame frame = new JFrame("Hello, Java!");
```

La parola `new` in questa riga di codice è molto importante. JFrame è il nome di una classe che rappresenta una finestra sullo schermo, ma la classe stessa è solo un modello, come un piano di costruzione. La parola chiave `new` dice a Java di allocare memoria e di creare effettivamente un particolare oggetto JFrame. In questo caso, l'argomento tra parentesi dice a JFrame cosa visualizzare nella barra del titolo. Avremmo potuto tralasciare il testo "Hello, Java" e utilizzare parentesi vuote per creare un JFrame senza titolo, ma solo perché JFrame ci consente specificamente di farlo.

Quando le finestre con cornice vengono create per la prima volta, sono molto piccole. Prima di mostrare il JFrame, impostiamo le sue dimensioni in modo ragionevole:

```
frame.setSize( 300, 300 );
```

Questo è un esempio di invocazione di un metodo su un particolare oggetto. In questo caso, il metodo `setSize()` è definito dalla classe JFrame e influenza il particolare oggetto JFrame che abbiamo posizionato nella variabile `frame`. Creiamo anche un'istanza di JLabel per contenere il nostro testo all'interno della finestra:

```
JLabel label = new JLabel("Hello, Java!",
JLabel.CENTER );
```

JLabel è molto simile a un'etichetta fisica. Tiene del testo in una posizione particolare, in questo caso, sulla nostra cornice. Questo è un concetto molto orientato agli oggetti: usare un oggetto per contenere del testo invece di invocare semplicemente un metodo per "disegnare" il testo e andare avanti. Successivamente, dobbiamo posizionare l'etichetta nella cornice che abbiamo creato:

```
frame.add( label );
```

Qui, stiamo chiamando il metodo `add()` per posizionare la nostra etichetta all'interno di JFrame. Il JFrame è una sorta di contenitore che può contenere cose. Il compito finale di `main()` è mostrare la finestra del frame e il suo contenuto, che altrimenti sarebbe invisibile. Una finestra invisibile rende un'applicazione piuttosto noiosa:

```
frame.setVisible( true );
```

Questo è l'intero metodo `main()`, ora sai come è fatto e come si comporta.

Capitolo 6: Oggetti e variabili

Una classe è un progetto per una parte di un'applicazione; contiene metodi e variabili che compongono quel componente. Quando un'applicazione è attiva, possono esistere molte singole copie funzionanti di una determinata classe. Queste incarnazioni individuali sono chiamate istanze della classe o oggetti. Due istanze di una data classe possono contenere dati diversi ma hanno sempre gli stessi metodi.

Ad esempio, considera una classe Pulsante. C'è solo una classe Pulsante, ma un'applicazione può creare molti oggetti diversi, ognuno un'istanza della stessa classe. Inoltre, due istanze di Pulsante potrebbero contenere dati diversi, magari dando a ciascuna un aspetto diverso ed eseguendo un'azione diversa. In questo senso, una classe può essere considerata uno stampo per realizzare l'oggetto che rappresenta, qualcosa come uno stampino per biscotti che stampa istanze funzionanti di sé stesso nella memoria del computer.

Il termine oggetto è molto generale e in alcuni contesti è usato quasi in modo intercambiabile con la classe. Gli oggetti sono le entità astratte a cui si riferiscono, in una forma o nell'altra, tutti i linguaggi orientati agli oggetti. Useremo oggetto come termine generico per un'istanza di una classe. Potremmo, quindi, riferirci a un'istanza della classe Pulsante come a un pulsante, a un oggetto Pulsante o, indiscriminatamente, a un oggetto.

Il metodo `main()` nell'esempio precedente crea una singola istanza della classe JLabel e la mostra in un'istanza della classe JFrame. È possibile modificare `main()` per creare molte istanze di JLabel, forse ciascuna in una finestra separata.

Variabili

In Java, ogni classe definisce un nuovo tipo (tipo di dati). Una variabile può essere dichiarata di questo tipo e quindi contenere istanze di quella classe. Una variabile potrebbe, ad esempio, essere di tipo Pulsante e contenere un'istanza della classe Pulsante, o di tipo CellaExcel e contenere un oggetto CellaExcel, proprio come potrebbe essere uno qualsiasi dei tipi più semplici, come `int` o `float`, che rappresentano numeri.

Il fatto che le variabili abbiano tipi e non possano semplicemente contenere alcun tipo di oggetto è un'altra importante caratteristica del linguaggio che garantisce la sicurezza e la correttezza del codice. Ignorando per il momento le variabili utilizzate all'interno del metodo `main()`, nel nostro semplice esempio HelloJava viene dichiarata solo un'altra variabile. Si trova nella dichiarazione dello stesso metodo `main()`:

```
public static void main( String [] args ) {
```

Proprio come le funzioni in altri linguaggi, un metodo in Java dichiara un elenco di parametri (variabili) che accetta come argomenti e specifica i tipi di tali parametri. In questo caso, il metodo principale richiede che, quando viene invocato, gli venga passato un array di oggetti `String` nella variabile denominata `args`.

La stringa è l'oggetto fondamentale che rappresenta il testo in Java. Come accennato in precedenza, Java utilizza il parametro `args` per passare qualsiasi argomento della riga di comando fornito alla Java virtual machine (VM) nell'applicazione.

Fino a questo punto, ci siamo riferiti vagamente alle variabili come oggetti contenitori. In realtà, le variabili che hanno tipi di classe non contengono tanto oggetti ma puntano ad oggetti. Le variabili di classe sono riferimenti a oggetti e un riferimento è un puntatore per un oggetto. Se dichiari una variabile di tipo classe senza assegnarle un oggetto, non punta a nulla. Viene assegnato il valore predefinito `null`, che significa "nessun valore". Se si tenta di utilizzare una variabile con un valore `null` come se stesse puntando a un oggetto reale, si verifica un errore di runtime, `NullPointerException`.

Naturalmente, i riferimenti agli oggetti devono provenire da qualche parte. Nel nostro esempio, abbiamo creato due oggetti usando l'operatore `new`.

Capitolo 7: Componenti

Finora, il nostro esempio HelloJava si è contenuto in una singola classe. In effetti, a causa della sua natura semplice, è servito solo come un unico grande metodo. Sebbene abbiamo utilizzato un paio di oggetti per visualizzare il nostro messaggio della GUI, il nostro codice non illustra alcuna struttura orientata agli oggetti. Bene, lo correggeremo adesso aggiungendo una seconda classe.

Per darci qualcosa da costruire in questo capitolo, assumeremo il compito della classe JLabel e la sostituiremo con la nostra classe grafica: HelloComponente. La nostra classe HelloComponente inizierà semplicemente, visualizzando solo il nostro messaggio "Hello, Java!" in una posizione fissa.

Il codice per la nostra nuova classe è molto semplice; abbiamo aggiunto solo qualche altra riga:

```java
import java.awt.*;
 class HelloComponente extends JComponent {
 public void paintComponent( Graphics g ) {
  g.drawString( "Hello, Java!", 125, 95 );
 }
}
```

Puoi aggiungere questo testo al file `HelloJava.java`, oppure puoi inserirlo nel suo file chiamato `HelloComponente.java`. Se lo metti nello stesso file, devi spostare la nuova istruzione di `import` all'inizio del file, insieme all'altra. Per utilizzare la nostra nuova classe al posto della JLabel, è sufficiente sostituire le due righe che fanno riferimento all'etichetta con:

```java
frame.add( new HelloComponente() );
```

Questa volta, quando compili `HelloJava.java`, vedrai due file di classe binari: `Hello-Java.class` e `HelloComponente.class` (indipendentemente da come hai organizzato il sorgente). L'esecuzione del codice dovrebbe assomigliare molto alla versione con JLabel, ma se ridimensioni la finestra, noterai che la nostra classe non si adatta automaticamente per centrare il codice.

Allora cosa abbiamo fatto? E perché ci siamo impegnati così tanto per insultare il componente JLabel che era perfettamente funzionante? Abbiamo creato la nostra nuova classe HelloComponente, estendendo una classe grafica generica chiamata JComponent. Estendere una classe significa semplicemente aggiungere funzionalità a una classe esistente, creandone una nuova.

Qui abbiamo creato un nuovo tipo di JComponent che contiene un metodo chiamato `paintComponent()`, che è responsabile del disegno del nostro messaggio. Il nostro metodo `paintComponent()` accetta un argomento chiamato (in modo piuttosto conciso) `g`, che è di tipo `Graphics`. Quando viene richiamato il metodo `paintComponent()`, un oggetto `Graphics` viene assegnato a `g`, che usiamo nel corpo del metodo.

Ereditarietà

Le classi Java sono organizzate in una gerarchia padre-figlio in cui il padre e il figlio sono noti rispettivamente come superclasse e sottoclasse. In Java, ogni classe ha esattamente una superclasse (un solo genitore) ma possibilmente molte sottoclassi. L'unica eccezione a questa regola è la classe Object, che si trova in cima all'intera gerarchia di classi perciò non ha superclasse. La dichiarazione della nostra classe nell'esempio precedente utilizza la parola chiave extends per specificare che HelloComponente è una sottoclasse della classe JComponent:

```
public class HelloComponente extends JComponent { ... }
```

Una sottoclasse può ereditare alcune o tutte le variabili e i metodi della sua superclasse. Tramite l'ereditarietà, la sottoclasse può utilizzare quelle variabili e metodi come se li avesse dichiarati lei stessa. Una sottoclasse può aggiungere variabili e metodi propri e può anche sovrascrivere o modificare il significato dei metodi ereditati.

Quando usiamo una sottoclasse, i metodi sostituiti vengono nascosti (override) dalle loro versioni della sottoclasse. In questo modo, l'ereditarietà fornisce un potente meccanismo mediante il quale una sottoclasse può perfezionare o estendere la funzionalità della sua superclasse.

Ad esempio, l'ipotetica classe del foglio di calcolo potrebbe essere sottoclasse per produrre una nuova classe del foglio di calcolo scientifico con funzioni matematiche aggiuntive e costanti speciali. In questo caso, il codice sorgente per il foglio di calcolo scientifico potrebbe dichiarare metodi per le funzioni matematiche aggiunte e variabili per le costanti speciali ma la nuova classe ha automaticamente tutte le variabili e i metodi che costituiscono la normale funzionalità di un foglio di calcolo; vengono ereditati dalla classe del foglio di calcolo principale.

Ciò significa anche che il foglio di calcolo scientifico mantiene la sua identità di foglio di calcolo e possiamo usare la versione estesa ovunque sia possibile utilizzare il foglio di calcolo più semplice.

Significa che oggetti specializzati possono essere utilizzati al posto di oggetti più generici, personalizzando il loro comportamento senza modificare l'applicazione sottostante. Questo si chiama polimorfismo ed è uno dei fondamenti della programmazione orientata agli oggetti. La nostra classe HelloComponente è una sottoclasse della classe JComponent ed eredita molte variabili e metodi non esplicitamente dichiarati nel nostro codice sorgente. Questo è ciò che consente alla nostra piccola classe di fungere da componente in un JFrame, con poche personalizzazioni.

Relazioni

Possiamo correttamente riferirci a HelloComponente come a JComponent perché la sottoclasse può essere pensata come la creazione di una relazione "è una" (relazione is-a), in cui la sottoclasse "è una" specie della sua superclasse. HelloComponente è quindi una sorta di JComponent. Quando ci riferiamo a un tipo di oggetto, intendiamo qualsiasi istanza della classe di quell'oggetto o di una qualsiasi delle sue sottoclassi.

In questo senso, un oggetto di tipo HelloComponente è, a sua volta, una sorta di JComponent, che è una sorta di Container, e ognuno di questi può essere considerato in ultima analisi come una sorta di Component.

È da queste classi che HelloComponente eredita la sua funzionalità GUI di base e la capacità di avere anche altri componenti grafici incorporati al suo interno. Component è una sottoclasse della classe Object di primo livello, quindi tutte queste classi sono tipi di Object. Ogni altra classe nell'API Java eredita il comportamento da Object, che definisce alcuni metodi di base. Continueremo a usare la parola oggetto in modo generico per fare riferimento a un'istanza di qualsiasi classe; useremo Object per riferirci specificamente al tipo di quella classe.

Capitolo 8: Package e visibilità

Abbiamo accennato in precedenza che la prima riga del nostro esempio indica a Java dove trovare alcune delle classi che abbiamo utilizzato:

```
import javax.swing.*;
```

Nello specifico, dice al compilatore che utilizzeremo le classi dal toolkit della GUI Swing (in questo caso, JFrame, JLabel e JComponent). Queste classi sono organizzate in un pacchetto Java chiamato `javax.swing`.

Un pacchetto Java è un gruppo di classi correlate in base allo scopo o all'applicazione. Le classi nello stesso pacchetto hanno privilegi di accesso speciali l'una rispetto all'altra e possono essere progettate per lavorare insieme a stretto contatto. I pacchetti sono denominati in modo gerarchico con componenti separati da punti, come `java.util` e `java.util.zip`. Le classi in un pacchetto devono seguire le convenzioni su dove si trovano nel classpath.

Le classi prendono anche il nome del pacchetto come parte del loro "nome completo" o, per usare la terminologia appropriata, fully qualified name. Ad esempio, il nome completo della classe JComponent è `javax.swing.JComponent`. Avremmo potuto farvi riferimento direttamente con quel nome, invece di usare l'istruzione `import`:

```
public class HelloComponente extends
javax.swing.JComponent {...}
```

L'istruzione `import javax.swing.*` ci consente di fare riferimento a tutte le classi nel pacchetto `javax.swing` con i loro semplici nomi quindi non è necessario utilizzare nomi completi per fare riferimento alle classi JComponent, JLabel e JFrame.

Come abbiamo visto quando abbiamo aggiunto la nostra seconda classe di esempio, potrebbero esserci una o più istruzioni di `import` in un dato file sorgente Java. Esse creano effettivamente un "percorso di ricerca" che dice a Java dove cercare le classi a cui ci riferiamo con i loro nomi semplici e non qualificati. (Non è realmente un percorso, ma evita nomi ambigui che possono creare errori).

Gli `import` che abbiamo visto utilizzano la notazione punto stella (`.*`) per indicare che l'intero pacchetto deve essere importato ma puoi anche specificare solo una singola classe.

Il nostro esempio corrente utilizza solo la classe Graphics dal pacchetto `java.awt`. Quindi avremmo potuto usare `import java.awt.Graphics` invece di usare il carattere jolly `*` per importare tutte le classi del pacchetto Abstract Window Toolkit (AWT). Tuttavia, prevediamo di utilizzare in seguito molte altre classi da questo pacchetto.

I pacchetti `java.` e `javax.` sono speciali. Qualsiasi pacchetto che inizia con `java.` fa parte dell'API Java principale ed è disponibile su qualsiasi piattaforma che supporti Java. Il `javax.` pacchetto normalmente denota un'estensione standard alla piattaforma principale, che può essere installata o meno. Tuttavia, negli ultimi anni, molte estensioni standard sono state aggiunte all'API Java principale senza rinominarle.

Il pacchetto `javax.swing` è un esempio; fa parte dell'API principale nonostante il suo nome. `java.lang` contiene classi fondamentali necessarie al linguaggio Java stesso; questo pacchetto viene importato automaticamente ed è per questo che non avevamo bisogno di un'istruzione `import` per usare nomi di classi come `String` o `System` nei nostri esempi.

Il pacchetto `java.awt` contiene classi del vecchio AWT grafico; `java.net` contiene le classi di rete; e così via. Man mano che acquisisci maggiore esperienza con Java, ti renderai conto che avere il comando sui pacchetti a tua disposizione, cosa fanno, quando usarli e come usarli è una parte fondamentale per diventare uno sviluppatore Java di successo.

Visibilità

Il sorgente per la nostra classe HelloComponente definisce un metodo, `paintComponent()`, che sovrascrive il metodo `paintComponent()` della classe JComponent. Il metodo `paintComponent()` viene chiamato quando è il momento di disegnare sullo schermo. Accetta un singolo argomento, un oggetto Graphics, e non restituisce alcun tipo di valore (void) al suo chiamante.

I modificatori sono parole chiave posizionate prima di classi, variabili e metodi per alterarne l'accessibilità, il comportamento o la semantica. Il metodo `paintComponent()` è dichiarato `public`, il che significa che può essere invocato (chiamato) da metodi in classi diverse da HelloComponente.

In questo caso, è l'ambiente a finestre Java che chiama il nostro metodo `paintComponent()`. Un metodo o una variabile dichiarata come `private` è accessibile solo dalla propria classe.

L'oggetto Graphics, istanza della classe Graphics, rappresenta una particolare area di contesto grafico. Contiene metodi che possono essere utilizzati per disegnare in quest'area e variabili che rappresentano caratteristiche come ritagliare ecc. Il particolare oggetto Graphics che ci viene passato nel metodo `paintComponent()` corrisponde all'area dello schermo del nostro HelloComponente, all'interno del nostro frame.

La classe Graphics fornisce metodi per il rendering di forme, immagini e testo. In HelloComponente, invochiamo il metodo `drawString()` del nostro oggetto Graphics per disegnare il nostro messaggio alle coordinate specificate. Come abbiamo visto in precedenza, accediamo a un metodo di un oggetto aggiungendo un punto (.) e il suo nome all'oggetto che lo contiene. Abbiamo invocato il metodo `drawString()` dell'oggetto Graphics (referenziato dalla nostra variabile g) in questo modo:

```
g.drawString( "Hello, Java!", 125, 95 );
```

Può essere difficile abituarsi all'idea che la nostra applicazione sia disegnata da un metodo chiamato da un agente esterno in momenti arbitrari. Come può aiutarci questo? Come controlliamo cosa viene fatto e quando? Per ora, pensa solo a come inizieresti a strutturare le applicazioni che rispondono ad un comando invece di progettare applicazioni che rispondono di propria iniziativa e tutto sarà più semplice, basta solo pensare in modo diverso.

Capitolo 9: Una versione migliore

Ora che abbiamo alcune nozioni di base, rendiamo la nostra applicazione un po' più interattiva. Non aver paura! Analizzeremo tutti gli argomenti trattati in questo esempio. Per ora, divertiti a giocare con l'esempio e usalo come un'opportunità per familiarizzare con la creazione e l'esecuzione di programmi Java anche se non ti senti ancora a tuo agio con il codice contenuto.

Chiameremo questo esempio HelloJava2 per evitare di creare confusione continuando ad espandere quello vecchio, ma i cambiamenti principali qui e più avanti risiedono nell'aggiungere funzionalità alla classe HelloComponente e semplicemente apportare le modifiche corrispondenti ai nomi per mantenerli coerenti (ad esempio, HelloComponente2). Avendo appena visto come funziona l'ereditarietà, potresti chiederti perché non stiamo creando una sottoclasse di HelloComponente e sfruttando l'ereditarietà per costruire sul nostro esempio precedente ed estenderne le funzionalità. Ebbene, in questo caso, non sarebbe molto vantaggioso e per chiarezza ricominciamo semplicemente da capo.

Ecco HelloJava2:

```java
//file: HelloJava2.java
import java.awt. * ;
import java.awt.event. * ;
import javax.swing. * ;

public class HelloJava2 {
  public static void main(String[] args) {
    JFrame frame = new JFrame("HelloJava2");
    frame.add(new HelloComponente2("Hello, Java!"));

frame.setDefaultCloseOperation(JFrame.EXIT_ON_CLOSE);
    frame.setSize(300, 300);
    frame.setVisible(true);
  }
}
```

```java
class HelloComponente2 extends JComponent
implements MouseMotionListener {
  String messaggio;
  int messaggioX = 125,
  messaggioY = 95; // Coordinate del messaggio
  public HelloComponente2(String messaggio2) {
    messaggio = messaggio2;
    addMouseMotionListener(this);
  }
  public void paintComponent(Graphics g) {
    g.drawString(messaggio, messaggioX, messaggioY);
  }
  public void mouseDragged(MouseEvent e) {
    // Salvo le coordinate del mouse e scrive il
messaggio
    messaggioX = e.getX();
    messaggioY = e.getY();
    repaint();
  }
  public void mouseMoved(MouseEvent e) {}
}
```

Due barre di seguito (//) indicano che il resto della riga è un commento e verrà semplicemente ignorato da Java ma può esserti utile per capire il senso del codice. Abbiamo aggiunto alcuni commenti a HelloJava2 per aiutarti a tenere traccia di tutto. Metti il testo di questo esempio in un file chiamato HelloJava2.java e compilalo come prima.

Di conseguenza, dovresti ottenere nuovi file di classe, HelloJava2.class e HelloComponente2.class. Esegui l'esempio utilizzando il seguente comando:

```
C: \> java HelloJava2
```

Oppure, se stai scrivendo il tuo codice in IDEA, fai clic sul pulsante Esegui. Sentiti libero di sostituire il messaggio con quello che preferisci e goditi molte ore di divertimento, trascinando il testo con il mouse.

Nota che ora quando si fa clic sul pulsante di chiusura della finestra, l'applicazione termina. Ora vediamo cosa è cambiato. Abbiamo aggiunto alcune variabili alla classe HelloComponente2 nel nostro esempio:

```
int messaggioX = 125, messaggioY = 95;
String messaggio;
```

Le variabili `messaggioX` e `messaggioY` sono numeri interi che contengono le coordinate correnti del nostro messaggio. Li abbiamo grossolanamente inizializzati a valori predefiniti che dovrebbero posizionare il messaggio da qualche parte vicino al centro della finestra.

Gli interi Java sono numeri con segno a 32 bit, quindi possono facilmente contenere tutti i nostri valori di coordinate. La variabile `messaggio` è di tipo String e può contenere istanze della classe String. Si noti che queste tre variabili sono dichiarate all'interno delle parentesi graffe della definizione della classe, ma non all'interno di un metodo particolare in quella classe.

Queste variabili sono chiamate variabili di istanza e appartengono all'oggetto nel suo insieme. In particolare, le copie vengono visualizzate in ogni istanza separata della classe. Le variabili di istanza sono sempre visibili (e utilizzabili da) tutti i metodi all'interno della loro classe. A seconda dei loro modificatori, possono essere accessibili anche dall'esterno della classe.

A meno che non vengano inizializzate diversamente, le variabili di istanza sono impostate su un valore predefinito pari a 0, `false` o `null`, a seconda del tipo. I tipi numerici sono impostati su 0, le variabili booleane sono impostate su `false` e le variabili del tipo di classe hanno sempre il loro valore impostato su `null`, che significa "nessun valore".

Tentare di utilizzare un oggetto con un valore nullo genera un errore di runtime.

Le variabili di istanza differiscono dagli argomenti del metodo e da altre variabili dichiarate nell'ambito di un particolare metodo. Queste ultime sono chiamate variabili locali e sono effettivamente variabili private che possono essere viste solo dal codice all'interno di un metodo o di un altro blocco di codice. Java non inizializza le variabili locali, quindi devi assegnare i valori da solo.

Se si tenta di utilizzare una variabile locale a cui non è stato ancora assegnato un valore, il codice genera un errore in fase di compilazione. Le variabili locali vivono solo finché il metodo è in esecuzione e poi scompaiono, a meno che qualcos'altro non salvi il loro valore. Ogni volta che il metodo viene richiamato, le sue variabili locali vengono ricreate e devono essere assegnati dei valori. Abbiamo usato le nuove variabili per rendere più dinamico il nostro metodo `paintComponent()` che era precedentemente noioso. Ora tutti gli argomenti nella chiamata a `drawString()` sono determinati da queste variabili.

Costruttori

La classe HelloComponente2 include un tipo speciale di metodo chiamato costruttore. Viene chiamato un costruttore per impostare una nuova istanza di una classe. Quando viene creato un nuovo oggetto, Java alloca memoria per esso, imposta le variabili di istanza sui valori predefiniti e chiama il metodo del costruttore per la classe per eseguire qualsiasi configurazione a livello di applicazione richiesta.

Un costruttore ha sempre lo stesso nome della sua classe. Ad esempio, il costruttore della classe HelloComponente2 si chiama `HelloComponente2()`. I costruttori non hanno un valore di ritorno, ma puoi pensare a loro come a creare un oggetto del tipo della loro classe.

Come altri metodi, i costruttori possono accettare argomenti. La loro unica missione nella vita è configurare e inizializzare le istanze di classe appena nate, possibilmente utilizzando le informazioni passate loro in questi parametri. Viene creato un oggetto con l'operatore `new` che specifica il costruttore per la classe e gli eventuali argomenti necessari. L'istanza dell'oggetto risultante viene restituita come valore.

Nel nostro esempio, una nuova istanza HelloComponente2 viene creata nel metodo `main()` da questa riga:

```
frame.add( new HelloComponente2("Hello, Java!") );
```

Questa riga in realtà fa due cose. Potremmo scriverla come due righe separate che sono un po' più facili da capire:

```
HelloComponente2 nuovoOggetto = new
HelloComponente2("Hello, Java!");
frame.add( nuovoOggetto );
```

La prima riga è quella importante, dove viene creato un nuovo oggetto

HelloComponente2. Il costruttore HelloComponente2 accetta una stringa come argomento e la usa per impostare il messaggio che viene visualizzato nella finestra. Con un po' di magia dal compilatore Java, il testo citato nel codice sorgente Java viene trasformato in un oggetto di tipo String.

La seconda riga aggiunge semplicemente il nostro nuovo componente al frame per renderlo visibile, come abbiamo fatto negli esempi precedenti. Visto che siamo in argomento, se desideri rendere il messaggio configurabile, puoi modificare la riga del costruttore come segue:

```
HelloComponente2 nuovoOggetto = new HelloComponente2(
args[0] );
```

Ora puoi passare il testo sulla riga di comando quando esegui l'applicazione utilizzando il seguente comando:

```
C: \> java HelloJava2 "Hello, Java!"
```

Il parametro args[0] si riferisce al primo parametro della riga di comando. Se stai usando un IDE, dovrai configurare le impostazioni di avvio del programma per accettare i tuoi parametri prima di eseguirlo.

Il costruttore di HelloComponente2 fa quindi due cose: imposta il testo della variabile di istanza di Message e chiama addMouseMotionListener(). Questo metodo fa parte del meccanismo degli eventi e in pratica dice al sistema: "Ehi, sono interessato a tutto ciò che accade con il mouse".

```
public HelloComponente2(String messaggio2) {
    messaggio = messaggio2;
    addMouseMotionListener(this);
}
```

La speciale variabile di sola lettura chiamata this viene utilizzata per fare riferimento esplicitamente al nostro oggetto (il contesto dell'oggetto "corrente") nella chiamata a addMouseMotionListener(). Un metodo può utilizzarlo per fare riferimento all'istanza dell'oggetto che lo contiene.

I due stati seguenti sono quindi modi equivalenti per assegnare il valore alla variabile di istanza messaggio:

```
messaggio = messaggio2;
```

oppure:

```
this.messaggio = messaggio2;
```

Normalmente useremo la forma implicita più breve per fare riferimento a variabili di istanza, ma ne avremo bisogno quando dobbiamo passare esplicitamente un riferimento al nostro oggetto a un metodo in un'altra classe. Spesso facciamo in modo che i metodi di altre classi possano invocare i nostri metodi pubblici o utilizzare le nostre variabili pubbliche.

Eventi

Gli ultimi due metodi di HelloComponente2, `mouseDragged()` e `mouseMoved()`, consentono di ottenere informazioni dal mouse. Ogni volta che l'utente esegue un'azione, come premere un tasto sulla tastiera, muovere il mouse o forse sbattere la testa contro un touch screen, Java genera un evento.

Un evento rappresenta un'azione che si è verificata; contiene informazioni sull'azione, come l'ora e il luogo. La maggior parte degli eventi è associata a un particolare componente della GUI in un'applicazione. Premere un tasto, ad esempio, può corrispondere a un carattere digitato in un particolare campo di immissione di testo.

Facendo clic su un pulsante del mouse è possibile attivare un determinato pulsante sullo schermo. Anche il semplice spostamento del mouse all'interno di una determinata area dello schermo può attivare effetti come l'evidenziazione o la modifica della forma del cursore. Per lavorare con questi eventi, abbiamo importato un nuovo pacchetto, `java.awt.event`, che fornisce oggetti Event specifici che utilizziamo per ottenere informazioni dall'utente. (Nota che l'importazione di `java.awt.*` non importa automaticamente il pacchetto di eventi perchè le `import` non sono ricorsive. I pacchetti non contengono realmente altri pacchetti, anche se lo schema di denominazione gerarchico implicherebbe che lo facciano.)

Ci sono molti diverse classi di eventi, inclusi MouseEvent, KeyEvent e ActionEvent. Per la maggior parte, il significato di questi eventi è abbastanza intuitivo. Un MouseEvent si verifica quando l'utente fa qualcosa con il mouse, un KeyEvent si verifica quando l'utente preme un tasto e così via. Per ora, ci concentreremo sulla gestione di MouseEvents.

I componenti GUI in Java generano eventi per tipi specifici di azioni utente. Ad esempio, se fai clic con il mouse all'interno di un componente, il componente genera un evento del mouse. Gli oggetti possono chiedere di ricevere gli eventi da uno o più componenti registrando un ascoltatore (listener) con l'origine dell'evento. Ad esempio, per dichiarare che un listener desidera ricevere gli eventi di movimento del mouse di un componente, si richiama il metodo `addMouseMotionListener()` di quel componente, specificando l'oggetto listener come argomento.

Questo è ciò che il nostro esempio sta facendo nel suo costruttore. In questo caso, il componente chiama il proprio metodo `addMouseMotionListener()`, con l'argomento `this`, che significa "Voglio ricevere i miei eventi di movimento del mouse". È così che ci registriamo per ricevere eventi.

Ma come li otteniamo effettivamente? Ecco a cosa servono i due metodi relativi al mouse nella nostra classe. Il metodo `mouseDragged()` viene chiamato automaticamente su un listener per ricevere gli eventi generati quando l'utente trascina il mouse, ovvero sposta il mouse con qualsiasi pulsante cliccato. Il metodo `mouseMoved()` viene chiamato ogni volta che l'utente sposta il mouse sull'area senza fare clic su un pulsante.

In questo caso, abbiamo inserito questi metodi nella nostra classe HelloComponente2 e abbiamo fatto registrare sé stesso come ascoltatore. Questo è del tutto appropriato per il nostro nuovo componente di trascinamento del testo.

Più in generale, una buona progettazione di solito impone che gli ascoltatori di eventi siano implementati come classi di adattatori che forniscono una migliore separazione tra GUI e "logica di business".

Il nostro metodo `mouseMoved()` è noioso: non fa nulla. Ignoriamo i semplici movimenti del mouse e riserviamo la nostra attenzione al trascinamento. `mouseDragged()` ha un po' più di sostanza. Questo metodo viene chiamato ripetutamente dal sistema a finestre per darci aggiornamenti sulla posizione del mouse. Ecco qui:

```
public void mouseDragged(MouseEvent e) {
    // Salvo le coordinate del mouse e scrive il
messaggio
    messaggioX = e.getX();
    messaggioY = e.getY();
    repaint();
}
```

Il primo argomento di `mouseDragged()` è un oggetto MouseEvent che contiene tutte le informazioni di cui abbiamo bisogno su questo evento. Chiediamo a MouseEvent di dirci le coordinate `x` e `y` della posizione corrente del mouse chiamando i suoi metodi `getX()` e `getY()`. Li salviamo nelle variabili di istanza `messaggioX` e `messaggioY` per usarli altrove.

La bellezza del modello di eventi è che devi gestire solo i tipi di eventi che desideri. Se non ti interessano gli eventi della tastiera, semplicemente non registri un ascoltatore per essi; l'utente può digitare tutto quello che vuole e tu non sarai disturbato. Se non ci sono ascoltatori per un particolare tipo di evento, Java non lo genererà nemmeno. Il risultato è che la gestione degli eventi è abbastanza efficiente. Mentre stiamo discutendo di eventi, dovremmo menzionare un'altra piccola aggiunta che abbiamo inserito in HelloJava2:

```
frame.setDefaultCloseOperation( JFrame.EXIT_ON_CLOSE
);
```

Questa riga indica al frame di uscire dall'applicazione quando si fa clic sul pulsante Chiudi. È chiamata operazione di chiusura "predefinita" perché questa operazione, come quasi ogni altra interazione GUI, è governata da eventi. Potremmo registrare un listener di finestre per ricevere una notifica di quando l'utente fa clic sul pulsante Chiudi e intraprende l'azione che ci piace, ma questo metodo di convenienza gestisce i casi comuni.

In questo libro abbiamo usato un approccio non convenzionale per spiegare alcune meraviglie di Java quindi ora sentiti libero di esplorare e creare le tue applicazioni, aiutandoti con qualche ricerca online.

Sperimenta, sperimenta, sperimenta!

www.ingramcontent.com/pod-product-compliance
Lightning Source LLC
Chambersburg PA
CBHW071231050326
40690CB00011B/2066